实用经济法教程

SHIYONG JINGJIFA JIAOCHENG

徐波◎主　编
傅晓　刘春　罗艳◎副主编

中山大学出版社
·广州·

版权所有　翻印必究

图书在版编目（CIP）数据

实用经济法教程/徐波主编．—广州：中山大学出版社，2013.8
ISBN 978-7-306-04608-6

Ⅰ.①实… Ⅱ.①徐… Ⅲ.①经济法—中国—高等学校—教材 Ⅳ.①D922.29

中国版本图书馆 CIP 数据核字（2013）第 152580 号

出 版 人：徐　劲
策划编辑：刘学谦
责任编辑：刘学谦
封面设计：林绵华
责任校对：施兰娟
责任技编：何雅涛
出版发行：中山大学出版社
电　　话：编辑部 020-84111996，84113349，84111997，84110779
　　　　　发行部 020-84111998，84111981，84111160
地　　址：广州市新港西路 135 号
邮　　编：510275　　　　　传　真：020-84036565
网　　址：http://www.zsup.com.cn　　E-mail:zdcbs@mail.sysu.edu.cn
印 刷 者：广州中大印刷有限公司
规　　格：787mm×1092mm　1/16　18 印张　380 千字
版次印次：2013 年 8 月第 1 版　2013 年 8 月第 1 次印刷
印　　数：1~3000 册　　定　价：39.00 元

如发现本书因印装质量影响阅读，请与出版社发行部联系调换

前　言

本书注重经济法律、法规的普及教育与培训，适用于高等院校以及成人教育中经济类、管理类专业法律基础课程的教学，也适用于事业单位、各类企业员工普及法律知识的培训，还适合对经济法感兴趣的广大社会人士阅读。

本书是编者在总结多年经济法教学经验的基础上，根据高等院校成人教育的人才培育目标要求和教育教学特点编写的。既考虑到专业课程体系的延续性，也考虑到学生考取系列资格证书的需要，以及相关经济性适用法律的普及。

本书由 15 章组成，内容包括经济法概述、企业法律制度、合同法及合同总则、反垄断法、反不正当竞争法、消费者权益保护法、产品质量法律制度、食品安全法、广告法律制度、商标法、证券法律制度、税收法律制度、劳动与社会保险法、城市房地产管理法和环境保护法。

本书主要有以下特色：

第一，立意新颖，简洁生动，以案说法。为便于学生学习和教师使用，每章开始都给出了知识目标和引读案例，同时在每章中还穿插了很多最新的简短小案例，对法律、法规的讲述尽量深入浅出、通俗易懂，帮助学生加深对理论知识的理解，并培养其分析问题和解决问题的能力。

第二，内容全面，重视普法教育。考虑到课程对象和目的及学生的求知需求，本书以司法考试的经济法体系为基础，延伸到民法、商法、知识产权法体系中相关的非常实用的经济性的法律、法规，比较全面地涵盖了不同专业学生学习法律知识的需求。

第三，真题演练，实用性强。本书注重开阔学生视野、提高学生的经济法理论水平和从事经济法实务的能力，还兼顾他们的专业及其日后工作的特殊性需要。书中涵盖了各种资格证考试中经济法的内容，章节中所选案例都具有实用、贴切、新颖的特点，每章后选用的习题均为历年司法考试的真题，具有极强的权威性和针对性。

本教材由徐波担任主编，负责拟定大纲，分配任务，指导修改和统稿定稿。傅晓、刘春、罗艳为副主编。具体编写分工为：

第 1、4、5、9、10、12 章由傅晓撰写，第 2、3、11 章由刘春撰写，第 6、7、8、13、14、15 章由罗艳撰写。

本书体系和内容的设计是一个新的尝试和探索，希望本教材能够更好地适应各高等院校和其他财经院校经济管理专业、成人教育等经济法课程教与学的需要。同时，对于书中存在的不足及错误之处，敬请专家、学者批评指正，以便将来进一步修正和完善。

编　者

2013 年 6 月 28 日

目　录

第1章　经济法概述 ································· 1
1.1　经济法概述 ································· 1
1.2　经济法律关系 ······························· 4
1.3　经济法律责任 ······························· 11

第2章　企业法律制度 ························· 13
2.1　企业法概述 ································· 13
2.2　个人独资企业概述 ························ 15
2.3　合伙企业法律制度 ························ 17
2.4　公司法 ······································· 24
2.5　外资企业 ···································· 42

第3章　合同法及合同总则 ···················· 46
3.1　合同法与合同概述 ························ 46
3.2　合同的订立 ································· 47
3.3　合同的成立与效力 ························ 54
3.4　合同的履行 ································· 60
3.5　合同的保全 ································· 63
3.6　合同的变更与转让 ························ 65
3.7　合同的权利义务终止 ····················· 70
3.8　违约责任 ···································· 74
3.9　合同纠纷的法律适用与解决 ············ 79

第4章　反垄断法 ································· 84
4.1　反垄断法概述 ······························· 84
4.2　反垄断法内容 ······························· 86
4.3　反垄断法的实施 ··························· 94
4.4　违反反垄断法的法律责任 ··············· 96

第5章 反不正当竞争法 ·········· 100
  5.1 反不正当竞争法概述 ·········· 100
  5.2 不正当竞争行为 ·········· 103
  5.3 不正当竞争行为的相关法律责任 ·········· 113

第6章 消费者权益保护法 ·········· 118
  6.1 消费者与经营者的界定 ·········· 118
  6.2 消费者的权利和经营者的义务 ·········· 120
  6.3 争议解决与法律责任 ·········· 125

第7章 产品质量法律制度 ·········· 130
  7.1 产品质量与产品质量法的概念 ·········· 130
  7.2 产品质量监督管理制度 ·········· 131
  7.3 生产者与销售者的产品质量义务 ·········· 135
  7.4 产品质量责任制度 ·········· 136

第8章 食品安全法 ·········· 141
  8.1 概述 ·········· 141
  8.2 食品安全风险监测和评估制度 ·········· 143
  8.3 食品安全标准法律制度 ·········· 144
  8.4 食品安全控制 ·········· 145
  8.5 食品检验制度 ·········· 148
  8.6 食品安全事故处置机制 ·········· 149
  8.7 法律责任 ·········· 149

第9章 广告法律制度 ·········· 153
  9.1 广告的概念及特征 ·········· 153
  9.2 广告法律制度 ·········· 155
  9.3 广告准则 ·········· 157
  9.4 广告活动的管理 ·········· 165
  9.5 广告的审查 ·········· 167
  9.6 违反广告法的法律责任 ·········· 168

第10章 商标法 ·········· 173
  10.1 商标法概述 ·········· 173

10.2 商标权 ··· 175
10.3 商标的注册 ··· 180
10.4 注册商标的保护 ··· 182
10.5 侵犯商标权的法律责任 ··· 190

第 11 章 证券法律制度 ··· 193

11.1 证券与证券法 ··· 193
11.2 证券发行 ··· 195
11.3 证券交易 ··· 199
11.4 证券交易制度与上市公司收购 ··· 202
11.5 证券机构 ··· 210

第 12 章 税收法律制度 ··· 216

12.1 税收与税法 ··· 216
12.2 我国现行的主要税收制度 ··· 219
12.3 税收管理机关及税务管理 ··· 232
12.4 违反税法相关规定的法律责任 ··· 234

第 13 章 劳动与社会保险法 ··· 238

13.1 劳动法律制度 ··· 238
13.2 社会保险法律制度 ··· 253

第 14 章 城市房地产管理法 ··· 258

14.1 房地产法律制度的概念与特征 ··· 258
14.2 房地产开发管理制度 ··· 258
14.3 房地产交易法律制度 ··· 261

第 15 章 环境保护法 ··· 268

15.1 环境保护法概述 ··· 268
15.2 环境保护基本制度 ··· 269
15.3 环境责任 ··· 271

参考文献 ··· 276

第 1 章 经济法概述

【本章学习目标】

通过该章的学习,你应该能够:
- 了解经济法的概念和基本原则
- 掌握经济法律关系的构成要素和经济法律责任

【本章引例】

2009 年,经某市工商局同意,200 户个体户到该局投资兴建的批发市场设摊经营,工商局为其颁发了临时营业执照和摊位证,并分别收取了 3 年管理费和摊位费。工商局收取的摊位费主要用于市场建设及偿还兴建该批发市场时的贷款。2010 年元月,工商局根据有关部门疏通批发市场消防通道的要求,将该 200 户个体户的摊位移至该批发市场后面的露天场地,9 月又移至不属于工商局所有的某市场。这两次摊位移动均未征求 200 户个体户的意见,为此,双方发生纠纷。200 户个体户诉至法院请求工商局返还摊位费,赔偿营业损失。工商局则认为其与 200 户个体户之间是行政管理关系,收取的摊位费属于行政收费,法院不应作为民事案件受理。

请问,此次纠纷是属于行政法律关系还是经济法律关系?

1.1 经济法概述

1.1.1 经济法的起源和发展

所谓经济法概念的近代学说,是指 20 世纪初到第二次世界大战前关于经济法概念的学说。当时,资本主义国家为了克服经济发展过程中市场调节的盲目性与滞后性,排除市场竞争障碍,制定了现代意义上的"经济法",其功能就是对付社会经济发展中因市场失灵引发的经济危机。虽然美国早在 1890 年就有了标志着运用经济法有目的地直接干预经济的法案,即《谢尔曼反托拉斯法案》,在 1914 年还颁布了相当于反不正当竞争法的《联邦贸易委员会法》。但是,普遍意见还是认为德国是经济法的发源地。

经济法这一概念于 20 世纪 30 年代进入中国。在 30 年代和 40 年代的一些法学著作中已经偶尔可以看见对经济法的阐述,但是没有经济法的专著。在改革开放前，经济法实质上已经成为国家行政权力命令的翻版。1993年人民代表大会之后，国家颁布了一系列重要的经济法律。之后，通过陆陆续续的修订，最高人民法院也作出了大量的司法解释，我国经济法慢慢形成了初步的体系。随着社会主义市场经济建设与改革开放的逐步深化，经济法被赋予了新的活力，它的重要性越来越受到人们的关注，它具有其他部门法所无法替代的独特功能，因而在我国法律体系中的地位也日益重要起来。

1.1.2 经济法的概念及地位

目前我国经济法权威采用的概念是：经济法是国家从整体经济发展的角度，对具有社会公共性的经济活动进行干预、管理和调控的法律规范的总称。这个概念明确了经济法属于法的范畴，属于国内法的体系，但不同于国内法体系中的其他法的部门。另外，从经济法的本质看，经济法的概念应当归结为如下表述：经济法就是以社会为本位，通过国家、社会团体和市场将有限的经济利益和稀缺的经济资源合理地分配，以营造一个平衡和谐的社会经济环境，最终实现社会整体经济可持续发展的独立部门法律体系。经济法是"社会本位法"、"利益和资源分配法"和"经济发展法"，并且这三个本质属性从三个方面一起共同构建出了经济法的本质。

1.1.3 经济法的调整对象

作为一个独立的法律部门，经济法与民法、行政法的调整对象不同，它调整的是国家在管理和协调社会经济活动中形成的特定经济关系。主要包括：

（1）国家规范经济组织过程中发生的经济关系。规范组织的法律，是为了防止垄断组织的出现，从组织上保证市场经济顺利发展。这方面的法律有公司法、外商投资企业法、合伙企业法及个人投资法等。

（2）国家干预市场经济运行过程中发生的经济关系。国家对市场经济运行进行干预是经济法的重要调整方式。这方面的法律有证券法、票据法、破产法、金融法、保险法、房地产法、环境法及自然资源法等。

（3）国家管理、规范经济秩序过程中发生的经济关系。日本学者丹宗昭信认为：经济法是国家规制市场支配的法，现代经济法的核心是垄断禁止法。这方面的法律有反垄断法、反不正当竞争法、消费者权益保障法和产品质量法。

（4）国家在经济调控中发生的经济关系。此种经济关系的特点是国家对市场经济运行实行宏观调控，使经济各部门运行协调，使整个国家经济运行平稳。这方面的法律有财政法、税法、计划法、产业政策法、价格法、会计法和审计法等。

1.1.4 经济法的基本原则

经济法的原则能够全面反映它所调整的经济关系的客观要求，体现经济法的本质特征，对经济法的制定和实施具有指导意义。一般来说，经济法有以下几个基本原则：

（1）资源优化配置原则。资源的优化配置既包括稀缺经济资源中生产资料的分配，调剂经济的发展，也包括稀缺经济资源中生活资料的分配，维持社会的稳定和公平。要正确认识和妥善处理经济领域的重大关系，统筹个人利益和集体利益、局部利益和整体利益、当前利益和长远利益，充分调动各方面积极性。

（2）国家适度干预原则。所谓适度干预，要求国家或经济自治团体应当在充分尊重经济自主的前提下对社会经济生活进行一种有效但又合理谨慎的干预。首先，干预必须仰赖于法律的规定，不得与之相抵触，也不得在法律并无授权的情形下擅自干预。其次，干预需符合市场机制自身的运作，不可因干预而压制了市场经济主体的经济自主性与创造性。这原则是为了尽量平衡国家和市场两者的位阶，充分发挥它们各自的功效，实现"有形之手"与"无形之手"的有机结合。

（3）社会本位原则。社会本位要求经济法以社会利益和社会责任为最高准则，无论国家还是企业都必须对社会负责，即都必须对发展社会生产力、提高社会经济效益负责，在对社会共同尽责的基础上处理和协调好彼此之间的关系。这就要求经济法在对产业调节、固定资产投资、货币发行、产品质量控制、消费者权益保护等关系进行调整时，要以社会利益为本位。

（4）经济民主原则。在社会主义市场经济体制下，市场在国家宏观调控下对资源配置起基础性作用，这就必然要求作为市场主体的企业，对国家宏观调控政策和市场信号产生积极灵敏的反应。为此，必须以增强企业活力为中心，在清理企业产权关系的同时，赋予企业法人独立的财产权，使企业成为独立享有民事权利和承担民事责任的法人实体，同时国家对企业要建立有效的制约机制，通过民主的方法来制约管理。

（5）经济公平原则。经济公平要求经济法律关系主体本着公平、诚实信用原则从事经济活动，正当地行使经济权利和履行经济义务，在经济活动中兼顾他人利益和社会公共利益。另外，在经济活动中必须建立合理的竞争规则，其目标是着力于创造公平、自由的竞争环境，维护公平竞争的市场秩序，保证公平竞争在最大范围和最大限度上的实现。

（6）经济效益原则。我国经济法立法必须符合中国生产力发展的要求，保护和促进生产力的解放和发展，为经济建设这个中心服务。保护和促进生产力，特别是先进生产力的发展，是我国经济法的根本任务。

（7）可持续发展原则。科学发展观主张"坚持以人为本，树立全面、协调、可持续的发展"。这种发展不强调盲目的快速，而强调连续与稳定下的高速发展。可持续发展要求在稳定中求发展，在发展中求稳定。

1.2 经济法律关系

经济法律关系是经济法律规范在调整国家干预经济的过程中所形成的经济职权、经济职责、经济权利和经济义务，是由经济法律规范所确认的人与人之间具有权利义务内容的社会关系。经济法律关系和其他法律关系一样，是由主体、客体和内容三个要素构成。

1.2.1 经济法律关系的三要素

1. 经济法律关系的主体

经济法律关系的主体，是指能够以自己的名义独立地参加经济法律关系、能够独立地承担经济法律责任、享有经济权利和承担经济义务的当事人。

经济法律关系的主体必须具备一定的主体资格。主体资格是指当事人参加经济法律关系、享受经济权利和承担经济义务的资格或能力。只有具有经济法律关系主体资格的当事人，才能参与经济法律关系，享受经济权利和承担经济义务。

经济法对经济法律关系主体资格的认可，一般采用法律规定的满足一定条件或符合一定程序的方式予以确认。未取得经济法律关系主体资格的组织不能参与经济法律关系，不能从中享有权利和承担义务，不受法律保护。

根据我国法律规定，目前具有经济法律关系主体资格的当事人主要有以下几种类型：

（1）国家或者国家机关。国家是特殊的经济法主体。国家既是国家政权的承担者，又是国有生产资料的所有者。全民财产转化为国家财产，由国家根据全体人民的意志加以占有、使用和支配，使国家成为国家财产的唯一主体。国家机关、国有企业或其他组织基于国家授权，对某些国家财产进行经营、管理，但它们不能因此成为国家财产的主体，它们只处于由于国家授权而产生的受托人的法律地位。

国家机关也是重要的经济法主体。政府作为国家和社会的总代表，在任何历史时期，都处于社会经济的核心，成为重要的经济法主体。在社会主义市场经济条件下，政府机关代表国家对社会的经济活动起着重要的调控、规制和管理作用。

国家和国家机关作为经济法律的主体具有一定的双重性：一方面，国家实行宏观经济调控，国家机关发挥国家调节、管理、监督国民经济的作用，是经济法的监督、执行者；另一方面，国家和国家机关也是经济活动的参加者，享有经济权利，承担经济义务。国家和国家机关在职能性活动中，实现了经济权力与经济权利的结合。

（2）独立的经济组织。独立的经济组织，即具有经济宗旨并直接进行经济活动的社会组织，是最普通的经济法主体。独立的经济组织的特征是以自己的名义直接进行涉足国民经济运行需要的生产经营或服务性业务的经济活动。独立的经济组织参加经济活动，与其他主体相互之间形成经济法律关系，享有经济权利，承担经济义务。独立的经济组织主要是指享有法人资格的企业法人，如公司、国有企业等。

（3）非独立的经济组织。非独立的经济组织也叫做经济组织的内部组织，也是经济法主体之一。经济组织的内部组织，只指在实行统一领导的经济组织内部，享有一定经营管理权的专业生产经营单位和经济联合组织内部成员单位，如内部的分支机构、职能部门、某车间等。

（4）其他的社会组织。其他的社会组织，指以从事文化教育、科学技术、医疗卫生等公益性专业活动为目的的组织。它们依法设立，实行独立核算，但不直接从事商品的生产和经营。这类组织为了实现自身的社会职能，仍然要进行一系列的经济活动，如工程建设活动、物资采购活动等，从而成为经济法律关系的一方主体。

（5）个体工商户、农村承包经营户和自然人。当公民依法从事特定生产经营或服务性活动时，一般以个体工商户或农村承包经营户的身份出现，它们的活动是与国民经济整体运行连在一起的，是经济法主体之一。但在经济管理活动中，公民参与经济法律关系则不局限于个体工商户和农村承包经营户，如在外汇兑换、金银持有、税收等活动中，自然人成为经济法律关系的主体。

【例1-1】

〔案情〕某铸造厂是某集团股份有限公司开办的下属独立法人企业。2005年至2010年6月，该铸造厂与张某多次签订买卖钢材的合同。在此期间，铸造厂除支付部分合同价款外，截至2010年6月16日，尚欠张某货款10万余元。该铸造厂给原告出具了盖有公章的欠款条。但现在该铸造厂因连续两年未年检已被工商部门吊销营业执照。张某应以谁为起诉对象要回所欠货款？

〔问题〕法人被吊销营业执照后，是否还具有诉讼主体资格？是否需要承担民事责任？

〔分析〕一直以来，关于这个问题，我国的国家工商行政管理局和最高人民法院有着不同的看法。

吊销营业执照是工商机关固有的一项法定职权，是行政权力，其本质是"强制歇业"。企业法人被吊销营业执照后，法人资格随之消亡。根据这一观点，当企业的债权人起诉到法院后，则有相当一部分法院以被告因被吊销营业执照导致法人主体消灭为理由，驳回了债权人的起诉或者干脆不予受理，导致大量的债权人的合法权利得不到维护。更有甚者，有的企业为了达到逃债的目的，故意不进行工商年检，待工商局作出吊销营业执照的处罚决定后，随即私分企业的财产致使债权人的债权无法实现。

但最高人民法院认为，企业法人被吊销营业执照后，应当依法进行清算，清算程序结束并办理工商注销登记后，该企业法人才归于消灭。因此，企业法人被吊销营业执照后至被注销登记前，该企业法人仍应视为存续，可以自己的名义进行诉讼活动，包括被起诉。

直到2006年新公司法出台，才对这个问题在一定程度上做了详尽、完善的规定。它明确了"吊销营业执照"这种行政处罚是由行政机关对违反法律的法人资格的强行剥夺，其本质是将法人组织强行解散，企业法人在解散即终止前必须经过清算程序。法人组织在清算后，并在法人登记机关进行注销登记后其法人资格才算完全消亡。企业法人在被吊销营业执照后，该法人的清算责任人为股东；并明确了如果股东拒不履行清算义务，债权人可申请法院指定清算人员进行清算。

2. 经济法律关系的客体

经济法律关系的客体，是指经济法律关系主体的经济职权和经济职责，或者经济权利和经济义务直接指向的对象。经济法律关系的客体是主体建立权利、义务关系的决定性条件，它是其权利义务关系发生、变更、终止的基础。没有经济法律关系的客体，经济法律关系主体的活动就失去了意义，权利义务也就失去了目标。一般来说，经济法律关系的客体有下列几种：

（1）物。物是指能够为人控制和支配的、具有一定经济价值的、可以通过具体物质形态表现存在的物品。物包括自然存在的物品和人类劳动生产的产品，以及固定充当一般等价物的货币和有价证券等。但并非所有的物都可以充当经济法律关系的客体，只有与经济法主体权利和义务相联系的物才符合经济法律关系客体的要求，并且不能是法律法规所禁止流通之物。从法律角度看，物可以做多种划分，例如，生产资料与生活资料，流通物与限制流通物，特定物与种类物，动产与不动产，等等。

（2）经济行为。经济行为是指经济法主体为达到一定经济目的，实现其权利与义务所进行的经济活动，包括经济管理行为、完成工作行为和提供劳务行为等。

经济管理行为，是指经济法主体行使经济管理权或经营管理权所指向的行为，如经济决策行为、经济命令行为、审查批准行为、监督检查行为等。

完成工作行为,是指经济法主体的一方利用自己的资金和技术设备为对方完成一定的工作任务,对方根据完成工作的数量和质量支付一定报酬的行为。

提供劳务行为,是指为对方提供一定劳务或服务,满足对方的需要而对方支付一定报酬的行为。作为经济法律关系客体的经济行为,仅指具有法律意义,即为实现权利和义务的行为。

(3)非物质财富。非物质财富也可称作精神财富或精神产品,包括智力成果、道德产品、经济信息等。

智力成果是指经济法主体从事智力劳动和创造所取得的成果,如科学发明、技术成果、艺术创作成果、学术论著等。智力成果本身不直接表现为物质财富,但可以转化为物质财富。智力成果作为经济法律关系的客体,其法律表现形式主要为商标、发明、实用新型、外观设计、专有技术、文学、艺术和科学作品等,由知识产权法保护。

道德产品是指人们在各种社会活动中取得的非物化的道德价值,如荣誉称号、嘉奖表彰等,它们是公民、法人荣誉权的客体。

经济信息是指反映社会经济活动发生、变化等情况的各种信息、数据、情报和资料等的总称,如商业机密这种非常重要的经济信息就在反不正当竞争法中得到了保护。

3. 经济法律关系的内容

经济法律关系的内容,是指经济法律关系的主体享有的经济权利、经济职权和承担的经济义务、经济职责,是经济法律关系的核心。其中,经济职权与经济职责、经济权利与经济义务形成对应关系。由于经济职权作为一种权力,具有不同于权利的必须行使的性质,因而,经济职权同时又是其享有者必须履行的经济职责。在经济权利与经济义务的对应关系中,一方的经济权利往往是对方的经济义务。

(1)经济权利。经济法律关系的主体在法定范围内依照自己的利益需要,根据自己的意志实施一定的经济行为,有权依法要求负有义务的人为或不为一定的行为,以实现自己的利益,并且在其合法权利受到侵害或不能实现时,有权依法请求国家有关机关给予强制力保护。经济权利包括经营管理权、自主经营权、承包经营权、经济请求权等。

(2)经济义务。经济义务是指经济法律关系主体一方为满足另一方的要求必须为或者不为一定行为的约束。经济义务包括贯彻执行国家的方针、政策、法律和法规的义务,正确行使经济权利(力)的义务,服从合法干预的义务,征收、缴纳税金和其他合法费用的义务,承担经济法律责任的义务,等等。

义务主体实施的义务行为是在法定范围内进行的,如果义务主体不依法履行义务,就应承担相应的法律责任,受到法律的制裁。

(3) 经济职权。经济职权是指国家机构依法行使领导和组织经济建设职能时所享有的一种具有命令与服从性质的权力。经济职权是国家干预社会经济生活的主要依据，其表现形式是多种多样的，包括经济立法权、经济执法权、经济司法权和准经济司法权等。

经济职权是一种专属的国家职务权限，只能由特定的机关或享有经济职权机关的主要负责人或者经依法授权的其他成员来行使，既不能越权行使，也不能擅自通过代理人或代理机构来行使。例如，对产品质量进行抽样检查属于质量监督部门的专属职能，消费者协会就不能随意代行此职能。经济职权是一种权力和责任相统一的权限。经济职权具有必须行使的性质，国家机关既享有实现经济职权的权力，也担负着必须正确行使经济职权的责任。

(4) 经济职责。经济职责是指国家机关依照法律的规定必须为或不能为一定行为的责任。如根据法律的规定，政府机关担负着制订国民经济和社会发展战略计划的职责。对于此职责，政府机关必须主动地予以履行，否则就是没尽到自己的职责。

经济职责有两个显著的特征：一是专属性，即这种职责专属于特定的机关；二是范围的法定性，即当事人不得超出法律的规定，要求对方履行职责。

【例1-2】

〔案情〕2006年7月6日晚，马杰在网吧登录盛大公司《传奇世界》网络游戏时，游戏突然中断且无法再次登录，马杰即致电盛大公司客服部，要求冻结该账号，并于凌晨2时左右向派出所报案。后马杰发现该账号下的高级别游戏角色及屠龙刀等高级游戏装备均丢失了，此后盛大公司恢复了马杰的游戏角色和其他游戏装备，但虚拟装备高级别的屠龙刀一把未能恢复。

马杰认为盛大公司应提供完备的网络安全服务和保障，应对其丢失的屠龙刀承担民事责任，遂起诉盛大公司，要求返还（恢复）《传奇世界》游戏高级别装备屠龙刀一把。

盛大公司辩称：根据"互联网信息服务提供者和互联网接入服务提供者的记录备份应当保存60天"的规定，盛大公司查阅了2007年1月11日收到法院诉状前60天马杰的所有用户资料，未发现马杰的游戏账号的装备列表中拥有该屠龙刀。即使马杰此前曾有过该屠龙刀装备，但根据盛大公司与用户签订的《用户服务协议》，用户负有妥善保管自己账号和密码的义务，而且盛大公司作为游戏经营者已采取了必要的安全防范措施，并未擅自动用或对马杰的装备采取任何行动，故对装备的丢失也不应承担责任，马杰应向实施偷盗装备者主张损失。

〔问题〕盛大公司是否有过错？是否需要对马杰的损失承担责任？

〔分析〕法院经审理认定：马杰作为游戏的玩家之一，盛大公司为玩家提供网络在线游戏服务，双方形成网络服务合同关系。盛大公司作为游戏经营者，掌握服务器运行，了解玩家活动情况，并可控制服务器数据，因此要求其对玩家承担更严格的保障义务。而盛大公司提供的服务器安全说明、产品销售许可证、检验报告及盛大保密产品质量合格证明也仅能说明其游戏和产品本身的情况，并不能证明其安全防范措施已到位。并且在该案中，盛大公司也未就马杰多次反映的情况和收到公安局的协查函采取了有效措施进行举证，不能证明其作为游戏经营者已尽力采取了安全防范措施。盛大公司应对马杰虚拟装备丢失承担保障不利的责任。由于虚拟装备本身不具有具体价值，丢失的装备可由盛大公司通过技术操作进行恢复作为救济手段。

本案件中关于法律关系三要素的认定问题值得深入思考：

第一，关于本案诉讼主体问题。

在网络游戏虚拟财产损失案件中，一般会涉及三方主体：玩家、运营商和第三方（网络"黑客"）。第三方的侵害是对玩家的网络虚拟财产的侵权行为，运营商作为网络游戏服务合同的当事人也构成对玩家违约。由于网络侵权的特殊性，玩家自己是很难发现实施侵权行为的第三人，因此玩家选择合同起诉是其通常获得赔偿的最佳途径。只要用户能够证明自己的利益受损，运营商就应当对用户的损失进行补偿，如恢复用户的游戏数据、归还用户密码等。

第二，关于网络运营商的责任。

在游戏中，玩家在设定的环境下进行活动，活动的自主程度受环境设定的限制，而游戏经营者掌握服务器运行，了解玩家活动情况，并可控制服务器数据，因此要求其对玩家承担更严格的安全保障义务，其举证责任也更为严格。本案中，盛大公司无法证明在马杰丢失虚拟装备的过程中其安全防范措施已到位，因此法院认定盛大公司应对玩家虚拟装备丢失承担保障不利的责任。

第三，关于虚拟财产的保护。

在游戏过程中，游戏玩家为获得虚拟财产，往往是花费大量的时间和精力；同时，玩家在游戏过程中购买装备和上网也需花费大量的金钱。因此，虚拟财产本身应当具有价值，应当得到法律保护。但目前我国法律对于网络虚拟财产的性质和保护并无明确规定，专家对虚拟财产的属性有不同看法：① 认为虚拟财产具备物的属性，具有交换价值和使用价值；② 认为虚拟财产是知识产权，玩家在游戏过程中耗费了大量的时间和精力，伴随着智力性的劳动投入；③ 认为虚拟财产是债权，即服务商与服务使用者之间存在服务合同关系，虚拟财产是产生于该服务合同关系的一种债权性质的权利。①

1.2.2 经济法律关系的产生、变更和消灭

经济法律关系的产生,是指经济法律关系的最初形成,使得原本没有法律联系的当事人之间形成了由国家强制力保障实现的经济法律关系。这种经济法律关系通常情况下可以持续到因建立经济法律关系的目的达到而终止。

经济法律关系的变更,是指由于出现了某种情况而使得业已存在的法律关系在主体、内容和客体上发生变更,从而达到另外一种新的确定状态。经济法律关系可以依当事人的协议或者履行义务而消灭,也可以依不可抗力或者一方当事人依法实施的单方宣告行为而消灭。

能够引起经济法律关系产生、变更或消灭的法律事实一般分为法律行为和法律事件两大类型。

（1）法律行为。法律行为是指经济法律关系主体为了实现一定的经济目的而进行的能引起经济法律关系产生、变更和终止的有意识的活动,会根据主体的主观意志而发生。

法律行为按其性质可以划分为合法行为和违法行为。如依法进行的经济干预行为、依法实施的经营管理行为、行政执法、经济仲裁、经济审判和行政审判等行为都是合法的行为,市场主体的垄断和不正当竞争行为等则是违法行为。这两种行为都可以引起经济法律关系的产生、变更或消灭。

（2）法律事件。法律事件能够引起经济法律关系产生、变更或消灭,是经济法主体的主观意志不能控制的客观现象。法律事件包括自然现象和社会现象,即法律上的不可抗力。如严重的自然灾害可以引起计划法律关系、税收关系发生变化等；又如战争、政治动乱和政府禁令等,它们都可以引起某项干预行为的变化。

1.2.3 经济法律关系的保护

在整个国民经济活动中,经济法对经济法律关系的保护,既可以在监督经济法律关系的参加者正确行使权利（权力）和切实履行义务中得到体现,也可以通过严格执法来保护权利主体的合法权益。为了加强对经济法律关系的保护,国家在法律规范中规定了经济法律关系的监督和保护。

国家经济领导机关及其他职能部门有权对全国或者所属的经济部门和经济组织进行经济监督,对违反国家计划和对经济建设造成损害的单位,有权依法进行处理

---

① 江苏省江阴市人民法院（2007）澄民—初字第37号（2007年5月18日）。

并责令其整顿或进行其他必要的行政制裁。如国家有关主管部门对市场竞争行为予以规制，反垄断及反不正当竞争，保护消费者合法权益，保障良好有序的市场竞争秩序；统计、会计、财税、银行、物价等部门对国民经济管理或社会经济活动进行监督和管理。

我国宪法规定国家建立审计机构，对国家各级财政进行监督。审计机构代表国家行使审计监督权，对国家财政、财务进行审计监督。审计监督的目的，是要维护国家财政经济秩序，促进廉政建设，促进改善经营管理，提高经济效益。

双方当事人发生经济纠纷时，一般应当先进行协商解决；协商不成时，可以由有关仲裁委员会进行仲裁，或起诉至人民法院，人民法院通过行使审判权，保护经济法律关系主体的合法权益。

1.3 经济法律责任

经济法律责任，是指在国家干预和调控社会经济过程中因主体违反经济法律、法规而依法应强制承担的否定性、单向性、因果性经济义务。

1.3.1 承担经济法律责任的一般条件

（1）主体必须有经济违法行为存在。经济违法行为不仅是产生经济法律责任的前提，而且也是承担经济法律责任的必备条件。

（2）主体的违法行为必须给国家、社会或个人造成损害的事实。经济法律责任既是一种经济责任，又是一种社会责任。因为主体的经济违法行为给国家、社会或个人造成的损害既包括经济的，也包括人身的；既包括有形的，也包括无形的；既包括现实的，也包括潜在的；既包括对国家和社会的，也包括对个人的。

（3）主体的经济违法行为与损害事实之间存在因果关系。主体要承担经济法律责任，不仅要有经济违法行为和损害事实，而且要求经济违法行为与损害事实之间必须具有内在的、必然的引起和被引起的关系。

（4）主体在主观上必须具有故意或者过失。所谓故意，是指主体对其经济违法行为具备明知的认识因素和希望或者放任的意志因素。所谓过失，是指主体对其经济违法行为是当知而因疏忽大意未知、或已知但轻信能避免的心理态度。当然，也有个别的经济违法行为，实行无过错责任原则，但这是特殊原则，并以法定为限。如国家机关及其工作人员在执行经济管理职权过程中，侵犯相对主体的经济权利时，应承担经济法律责任，而不论其主观上有无过错及其内容如何。

1.3.2 经济法律责任的形式

（1）财产和其他经济利益方面的责任。这是经济法义务违反人因其行为给国家、社会或特定的社会组织与公民造成财产和其他经济利益损害，应当以属于自己的财产和其他经济利益给被损害者以补偿的承担责任的方式。国家机关采取的制裁方式便是罚款、罚交滞纳金、罚息、收缴应上交收入、没收非法所得等货币制裁，或者收购、征用、没收财产等财产制裁。

（2）经济行为方面的责任。这是经济法义务的违反人以其经济行为受到某种限制作为代价承担责任的方式。国家机关适用的制裁方式通常为强制整顿、强制停业、吊销生产许可证或营业执照、强制解散、限制从事某些经济活动的资格等。

（3）经济信誉责任。这是经济法义务违反人以其经济信誉受到损失为代价承担责任的方式。国家机关适用的制裁方式包括通报批评、撤销荣誉称号等。

（4）经济管理行为责任。这是指违反经济法所规定的经济管理义务的国家经济管理机关及其工作人员，以其经济管理行为受到某种限制为代价承担责任的方式。与其相适应的制裁方式包括责令修改，调整原来下达的计划指标，责令减免被管理主体原来规定上缴的利润和收费，撤销摊派，停止、纠正或撤销不恰当管理行为，撤销或调整其有关经济管理职权，等等。①

【本章引例分析提示】

本案中作为一方当事人的工商局对于批发市场具有双重身份，既是工商行政管理机关，又是该市场的投资开办主体。作为工商行政管理机关，工商局对该批发市场进行的市场监督等行政执法行为不受合同法的调整；作为该批发市场的投资开办主体，它是市场经营主体，为 200 户个体户提供经营场所，200 户个体户向其缴纳管理费和摊位费，双方之间此时存在的是民事合同关系，应受到民事法律的调整。

---

① 漆多俊著：《经济法基础理论》，武汉大学出版社 1996 年版，第 188－192 页。

第 2 章　企业法律制度

【本章学习目标】
　　通过该章的学习，你应该能够：
● 了解我国企业的种类及其特点
● 掌握合伙企业的种类及其特点
● 掌握公司的种类及其特点

【本章引例】
　　王某今年 22 岁，在工作过程中积累了 10 万元的资金，他现在想自己创业，从事广告设计与制作。他的希望是尽量降低自身及家庭在创业过程中承受的风险。
　　请问，王某可以采取哪些企业组织形式？企业设立要准备哪些资料，经过哪些程序？

2.1　企业法概述

2.1.1　企业及企业法

　　企业是以营利为目的，从事生产经营或提供服务的组织。企业作为市场经济活动的主要参加者，是自给自足、自负盈亏、独立核算的营利性组织。
　　企业法是指调整企业在设立、经营、变更、终止过程中发生的经济关系的法律规范的总称。企业法是一个由相关法律规范组成的法律体系。在我国，企业法律体系包括《中华人民共和国个人独资企业法》（2000 年 1 月 1 号实施）、《中华人民共和国合伙企业法》（2007 年 6 月 1 日实施）、《中华人民共和国公司法》（2006 年 6 月 1 日实施）、《中华人民共和国外资企业法》（2000 年 10 月 31 日实施）、《中华人民共和国中外合作经营企业法》（1988 年 4 月 13 日实施）、《中华人民共和国中外合资经营企业法》（1990 年 4 月 4 日实施）、《中华人民共和国企业破产法》（2007 年 6 月 1 日实施）等法律。

2.1.2 企业的工商登记

【例 2-1】

〔案情〕A 矿业公司由常某、金某、嵇某等 12 名股东出资成立。2008 年 4 月 6 日，常某等 10 人召开公司股东会作出以下决议：选举新一届董事 5 名、监事 2 名，要求金某从作出股东会决议之日起交出公司印章、账目及一切法人相关手续，并公布 3 年来的公司账目。2009 年 7 月 25 日，常某等 5 名董事召开公司董事会。会议作出了以下决议：选举常某为公司法定代表人，任董事长职务，免去金某法定代表人职务和嵇某公司总经理的职务，责令金某、嵇某交出公司的公章、合同章、账目、营业执照、财务专用章、发票专用章、董事会印章、法人印章、公司房屋产权证。金某以法定代表人变更必须经变更登记，自己作为公司法定代表人，至今工商登记未变更，自己仍是公司的法定代表人为由，拒不依法履行股东会和董事会决议，不向新任董事长移交公章、账目、营业执照等。A 矿业公司于 2009 年 8 月 27 日提起诉讼。

〔问题〕A 矿业公司的法定代表人变更是否以登记为准？

〔分析〕本案中 A 矿业公司在进行法定代表人变更登记时，工商登记机关依法只负责形式审查的义务，即只对 A 矿业公司是否依法提交了变更登记所需的材料、变更登记的事项有无违反法律禁止性规定、申请材料内容之间是否一致等进行审查。公司办理法定代表人变更登记手续，不是法定代表人产生的必要条件。法定代表人的产生办法由公司相关会议决议产生，该决议形成之日即发挥效力，对公司全体股东具有约束力，此时决议形成的法定代表人即具有相应的民事权利能力和民事行为能力。登记机关对法定代表人的变更登记仅具有对外公示的效力，公司未办理法定代表人名称变更手续，并不影响常某已享有 A 矿业公司法定代表人的职权。因此，人民法院判决：金某、嵇某于判决生效之日起 10 日内将公司公章、合同专用章、财务专用章、发票专用章、董事会印章、法人印章、企业法人营业执照正副本、公司会计账簿（自公司成立至今的账簿）交付 A 矿业公司。①

企业工商登记的法律效力：

根据《中华人民共和国公司登记管理条例》第 2 条第 2 款规定，申请办理公司登记，申请人应当对申请文件材料的真实性负责。该条例第 27 条规定："公司申请变更登记，应当向公司登记机关提交下列文件：（1）公司法定代表人签署的

---

① 本章所有案例均来源于《人民法院报》。

变更登记申请书；（2）依照公司法作出的变更决议或者决定；（3）国家工商行政管理局总局规定的要求提交的其他文件。"

登记机关收到申请后，应当对申请材料是否齐全、是否符合法定形式进行审查。申请材料齐全，是指国家工商行政管理总局依照企业登记法律、行政法规和规章公布的要求申请人提交的全部材料；申请材料符合法定形式，是指申请材料符合时限、记载事项符合法定要求以及文书格式符合规范。国家工商行政管理局《关于登记主管机关对申请人提交的材料真实性是否承担相应责任问题的答复》称："申请人提交的申请材料和证明文件是否真实的责任由申请人承担。登记主管机关的责任是对申请人提交的有关申请材料和证明文件是否齐全，以及申请材料和证明文件及其所载的事项是否符合有关登记管理法律法规的规定进行审查。"

从上述规定可以看出，我国目前的企业登记实际上采取的是形式审查为主、实质审查为辅的原则。企业设立登记是企业成立的必要条件，未经登记领取营业执照的企业不得从事市场经济活动；企业变更登记则是企业在根据企业内部规定作出变更决定后向工商部门申请变更登记，企业重要事项变更自企业作出决议后生效，工商部门的变更登记只对外具有公示力；企业的注销登记则是企业在解散清算完毕后向工商部门申请注销的，办理完注销登记后该企业从法律上不再存在。

2.2 个人独资企业概述

【例2-2】

〔案情〕金某2007年6月创办了一个汽车运输中心，属于个人独资企业。该运输中心的车辆在2009年10月份发生车祸，造成2人死亡，法院判决该运输中心承担赔偿责任，运输中心未履行赔偿义务。2009年12月份，金某将该运输中心转让给赵某，2010年6月，赵某又将该运输中心转让给张某，这两次转让均进行了工商变更登记。

〔问题〕现在该运输中心的赔偿责任应由谁承担？

〔分析〕本案中的个人独资企业在2009年10月发生交通事故，个人独资企业应对受害人承担侵权赔偿责任，作为个人独资企业投资人的金某也应对该侵权行为承担连带赔偿责任。后该个人独资企业转让，侵权之债成立时的企业投资人金某仍应承担清偿责任，并且，根据权利义务一致的原则，受让人还应在受让财产的范围内对债权人承担清偿责任。

2.2.1 个人独资企业及其承担的责任

个人独资企业，是指依法在中国境内设立、由一个自然人投资、财产为投资人个人所有、投资人以其个人财产对企业债务承担无限责任的经营实体。

个人独资企业不具备法人资格,属于非法人企业,企业财产由投资人所有,投资人对企业债务承担无限连带责任。个人独资企业经营转让的,原投资人对转让前的债务仍应承担连带清偿责任。

2.2.2 个人独资企业的设立与经营

1. 个人独资企业的设立

根据《中华人民共和国个人独资企业法》(以下简称《个人独资企业法》)的规定,设立个人独资企业应具备以下条件:

(1)投资人为一个具备完全民事行为能力的自然人,法律、行政法规禁止从事营利性活动的人,不得作为投资人申请设立个人独资企业。法官、检察官、人民警察不得从事营利性的经营活动,现役军人不准私人经商,不准个人、合资办企业。

(2)有合法的企业名称。个人独资企业的名称中不得使用"有限"、"有限责任"或者"公司"字样。

(3)有投资人申报的出资。个人独资企业的出资额由投资人自愿申报,没有最低注册资本的要求。

(4)有固定的生产经营场所和必要的生产经营条件。从事临时性经营、季节性经营、流动经营和没有固定门面的摆摊经营,不得登记为个人独资企业。

(5)有必要的从业人员。个人独资企业根据其经营规模招用从业人员,人数无限制。

申请设立个人独资企业,应当由投资人或者其委托的代理人向个人独资企业所在地的登记机关提交符合上述条件的材料。市、县工商行政管理局以及大中城市工商行政管理分局负责本辖区内的个人独资企业登记。个人独资企业营业执照的签发日期为个人独资企业成立日期。

2. 个人独资企业的经营

个人独资企业的投资人可以自行管理企业事务,也可以委托或者聘用其他具有民事行为能力的人负责企业的事务管理。投资人委托或者聘用他人管理个人独资企业事务,应当与受托人或者被聘用的人签订书面合同,明确委托的具体内容和授予的权利范围。投资人对受托人或者被聘用的人员职权的限制,不得对抗善意第三人。

投资人委托或者聘用的管理个人独资企业事务的人员应当履行诚信、勤勉义务,未经投资人同意,受委托或者聘用的人员不得从事与本企业相竞争的业务,不得同本企业订立合同或者进行交易,不得擅自将企业商标或者其他知识产权转让给他人使用，不得泄露企业的商业秘密。

2.2.3　个人独资企业的解散与清算

个人独资企业的解散，是指企业由于法定事由的发生，不能继续存在而终止其经营活动，并开始处理未了结事务的法律行为。解散为清算的起点，企业的解散并不等于企业经济主体资格的消灭，企业经济主体资格只有在清算完毕之后，办理注销登记之日起才消灭。

《个人独资企业法》第 26 条规定的个人独资企业应当解散的情形有：① 投资人决定解散；② 投资人死亡或者被宣告死亡，无继承人或者继承人决定放弃继承；③ 被依法吊销营业执照；④ 法律、行政法规规定的其他情形。

个人独资企业的投资人自行清算的，应当在清算前 15 日内书面通知债权人；无法通知的，应当予以公告。债权人应在接到通知之日起 30 日内，未接到通知的应当在公告之日起 60 日内，向投资人申报其债权。个人独资企业终止后，原投资人对个人独资企业存续期间的债务仍应承担无限连带清偿责任，但债权人自个人独资企业终止后 5 年内未向投资人提出债务清偿请求的，该债务消灭，投资人不再承担清偿责任。

2.3　合伙企业法律制度

2.3.1　合伙企业概述

【例 2-3】

〔案情〕魏某于 2005 年 9 月 8 日成立个人独资企业 A 厂。同年 12 月 18 日，魏某、蒋某、卞某、祝某签订合伙合同约定：该 4 人共同出资，合伙经营，将 A 厂变更为合伙经营企业；合伙后的企业名称仍为 A 厂，使用原营业执照；合伙债务先由合伙财产偿还，合伙财产不足清偿时，由各合伙人共同承担。2006 年 12 月 23 日，尹某、洪某和原来 4 人签订协议书，载明该 6 人出资成立 A 厂，并就解决该厂困境、理清该厂账目、偿还对外债务和 6 人各自的投资等事宜作出约定。2006 年 10 月，A 厂向 B 公司购买焦炭用于生产，但仅支付部分货款，并于 2007 年 1 月出具欠条确认欠款 1 213 785.95 元。B 公司索款未果，诉至法院，请求判令 A 厂及魏某等 6 人共同给付货款并承担逾期付款利息。

〔问题〕B 公司的诉讼请求能否得到支持？

〔分析〕本案中，A 厂虽然名义上属于个人独资企业，但魏某与其他 5 名合伙人所签订的合伙协议明确约定合伙后的企业仍沿用原企业名称与营业执照，原个人独资企业营业执照自合伙合同签订之日起归合伙企业所有，原投资人魏某不得再单独使用该营业执照，因此 A 厂实质上已变更为合伙企业。根据合伙人之间"共同出资、共同经营"的约定可知，A 厂应属于普通合伙企业，魏某等各合伙人应对 A 厂所欠 B 公司的货款和逾期付款利息承担无限连带责任。同时，合伙企业与合伙人对合伙债务的承担有先后顺序之分，并非连带责任，连带责任仅存在于合伙人相互之间。因此，法院判决 A 厂向 B 公司承担清偿责任，不足部分由魏某等 6 个合伙人连带清偿。

合伙企业的类型及合伙人的责任：

《中华人民共和国合伙企业法》（以下简称《合伙企业法》）于 1997 年制定，2006 年修改，2007 年 1 月 1 日起实施。根据《合伙企业法》的规定，合伙企业可以分为三类：普通合伙企业、特殊的普通合伙企业和有限合伙企业。

普通合伙企业，是指由两个以上的普通合伙人依法共同出资、共同经营、共享收益、共担风险所设立的企业，所有合伙人对合伙企业债务均承担无限连带责任。

特殊的普通合伙企业中，合伙人在执业活动中因故意或者重大过失造成合伙企业债务时，该合伙人对该债务承担无限连带责任，其他合伙人对该债务以其在合伙企业中的财产份额为限承担责任；在合伙人非故意或重大过失造成合伙企业债务时，各合伙人对合伙企业债务承担无限连带责任。

有限合伙企业，是指由两个以上 50 个以下合伙人设立的合伙企业，其中普通合伙人对合伙企业债务承担无限连带责任，有限合伙人以其认缴的出资额为限对合伙企业债务承担责任的企业。每个有限合伙企业至少有一个普通合伙人。

2.3.2　合伙企业的设立

普通合伙企业是合伙企业中数量最多的一种，其设立条件有：

（1）有两个以上合伙人。合伙人为自然人的，应当具有完全民事行为能力；外国自然人和企业也可以设立。国有独资公司、国有企业、上市公司以及公益性的事业单位、社会团体不得成为普通合伙人。

（2）有书面合伙协议。合伙协议是合伙人在设立合伙企业的过程中，对合伙人之间权利义务的约定。合伙协议是设立合伙企业的必备要件，法律要求合伙协议必须是书面的，并且必须具备相关的记载内容。合伙协议经全体合伙人签名盖章后生效。合伙人按照合伙协议享有权利，履行义务。修改或者补充合伙协议，应当经全体合伙人一致同意；但是，合伙协议另有约定的除外。

（3）有合伙人认缴或者实际缴付的出资。合伙人可以用货币、实物、知识产权、土地使用权或者其他财产权利出资，也可以用劳务出资。以具有价值性的财产出资的，其作价可以由全体合伙人协商确定，也可由全体合伙人委托法定评估机构评估。

（4）有合伙企业的名称和生产经营场所。合伙企业名称中应注明"普通合伙"，合伙企业的主要生产经营场所只能有一个，且在登记机关辖区内。

（5）法律、行政法规规定的其他条件。

特殊的普通合伙企业的设立条件与普通合伙企业基本一致，不同之处在于特殊的普通合伙企业要求必须是以专业知识和专门技能为客户提供有偿服务的专业服务机构。有时需要提供从业人员的资格证书，企业名称中应注明"特殊的普通合伙企业"。

有限合伙企业的设立条件基本同普通合伙企业，特殊之处在于：有限合伙企业由两个以上50个以下合伙人设立，有限合伙企业至少应当有一个普通合伙人，有限合伙人不得以劳务出资。有限合伙企业名称中应当标明"有限合伙"字样。

2.3.3 合伙人

根据合伙人承担责任的不同，合伙人可以分为普通合伙人和有限合伙人。普通合伙人是指对合伙企业的债务承担无限连带责任的合伙人，普通合伙企业中的合伙人均为普通合伙人，有限合伙企业中至少有一个普通合伙人。普通合伙人不得自营或者同他人合作经营与本合伙企业相竞争的业务。除合伙协议另有约定或者经全体合伙人一致同意外，普通合伙人也不得同本合伙企业进行交易。

有限合伙人仅存在于有限合伙企业中，是指仅以出资为限对合伙企业债务承担有限责任的合伙人。有限合伙人不参与有限合伙企业的经营活动，对外不得代表有限合伙企业，但第三人有理由相信有限合伙人为普通合伙人并与其交易的，该有限合伙人对该笔交易承担与普通合伙人同样的责任。有限合伙人未经授权以有限合伙企业名义与他人进行交易，给有限合伙企业或者其他合伙人造成损失的，该有限合伙人应当承担赔偿责任。

有限合伙人在合伙企业中担任出资人角色，但并不参与企业的经营管理。有限合伙人可以同本有限合伙企业进行交易，可以自营或者同他人合作经营与本有限合伙企业相竞争的业务，除非合伙协议另有约定。

2.3.4 合伙企业的经营管理

1. 经营管理模式

合伙企业的经营管理中，普通合伙企业和特殊的普通合伙企业是一致的，可以采用三种管理模式：

（1）全体合伙人共管。法律规定，普通合伙人对执行合伙事务享有同等的权利，全体合伙人可以共同管理合伙事务，每个合伙人都可以代表合伙企业对外的法律行为，其行为对合伙企业和全体合伙人均有效。

（2）委托执行合伙人。合伙企业中可以按照合伙协议的约定或者经全体合伙人决定，委托一名或者数名合伙人对外代表合伙企业，执行合伙事务。合伙企业对合伙人执行合伙事务以及对外代表合伙企业权利的限制，不得对抗善意第三人。

（3）聘任经营管理人员。经全体合伙人一致同意，合伙人可以聘任合伙人以外的第三人经营管理合伙企业。被聘任的合伙企业的经营管理人员要遵守竞业禁止和禁止自我交易的规定。

有限合伙企业由普通合伙人执行合伙事务，执行事务合伙人可以要求在合伙协议中确定执行事务的报酬及报酬提取方式。

2. 合伙企业的财产

合伙人的出质、以合伙企业名义取得的收益和依法取得的其他财产，均为合伙企业的财产。合伙企业不具备法人资格，不具有独立财产，其财产由全体合伙人共同共有。

普通合伙人以其在合伙企业中的财产份额出质的，须经其他合伙人一致同意；未经其他合伙人一致同意，其行为无效，由此给善意第三人造成损失的，由行为人依法承担赔偿责任。有限合伙人可以将其在有限合伙企业中的财产份额出质；但是，合伙协议另有约定的除外。

合伙人的自有财产不足清偿其与合伙企业无关的债务的，该合伙人可以以其从合伙企业中分取的收益用于清偿；债权人也可以依法请求人民法院强制执行该合伙人在合伙企业中的财产份额用于清偿。人民法院强制执行合伙人的财产份额时，应当通知全体合伙人，其他合伙人有优先购买权；其他合伙人未购买，又不同意将该财产份额转让给他人的，依照法律规定或合伙协议约定，为该合伙人办理退伙结算，或者办理削减该合伙人相应财产份额的结算。

3. 合伙企业的利润分配和亏损分担

【例 2-4】

〔案情〕王某、蔡某与冯某在 2008 年 7 月共同出资设立一合伙企业，王某为企业法定代表人。3 人约定各出资 8 万元，合伙企业由 3 个人共同经营、共享收益、共担风险。合伙企业成立后，各合伙人的出资方式有货币、房屋、土地使用权、汽车等财产，对其中的非货币财产合伙人之间未进行价值确认，也未进行评估验资。2009 年 10 月份，合伙企业向银行贷款 15 万元用于扩大生产经营，约定借款期限为 1 年。2010 年 10 月份，借款到期，合伙企业没有按期还款，经银行催告后仍未还款，银行遂将该合伙企业和王某告上法庭，要求王某与合伙企业对15万元借款及利息承担连带清偿责任。王某则认为，合伙协议中约定由3个合伙人对合伙企业债务共同承担清偿责任，银行只要求其一人清偿不合理，拒绝清偿。根据法院审理查明，合伙企业现有资产为10万元。

〔问题〕该合伙企业的债务如何清偿？

〔分析〕本案中合伙企业债务的清偿方法如下：首先，根据王某、蔡某与冯某3人订立的合伙协议可知，该合伙企业属于普通合伙企业，各合伙人应对合伙企业债务承担无限连带清偿责任。合伙人之间对合伙企业债务的分担没有明确约定，3人也未达成一致意见，3人的实缴出资未能确定，因此，3人对合伙企业的债务平均分担。合伙人之间关于合伙企业债务分担的约定不能对抗合伙企业的债权人，合伙人承担合伙企业清偿责任超出自己应承担部分的，可以向其他合伙人追偿。其次，合伙企业与合伙人之间清偿债务有先后之分，合伙企业以其全部财产清偿后仍不能满足债务要求的，由合伙人对剩余债务承担无限连带责任。因此。本案中合伙企业所欠银行的15万元借款及利息先由合伙企业的10万元清偿，不足部分由王某根据银行的请求予以清偿，王某清偿部分超出自己应承担份额的，可以向其他两位合伙人追偿。

合伙企业的利润分配和亏损分担，按照合伙协议的约定办理；合伙协议未约定或者约定不明确的，由合伙人协商决定，协商不成的，由合伙人按照实缴出资比例分配、分担；无法确定出资比例的，由合伙人平均分配、分担。

合伙协议不得约定将全部利润分配给部分合伙人或者由部分合伙人承担全部亏损。有限合伙企业不得将全部利润分配给部分合伙人；但是，合伙协议另有约定的除外。

合伙企业不能清偿到期债务的，合伙人承担无限连带责任，各合伙人之间内部约定的债务分担比例不得对抗合伙企业的债权人。合伙人清偿数额超过合伙人之间约定的或者法定的亏损分担比例的，有权向其他合伙人追偿。

4. 合伙企业的财产转让

合伙企业具有很强的人合属性，合伙人财产份额的转让有严格的规定。合伙人之间转让在合伙企业中的全部或者部分财产份额时，应当通知其他合伙人。除合伙协议另有约定外，普通合伙人向合伙人以外的人转让其在合伙企业中的全部或者部分财产份额时，须经其他合伙人一致同意。有限合伙人可以按照合伙协议的约定向合伙人以外的人转让其在有限合伙企业中的财产份额，但应当提前30日通知其他合伙人。

合伙人向合伙人以外的人转让其在合伙企业中的财产份额时，在同等条件下，其他合伙人有优先购买权；但是，合伙协议另有约定的除外。合伙人以外的人依法受让合伙人在合伙企业中的财产份额的，经修改合伙协议即成为合伙企业的合伙人，依照法律规定和合伙协议约定享有权利，承担义务。

5. 合伙事务的表决

合伙人对合伙企业有关事项作出决议，按照合伙协议约定的表决办法办理。合伙协议未约定或者约定不明确的，实行合伙人一人一票并经全体合伙人过半数通过的表决办法。

除合伙协议另有约定外，合伙企业的下列事项应当经全体合伙人一致同意：① 改变合伙企业的名称；② 改变合伙企业的经营范围、主要经营场所的地点；③ 处分合伙企业的不动产；④ 转让或者处分合伙企业的知识产权和其他财产权利；⑤ 以合伙企业名义为他人提供担保；⑥ 聘任合伙人以外的人担任合伙企业的经营管理人员。

6. 合伙人的入伙、退伙和继承

【例 2-5】

〔案情〕王某、姚某、崔某经营一家加工棉纺织的合伙企业。2009 年初，棉纺织业形势一路上扬。3 月，翟某向 3 人表示希望能够加入该合伙企业。王某、姚某、崔某 3 人表示同意，将企业的经营状况、资产、负债及面临的形势向翟某作了介绍，并与翟某签订了入伙协议。协议约定：翟某以现金 50 万元加入合伙企业，入伙后参与企业的经营管理，但对入伙前合伙企业的债务不承担责任。后来，由于各种原因，该合伙企业资不抵债，4 个合伙人被债权人要求承担无限连带责任。诉讼中，翟某以入伙协议中明确约定自己对入伙前合伙企业的债务不承担责任为由提出抗辩。

〔问题〕翟某的抗辩能否成立？

〔分析〕本案中，王某、姚某、崔某 3 人设立的企业是普通合伙企业，3 人同意翟某入伙，将企业经营状况等告知翟某，并与其签订合伙协议，翟某的入伙合法有效。根据合伙企业法的规定，新入伙的普通合伙人对入伙前合伙企业的债务承担无限连带责任，翟某与原合伙人约定对其入伙前合伙企业的债务不承担责任，该约定仅对合伙人内部有效，不能对抗合伙企业的债权人，故翟某仍应对其入伙前企业的债务对外承担连带责任，其抗辩不能成立。

（1）入伙及其法律效果。入伙是指有新的合伙人加入合伙企业。新合伙人入伙，除合伙协议另有约定外，应当经全体合伙人一致同意，并依法订立书面入伙协议。订立入伙协议时，原合伙人应当向新合伙人如实告知原合伙企业的经营状况和财务状况。入伙的新合伙人与原合伙人享有同等权利，承担同等责任。新入伙的普通合伙人对入伙前企业债务承担无限连带责任，新入伙的有限合伙人对入伙前企业的债务，以其认缴的出资额为限承担责任。

（2）退伙及其法律效果。退伙是指合伙企业的合伙人依照合伙协议的约定或法律规定从合伙企业中退出来的法律制度。根据原因不同，退伙可以分为自愿退伙、当然退伙与除名退伙。

根据合伙企业是否有经营期限约定，自愿退伙的条件有所不同。合伙协议约定合伙期限的，在合伙企业存续期间，有下列情形之一的，合伙人可以退伙：① 合伙协议约定的退伙事由出现；② 经全体合伙人一致同意；③ 发生合伙人难以继续参加合伙的事由；④ 其他合伙人严重违反合伙协议约定的义务。合伙协议未约定合伙期限的，合伙人在不给合伙企业事务执行造成不利影响的情况下，可以退伙，但应当提前30日通知其他合伙人。

普通合伙人有下列情形之一的，当然退伙：① 作为合伙人的自然人死亡或者被依法宣告死亡；② 个人丧失偿债能力；③ 作为合伙人的法人或者其他组织依法被吊销营业执照、责令关闭、撤销，或者被宣告破产；④ 法律规定或者合伙协议约定合伙人必须具有相关资格而丧失该资格；⑤ 合伙人在合伙企业中的全部财产份额被人民法院强制执行。

有限合伙人具有上述第一项、第三项至第五项情形的，当然退伙。

合伙人有下列情形之一的，经其他合伙人一致同意，可以决议将其除名：① 未履行出资义务；② 因故意或者重大过失给合伙企业造成损失；③ 执行合伙事务时有不正当行为；④ 发生合伙协议约定的事由。

对合伙人的除名决议应当书面通知被除名人。被除名人接到除名通知之日，除名生效，被除名人退伙。被除名人对除名决议有异议的，可以自接到除名通知之日起30日内向人民法院起诉。

普通合伙人对基于其退伙前的原因发生的合伙企业债务，在退伙后仍承担无限连带责任。有限合伙人退伙后，对基于其退伙前的原因发生的有限合伙企业债务，以其退伙时从有限合伙企业中取回的财产承担责任。

2.3.5 合伙企业的解散与清算

1. 合伙企业的解散

根据《中华人民共和国合伙法》（以下简称《合伙法》）第56条规定：合伙企业有下列情形之一时，应当解散：

（1）合伙协议约定的经营期限届满，合伙人不愿继续经营的。合伙合同定有存续期间的，则于该期间届满时，合伙即归解散。但若合伙合同所定的期限届满后，合伙人仍继续其事务的，视为以不定期限继续合伙合同。

（2）合伙协议约定的解散事由出现。
（3）全体合伙人决定解散。合伙系基于全体合伙人的意思而成立，当然也得基于全体合伙人的意思而解散。
（4）合伙人已不具备法定人数。
（5）合伙协议约定的合伙目的已经实现或者无法实现。
（6）被依法吊销营业执照。
（7）出现法律、行政法规规定的合伙企业解散的其他原因。

2. 合伙企业的清算

清算是企业解散时的必经程序，是指对解散企业的债权债务进行清理、清偿，了结企业债权债务的程序。合伙企业解散，应当由清算人进行清算。清算人的组成有三种方式：① 清算人由全体合伙人担任；② 经全体合伙人过半数同意，可以自合伙企业解散事由出现后15日内指定一个或者数个合伙人，或者委托第三人担任清算人；③ 自合伙企业解散事由出现之日起15日内未确定清算人的，合伙人或者其他利害关系人可以申请人民法院指定清算人。

清算人自被确定之日起10日内将合伙企业解散事项通知债权人，并于60日内在报纸上公告。债权人应当自接到通知书之日起30日内，未接到通知书的，自公告之日起45日内，向清算人申报债权。

合伙企业清算组在清理完毕资产和负债后，按下列顺序清偿：清算费用、合伙企业所欠招用的职工工资和劳动保险费用、合伙企业所欠税款、合伙企业的债务、返还合伙人的出资。合伙财产在清偿债务及划出保留必要的数额后，其剩余财产应作为各合伙人的出资返还给各合伙人。这里的返还出资，仅指财产出资，对于劳务出资不存在返还问题。返还出资的方式按原则确定：以实物出资，原物存在的，应返还原物；以金钱出资或者以实物出资、但原物已不存在的，应以金钱折价返还。若合伙财产不足以返还合伙人的出资，则应按照各合伙人出资的比例予以返还。

清算结束，应当编制清算报告，经全体合伙人签名盖章后，在15日内向企业登记机关报送清算报告，办理合伙企业注销登记。合伙企业解散后，原合伙人对合伙企业存续期间的债务仍应承担连带责任，但债权人在5年内未向债务人提出偿债请求的，该责任消灭。

2.4 公司法

2.4.1 公司及公司法

1. 公司

公司是我国重要的企业组织形式，公司是依照《中华人民共和国公司法》（以下简称《公司法》)在中国境内登记成立的,有自己的独立财产,能够独立承担法律责任,投资人仅以出资为限对其承担有限责任的企业组织。公司具备法人资格,能够独立承担法律责任,公司股东仅以出资额为限对公司承担有限责任。

《公司法》仅规定了两种公司形式:有限责任公司和股份有限责任公司。有限责任公司,是指股东以认缴出资的方式组建,并以出资为限对其承担有限责任,其以全部资产对外承担法律责任的公司形式。股份有限责任公司,是指通过股东认缴出资或者部分股东认缴、部分向社会募集的方式组建的,其资本划分成等额的股份,股东以所持有股份对其承担有限责任,其以全部股本对外承担责任的公司形式。

【例2-6】

〔案情〕2010年8月5日,某农村信用合作联社在某园艺公司担保下,向某商贸有限责任公司发放贷款680万元。贷款到期后,商贸公司未还本付息。在信用社与商贸公司协商还款事宜期间,商贸公司法定代表人廉某因病死亡。该公司是一人有限责任公司,其股东为廉某个人。廉某死亡后,信用社将商贸公司及园艺公司诉至法院,要求偿还本金与利息。

〔问题〕廉某的死亡是否影响其公司的存续,公司能否继续承担法律责任?

〔分析〕本案中,某信用社与某商贸公司的借款合同合法有效,某商贸公司是独立的法人,其唯一股东兼法定代表人的死亡不影响某商贸公司的存续,该合同对双方仍然有效,某信用社起诉某商贸公司和保证人某园艺公司要求还款是合法的。但由于一人有限责任公司的股东本人为公司的法定代表人,其死亡会使公司法定代表人缺位,在此情况下,应中止诉讼,待继承人继承股权后,由新的股东确定法定代表人,再行恢复审理。

有限责任公司又有两类特殊公司,即一人有限责任公司和国有独资公司。

(1) 一人有限责任公司。一人有限责任公司是指由单个自然人或者单个法人作为投资人设立的有限责任公司。一人有限责任公司的注册资本最低限额为人民币10万元,股东应当一次性足额缴纳公司章程规定的出资额;一个自然人只能投资设立一个一人有限责任公司,该一人有限责任公司不能投资设立新的一人有限责任公司,但单个法人可以设立多个一人有限责任公司;一人有限责任公司应当在公司登记中注明自然人独资或者法人独资,并在公司营业执照中载明。一人有限责任公司不设股东会。一人有限责任公司的股东不能证明公司财产独立于股东自己的财产的,应当对公司债务承担连带责任。

一人有限责任公司是企业法人,它有自己独立的法人财产,享有法人财产权,并以其全部财产对公司的债务承担责任。一人有限责任公司的股东死亡后,该公司仍然存续。公司所欠债务由股东以其认缴的出资额为限对公司承担责任。一人有限责任公司的股东死亡后,由死亡股东的继承人对其出资进行继承;继承人继承股权后,成为公司的新股东,但仍应以出资额为限对公司承担责任。

(2) 国有独资公司。国有独资公司,是指国家单独出资、由国务院或者地方人民政府授权本级人民政府国有资产监督管理机构履行出资人职责的有限责任公司。国有独资公司章程由国有资产监督管理机构制定,或者由董事会制定,报国有资产监督管理机构批准。

国有独资公司不设股东会,由国有资产监督管理机构行使股东会职权;国有独资公司设董事会,董事会成员由国有资产监督管理机构委派,同时董事会成员中应当有公司职工代表。董事会设董事长一人,可以设副董事长。董事长、副董事长由国有资产监督管理机构从董事会成员中指定。国有独资公司设经理,由董事会聘任或者解聘,经国有资产监督管理机构同意,董事会成员可以兼任经理。国有独资公司监事会成员不得少于5人,其中职工代表的比例不得低于1/3,具体比例由公司章程规定。监事会成员由国有资产监督管理机构委派,但是监事会成员中的职工代表由公司职工代表大会选举产生。监事会主席由国有资产监督管理机构从监事会成员中指定。

国有资产监督管理机构可以授权公司董事会行使股东会的部分职权,决定公司的重大事项,但公司的合并、分立、解散、增加或者减少注册资本和发行公司债券,必须由国有资产监督管理机构决定;其中,重要的国有独资公司合并、分立、解散、申请破产的,应当由国有资产监督管理机构审核后,报本级人民政府批准。

国有独资公司的董事长、副董事长、董事、高级管理人员,未经国有资产监督管理机构同意,不得在其他有限责任公司、股份有限公司或者其他经济组织兼职。

2. 公司法

公司法是指调整公司设立、经营、变更、终止过程中法律关系及法律规范的总称。我国公司法包括《中华人民共和国公司法》(以下简称《公司法》)及最高人民法院分别于 2006 年、2008 年、2010 年颁布实施的《最高人民法院关于适用〈中华人民共和国公司法〉若干问题的规定(一)》、《最高人民法院关于适用〈中华人民共和国公司法〉若干问题的规定(二)》和《最高人民法院关于适用〈中华人民共和国公司法〉若干问题的规定(三)》。《公司法》于 1993 年制定,全国人民代表大会常务委员会于 1999 年、2004 年、2005 年 3 次修改《公司法》,现行的《公司法》自 2006 年 1 月 1 日起生效。

2.4.2 公司的设立

公司作为经营主体,必须符合法律规定的设立条件和程序,经主管机关登记后方可获得经营执照，取得合法的经营资格。

1. 公司的设立方式

公司的设立方式有两种：发起设立和募集设立。有限责任公司仅适用于发起设立的方式，股份有限公司既可采用发起设立方式，又可采用募集设立方式。发起设立是指由发起人认购公司的全部资本或应发行的全部股份而设立公司。

募集设立是指由发起人认购公司应发行股份的一部分，其余股份向社会公开募集或者向特定对象募集而设立公司。

2. 公司的设立条件

【例2-7】

〔案情〕2005年9月19日，A公司与工行湖滨支行签订了最高额抵押合同，约定A公司以其所有的全部机器设备作为其与工行湖滨支行最高贷款额为2 000万元的所有借款的抵押担保，随后双方办理了抵押登记。2005年9月29日，A公司与B股份有限公司、C公司三方在北京共同签订关于设立X公司的合同。合同约定：三方共同出资设立X公司，A公司认缴注册资本1 000万元，以其所拥有的全部生产设备、厂房及在建工程出资。2006年1月14日，A公司就其全部生产设备、厂房及在建工程交付给X公司，但未办理产权转移手续，A公司并未将出资财产已抵押的事实告知X公司，也没将财产转让的事实通知工行湖滨支行。

〔问题〕本案中A公司在出资设立X公司的过程中存在哪些问题？

〔分析〕本案中A公司在X公司的出资中存在两个问题：一是A公司在未将出资财产已抵押的事实告知X公司的情况下，其将已设立抵押的财产用于出资的行为无效。A公司与工行湖滨支行签订了借款抵押合同并办理了相应抵押登记后，双方之间的抵押合同合法有效。2006年1月1日生效的《公司注册资本登记管理规定》第8条第3款和2005年12月18日经修改的《中华人民共和国公司登记管理条例》第14条第2款，明确规定实物出资必须是未设定担保物权的实物。二是A公司作为X公司出资的厂房和在建工程应当评估作价，该出资评估必须经依法设立的验资机构验资并出具证明，并应当依法办理其财产权的转移手续。

(1) 公司的设立条件及股东的出资。法律对设立有限责任公司和股份有限责任公司的条件都是从资金、投资人、企业名称、生产经营场所等方面进行规定的。具体设立条件如下：

1) 股东符合法定人数。公司的股东可以是自然人、法人或其他组织，有限责任公司的股东人数是1~50人；股份有限责任公司要求是发起人人数在2~200人之间，并要求过半数发起人在中国境内有住所，对公司的股东总人数并无要求。

2) 股东出资达到法定资本最低限额。有限责任公司最低注册资本为人民币3

万元,股份有限责任公司最低注册资本为人民币500万元。法律、行政法规对最低注册资本要求高于公司法上述规定的,按照法律、行政法规规定处理。

3) 股东共同制定公司章程。公司章程对公司、股东、董事、监事、高级管理人员具有约束力。采用发起方式设立时,公司章程由设立时的全体股东共同制定,共同在上面签名盖章后章程生效;采用募集方式设立时,公司章程由发起人草拟,在设立大会上通过后生效。

4) 有公司名称,建立符合公司法要求的组织机构。公司名称中须注明"有限责任公司"或"股份有限责任公司"。公司组织结构一般由股东会、董事会、监事会、经理层构成,有限责任公司的组织结构可以根据法律规定简化。

5) 有公司住所。公司的主要办事机构所在地为公司住所,经公司登记机关登记的公司住所只能有一个,公司的住所应当在其公司登记机关辖区内。

6) 法律、行政法规规定的其他条件。

设立公司时,股东可以用货币、实物、知识产权、土地使用权等货币和非货币财产出资,但全体股东的货币出资金额不得低于公司注册资本的30%。同时,国务院制定的《公司登记管理条例》规定,股东不得以劳务、信用、自然人姓名、商誉、特许经营权或者设定担保的财产等作价出资。

《公司法》第28条和第29条规定了股东须将货币出资足额存入有限责任公司在银行开设的账户,且出资必须经法定验资机构验资并出具证明。对作为出资的非货币财产应当评估作价,该出资评估必须经依法设立的验资机构验资并出具证明,并应当依法办理其财产权的转移手续。

(2) 股东未按约定缴纳出资的责任。

【例2-8】

〔案情〕2008年11月10日,黄某、季某和张某注册成立甲公司,注册资本为50万元。黄某认缴出资额17.5万元,实缴出资额3.5万元;季某认缴出资额17.5万元,实缴出资额3.5万元;张某认缴出资额15万元,实缴出资额3万元。根据甲公司章程约定,股东的出资应当在公司成立两年内缴足。2008年12月,乙公司与甲公司签订协议,约定乙公司向甲公司独家供应啤酒、饮料等,并对销售目标及相关费用等作了约定。2010年11月,甲公司出具欠款确认书,确认尚欠乙公司货款131 100元及进场费10万元。

乙公司起诉要求甲公司支付货款和返还折扣让利款及季某、张某在未出资范围内对公司债务承担补充赔偿责任。季某答辩称自己已向公司缴纳了认购款并出示了公司的收据,但未能提供该认购款的验资报告。

〔问题〕乙公司的诉讼请求能否成立?

〔分析〕本案中张某、季某作为甲公司的股东，应当按期足额缴纳公司章程中规定的各自所认缴的出资额。根据法律规定，货币出资应存入公司的指定账户并经验资机构验证，非货币出资应经过资产评估后，由验资机构出具验资证明。季某虽然提出其缴纳了认购款并出具了公司的收据，但缺乏相应的验资证明，其出资不能得到证实。上述两股东未能提供证据证明其已经按期履行缴纳出资的义务，应当在各自的未出资范围内对甲公司的债务承担补充赔偿责任。

股东向公司缴纳出资是其法定义务，亦是依公司章程之约定对公司设立时其他股东的契约义务。公司股东不按照规定缴纳出资的，除应当向公司足额缴纳外，还应当向已按期足额缴纳出资的股东承担违约责任，公司设立时的其他发起人承担连带赔偿责任。公司成立后，发现作为设立公司出资的非货币财产的实际价额显著低于公司章程所定价额的，应当由交付该出资的股东补足其差额；公司设立时的其他发起人承担连带责任。

股份有限公司的发起人还应当承担下列责任：① 公司不能成立时，对设立行为所产生的债务和费用负连带责任；② 公司不能成立时，对认股人已缴纳的股款，负返还股款并加算银行同期存款利息的连带责任；③ 在公司设立过程中，由于发起人的过失致使公司利益受到损害的，应当对公司承担赔偿责任。

（3）名义股东的责任。

【例2-9】

〔案情〕为享受招商引资政策，潘某找到外地的朋友李某，欲借用李某的身份成立公司，李某同意。2010年5月31日，潘某分别以自己和李某的名义各存入公司账户50万元，并于当日委托某会计师事务所进行了验资。公司成立后，登记的股东为李某和潘某，但李某未参与经营。后因经营不善造成亏损，债权人对公司提起诉讼，案件进入执行程序后，发现公司已无财产清偿债务。经查，2010年6月1日，即验资后的次日存入公司账户的100万元注册资金分两次从公司账户以现金方式取走。执行法院根据当事人的申请以股东抽逃出资为由，追加潘某和李某为被执行人，裁定二人各自在50万元范围内承担赔偿责任，并冻结了李某的银行存款。李某对法院的裁定不服，提出复议申请。

〔问题〕李某属于何种身份？法院对李某的执行裁定是否合法？

〔分析〕本案中，李某在公司股东名册和工商部门均有登记。作为公司的名义股东，李某不能拒绝公司债权人要求其在出资范围内承担清偿责任的请求。潘某将出资款转入公司账户验资后，于次日即将出资款转出，无证据证明系正常的公司经营行为，应当认定为抽逃出资行为，依照最高人民法院《关于人民法院执行工作若干问题的规定（试行）》第80条的规定，可以裁定追加李某为本案的被执行人，由其在 50 万元的出资责任范围内承担补充赔偿责任。李某承担了赔偿责任后，可以向实际出资人潘某追偿。

名义股东是指在公司股东名册和工商管理部门均登记为公司股东但实际未在公司出资、未享有股东权利、未承担股东义务的自然人、法人或其他组织。

根据《公司法》第 33 条的规定，股东姓名或者名称在公司登记机关登记的，该登记可以对抗第三人。由于名义股东是公司登记材料中的记名人，根据商法交易中的公示主义和外观主义原则，第三人凭借登记内容的信赖，可以合理地相信登记的股东（即名义股东）就是真实的股权人，可以要求其在未出资范围内对债权人未获清偿的债权承担补充赔偿责任。最高人民法院在《〈公司法〉解释（三）》第 27 条规定："公司债权人以登记于公司登记机关的股东未履行出资义务为由，请求其对公司债务不能清偿的部分在未出资本息范围内承担补充赔偿责任，股东以其仅为名义股东而非实际出资人为由进行抗辩的，人民法院不予支持。"

2.4.3 公司的经营
1. 公司的组织结构

【例 2-10】

〔案情〕唐某系万豪公司董事兼副经理。2007 年 11 月 7 日，该公司召开临时董事会会议，经表决一致同意唐某辞职，同时考虑到唐某长期担任公司副经理，对公司资本的积累和公司的发展功不可没，为此对其一次性奖励 38.5 万元，2008 年 1 月前付清。决议上还附有"董事会成员严格保密，禁止外泄，以免带来不必要的麻烦"等内容。后公司股东得知此事后极度不满，认为董事会成员的行为违反了公司法的规定，所作奖励决议严重损害了公司的利益，也间接损害了全体股东的权益，故诉至法院要求判令该董事会决议无效。

《万豪公司章程》第 10 条规定："股东会闭会期间，董事人选和报酬有必要变动时，由董事会决定。"第 11 条规定："董事会对股东会负责，行使下列职权：……（九）决定聘任或解聘公司经理及其报酬事项，并根据经理的提名决定聘任或解聘公司副经理、财务负责人及其报酬事项……"

〔问题〕董事会是否有权决定唐某的报酬？董事会的决定是否合法？

〔分析〕本案中，唐某作为公司董事兼副经理，从法律规定来看，其报酬既可由股东会决定，也可由董事会决定，但在唐某的双重身份中，其董事的身份对报酬的影响力更大一些。为防止公司董事会假借给予双重身份的董事不合理报酬而损害公司及股东利益，唐某的报酬应由股东会作出决定。《万豪公司章程》约定董事的报酬可由董事会决定，该条款显属违反公司法的强制性规定，应认定无效。因此，公司董事会一次性给予唐某38.5万元的奖励决定是不合法的，损害了公司和股东的合法权益，应认定该决议无效；另外，董事会给予唐某报酬的决议附有"董事会成员严格保密，禁止外泄，以免带来不必要的麻烦"等内容，董事及高级管理人员的报酬不属于保密事项，公司股东有知情权，该约定损害了公司股东的知情权。

（1）公司股东会职权与董事高管报酬决定权。《公司法》第37条规定，股东会是公司的权力机构。有限责任公司的股东会和股份有限责任公司的股东大会行使下列职权：① 决定公司的经营方针和投资计划；② 选举和更换非由职工代表担任的董事、监事，决定有关董事、监事的报酬事项；③ 审议批准董事会的报告；④ 审议批准监事会或者监事的报告；⑤ 审议批准公司的年度财务预算方案和决算方案；⑥ 审议批准公司的利润分配方案和弥补亏损方案；⑦ 对公司增加或减少注册资本作出决议；⑧ 对发行公司债券作出决议；⑨ 对公司合并、分立、解散、清算或者变更公司形式作出决议；⑩ 修改公司章程；⑪ 公司章程规定的其他职权。

《公司法》规定：股东会会议作出修改公司章程，增加或减少注册资本，公司合并、分立、解散或者变更公司形式的决议，有限责任公司须经股东会代表2/3以上表决权的股东通过，股份有限责任公司须经股东大会出席会议的股东所持表决权的2/3以上通过。经理、副经理、财务负责人等高级管理人员由公司董事会聘任与解聘，其报酬自由董事会决定。

由上述规定可以看出，董事的报酬由股东会决定，高管的报酬由董事会决定。当董事身兼高管身份时，其报酬由股东会决定比较合适。这些关于董事和高管报酬事项的规定属于公司法的强制性规范，是股东会和董事会行使的一项法定职权，不得以公司章程或会议决议的形式来变更。公司股东对公司董事、高管的报酬享有知情权。

【例2-11】

〔案情〕2005年11月21日，甲公司形成董事会决议一份，同意为乙公司向丙商业银行贷款750万元提供担保，担保期限6个月。该决议由董事会成员签名并加盖公司公章后，交至丙商业银行。同年11月25日，丙商业银行与乙公司订立借款合同一份，约定由乙公司向该行借款750万元。同日，丙商业银行与甲公司订立保证合同，约定甲公司为乙公司该笔借款提供连带保证。合同书载明：本合同项下的保证期间为自主合同确定的借款到期之次日起两年。甲公司在保证合同上加盖了公章及法定代表人的印鉴章。2006年5月，借款到期，乙公司未能按期清偿债务。2007年9月，丙商业银行向甲公司寄送《贷款催收通知书》，主张担保债权，甲公司均未予回复。

〔问题〕甲公司是否需要承担保证责任？

〔分析〕本案中，丙银行在收到甲公司董事会关于为乙公司提供担保的决议后，持保证期间与董事会决议不一致的保证合同到甲公司办公室盖章，其主张保证合同系经双方协商确定，保证期间以保证合同中载明的两年为准。但其未能提供甲公司变更保证期间为两年的董事会决议，因此丙银行主张保证合同中两年的保证期间不能成立，保证期间应以甲公司董事会决议中确定的6个月为准。丙银行向甲公司主张保证责任时已超过保证期间，故甲公司保证责任免除。

(2) 董事会、高管与公司意思表示。《公司法》第47条规定，董事会对股东会负责，执行股东会决议，决定公司经营计划，是公司的日常管理机关。有限责任公司设董事会，其成员为3～13人；但是股东人数较少或者规模较小的有限责任公司，可以设一名执行董事，不设董事会。股份有限责任公司的董事会，其成员为5～19人，董事会成员中可以有公司职工代表。董事会会议应有过半数的董事出席方可举行。董事会会议，应由董事本人出席；董事因故不能出席，可以书面委托其他董事代为出席，委托书中应载明授权范围。董事会决议的表决，实行一人一票，董事会作出决议，必须经全体董事的过半数通过。

公司的总经理、副总经理、财务负责人等高级管理人员由董事会聘任和解聘，对董事会负责。董事会是执行股东会决议、决定公司经营计划的公司日常的意志机关，董事会决议是公司的意志。而当该意志以董事会决议等特定的形式固定并向相对人送达后，应认定公司的真实意思已经向相对人明示。公司作为法人组织，其意思表示形式有多种，包括法定代表人签字、公司盖章等。通过上述行为作出的意思表示与公司董事会决议、股东会或股东大会决议不一致的，以公司董事会或股东会作出并送达给相对人的决议内容为准。因为公司法及公司章程中就有关公司利益的重大事项如投资、担保作出特别规定，要求形成董事会决议或股东会决议，即是为了保证公司和股东的利益在这些重大事项中能够得到保护。

【例2-12】

〔案情〕李某系甲公司股东，并担任总经理职务。甲公司股权结构为：葛某持股40%、李某持股46%、王某持股14%。3人共同组成董事会，由葛某担任董事长，其余2人为公司董事。公司章程规定：董事会行使包括聘任或者解聘公司经理等权利；董事会须由2/3以上的董事出席方为有效；董事会对所议事项作出的决定应由占全体股东2/3以上的董事表决通过方为有效。2009年7月18日，经葛某电话召集，甲公司召开董事会，会议经葛某、王某表决同意通过了"鉴于总经理李某不经董事会同意私自动用公司资金在二级市场炒股，造成巨大损失，现免去其总经理职务，即日生效"的决议。决议由葛某、王某及监事签名，李某未在决议上签名。李某提起诉讼,要求撤销上述董事会决议。

〔问题〕董事会上述决议是否有效?

〔分析〕本案中,李某提起的是董事会决议撤销之诉,法院根据《公司法》第22条予以逐项对照审查后,认定该董事会决议在召集、表决程序上与公司法及公司章程均无相悖之处,即不具备法定可撤销要件,甲公司免除李某总经理职务的董事会决议有效。

(3) 公司决议的审查与高级管理人员权利救济。公司股东会和董事会是通过会议决议的方式来行使其职权的,聘任和解聘总经理是公司董事会的法定职权,只要董事会聘任或解聘高级管理人员的决议在程序上不违反公司法和公司章程的规定,内容上不违反公司章程的规定,董事会的决议即为有效。《公司法》第22条对包括董事会决议在内的公司决议瑕疵的救济方法作了专门规定:"公司股东会或者股东大会、董事会的决议内容违反法律、行政法规的,无效。股东会或者股东大会、董事会的会议召集程序、表决方式违反法律、行政法规或者公司章程,或者决议内容违反公司章程的,股东可以自决议作出之日起60日内,请求人民法院撤销。"

但如果股东会、董事会决议内容确实不属实,高级管理人员的合法权利如何救济?公司经理等高级管理人员同时享有股东身份的,可依据公司法,以公司为被告提起董事会决议无效或撤销之诉,法院对公司决议效力的认定不影响公司高级管理人员另行提起其他维权诉讼;公司经理与公司签署劳动合同或存在事实劳动合同关系的,可依据劳动合同法以公司为被告提起劳动争议之诉,法院适用劳动法和公司法的相关规定予以审理;公司经理既非股东、又非劳动法意义上的劳动者的(其直接接受公司股东会或董事会的聘任,担任公司高管职务,一般表现为公司的外聘董事,以及上市公司聘请的独立董事等),如认为公司董事会决议内容损害其人身、财产或其他民事权益的,可依据民法通则相关规定以公司或相应行为人为被告提起侵权或损害赔偿之诉。

(4) 公司的监督机构。股东会在选举董事会的同时,也选举监事组成监事会来监督董事会和高级管理人员的行为,所以董事、高级管理人员不得兼任监事。高级管理人员,是指公司的经理、副经理、财务负责人、上市公司董事会秘书和公司章程规定的其他人员。

有限责任公司和股份有限责任公司设监事会,其成员不得少于3人。但股东人数较少或者规模较小的有限责任公司,可以设1~2名监事,不设监事会。不设监事会的公司监事发现公司经营情况异常,可以进行调查;必要时,可以聘请会计师事务所等协助其工作,费用由公司承担。监事会或者监事行使监事职权的必要费用一律由公司承担。
2. 公司出资或股份的转让

【例 2-13】

〔案情〕艾朗有限责任公司的股东为陈某、西某和汪某，出资比例分别为 50%、20% 和 30%。2009 年 1 月，3 人签订股权转让协议，约定：陈某、西某两人分别将自己的股权转让给汪某，转让价款共计 50 万元，汪某应于同年 1 月 10 日前支付 30 万元，工商变更公告后 3 日内付清余款 20 万元，三方须在同年 1 月 15 日前完成公司公章等资料的移交和工商变更登记。同年 1 月 12 日，公司员工将公司公章等经营文件移交给汪某，但汪某未支付股权转让款。陈某、西某对此催告无效后向法院提起诉讼，请求判令汪某支付相应的股权转让金与违约金。汪某则认为双方之间的股权转让未办理工商变更登记，要求解除股权转让协议。

〔问题〕双方之间的股权转让协议是否有效？

〔分析〕本案中汪某与陈某、西某之间的股权转让协议合法有效，汪某已收到了陈某与西某移交的公司的公章等经营资料，汪某也未能举证证明陈某、西某在协议签订后仍继续行使股东权利并参与经营决策，可见汪某已受让陈某、西某的股东权利，是否办理股权转让的变更登记不影响股权转让的效力。汪某应支付转让价款，汪某因双方之间的股权转让协议未办理变更登记而要求解除股权转让协议的主张没有法律依据。因此法院判决汪某支付陈某和西某的股权转让价款和相应的违约金。

(1) 有限责任公司股东出资转让的条件与程序。有限责任公司的股东之间可自由转让其出资，股东向股东以外的股东转让其出资的，应书面通知其他股东征求意见，其他股东自接到书面通知之日起满 30 日未答复的，视为同意转让。其他股东半数以上不同意转让的，不同意的股东应当购买该转让的股权；不购买的，视为同意转让。

股东与受让人之间的出资转让协议生效后，公司应注销原有股东的出资证明书，向受让人出具新的出资证明书并变更公司的股东名册，相应地在工商部门办理变更登记。办理股东变更登记只是股东转让股权后公司的附随义务，股权变更登记仅是宣示性登记，公司如办理股权转让的变更登记，仅仅是不能对抗转让双方之外的第三人，并不影响转让协议已切实履行的认定。

(2) 股份有限责任公司的股权转让。股份有限责任公司股东持有的股份可以依法自由转让，但股东转让其股份，应当在依法设立的证券交易场所进行，或者按照国务院规定的其他方式进行。在股东大会召开前 20 日内或者公司决定分配股利的基准日前 5 日内，不得进行股东名册的变更登记。

法律对股份有限责任公司中股份转让的限制：① 发起人持有的本公司股份，自公司成立之日起 1 年内不得转让。公司公开发行股份前已发行的股份，自公司股票在证券交易所上市交易之日起 1 年内不得转让。② 公司董事、监事、高级管理人员应当向公司申报所持有的本公司的股份及其变动情况，在任职期间每年转让的股份不得超过其所持有本公司股份总数的 25%；所持本公司股份自公司股票上市交易之日起 1 年内不得转让。上述人员离职后半年内，不得转让其所持有的本公司股份。③ 公司除为减少注册资本等法定事由外，不能持有自身股份，公司亦不能转让自身股权。

（3）股东的优先购买权。股东转让出资或股份时，其他股东在同等条件下有优先购买权。两个以上股东主张行使优先购买权的，协商确定各自的购买比例；协商不成的，按照转让时各自的出资比例行使优先购买权。公司章程对股权转让另有规定的，从其规定。人民法院依照法律规定的强制执行程序转让股东的出资或股份时，应当通知公司及全体股东，其他股东在同等条件下有优先购买权。其他股东自人民法院通知之日起满 20 日不行使优先购买权的，视为放弃优先购买权。

3. 公司的减资、增资、合并与分立

【例 2-14】

〔案情〕孝诚公司于 2007 年 11 月 6 日成立，注册资本为人民币 500 万元，股东为戴某及某研究院。《孝诚公司章程》第 5 条约定：戴某第一期出资额为 30 万元，某研究院第一期出资额为 70 万元；第一期出资已缴纳完毕，戴某与某研究院其余未出资额部分于 2009 年 8 月 29 日之前缴纳。

2008 年 6 月 22 日，陈女士与孝诚公司签订《健康管理协议书》一份，陈女士随后按照约定向孝诚公司支付疗养订金 1 180 元、服务费 5 万元。2008 年 9 月 26 日，孝诚公司召开临时股东会，并形成决议：同意将公司注册资本金由原来的 500 万元减少至 100 万元，其中戴某认缴出资额 30 万元，出资比例 30%；某研究院认缴出资额 70 万元，出资比例为 70%。2008 年 11 月 28 日，孝诚公司在《上海商报》上刊登了减资公告，并在工商管理部门办理了相关变更登记。

陈女士得知后向人民法院起诉，要求孝诚公司、戴某、某研究院退还服务费。

〔问题〕陈女士的诉讼请求能否得到支持？

〔分析〕本案中孝诚公司股东会作出减资决议后未按法律要求通知已知债权人陈女士，该行为损害了陈女士的合法权利，因此孝诚公司的减资行为对陈女士不具有对抗效力。公司股东仍应以其原认缴的出资额对公司债权人承担担保责任。因此，法院判令孝诚公司股东戴某、某研究院在减免出资的范围内对陈女士承担补充赔偿责任。

（1）公司减资的程序及法律后果。公司减少注册资本是公司重大经营事项变更，在有限责任公司中需要经过股东会2/3以上表决权通过，在股份有限责任公司中需要经过股东大会出席会议的股东所持表决权2/3以上通过。为了保障公司债权人的权利，公司法明确规定公司应当自作出减少注册资本决议之日起10日内通知债权人，并于30日内在报纸上公告。债权人自接到通知书之日起30日内，未接到通知书的自公告之日起45日内，有权要求公司清偿债务或者提供相应的担保。公司减资后的注册资本不得低于法定的最低限额。公司减资未通知债权人的，债权人丧失了根据公司法的规定及时要求公司清偿债务或提供担保的权利，此时公司的减资行为对该债权人不具有对抗效力，债权人可以要求公司股东在减资范围内与公司一起承担清偿责任。

（2）公司的增资、合并与分立。公司的增资、合并与分立都是法定的公司重大事项，在有限责任公司中需要经过股东会2/3以上表决权通过，在股份有限责任公司中需要经过股东大会出席会议的股东所持表决权2/3以上通过。

公司增加注册资本不影响公司债权人债权的实现，法律对公司增加注册资本的程序要求较为简单：在经过股东会作出增加公司注册资本的特别决议后，公司按照增资协议进行增资后向工商管理部门办理变更登记，公司增加注册资本即告完成。

合并是指两个或两个以上的公司依照法定程序组合成一个新的公司，原公司主体资格消灭，新公司办理变更登记或新设登记。公司合并会影响公司债权人的利益，因此法律对公司合并规定了较为严格的程序：公司合并，应当由合并各方签订合并协议，并编制资产负债表及财产清单。公司应当自作出合并决议之日起10日内通知债权人，并于30日内在报纸上公告。债权人自接到通知书之日起30日内，未接到通知书的自公告之日起45日内，可以要求公司清偿债务或者提供相应的担保。公司合并后，合并各方的债权债务应当由合并后存续的公司或者新设的公司承继，合并公司之间关于债权债务分担的约定不能对抗公司的债权人，除非该约定经过公司债权人的同意。

公司分立，可以分为新设分立和派生分立。新设分立是指原公司分立为两个或两个以上新公司，原公司解散；派生分立是指在原公司中分立出新公司，原公司仍然存续的公司分立方式。公司分立时，其财产作相应的分割，应当编制资产负债表及财产清单。公司应当自作出分立决议之日起10日内通知债权人，并于30日内在报纸上公告，分立完毕后应去工商部门办理相应的工商登记。公司分立前的债务由分立后的公司承担连带责任，对公司债权人的利益并无影响。但是，公司在分立前与债权人就债务清偿达成的书面协议另有约定的，按照约定处理。

2.4.4 公司的解散

【例 2-15】

〔案情〕钱某系某监理公司的原董事长,拥有公司81%的股份,享有2/3以上的公司表决权。公司章程规定的经营期限届满后,钱某与监理公司其他股东间就董事长人选不能达成协议,双方分歧难以调和已致使公司不能正常经营,故钱某向法院起诉,要求解散公司。

〔问题〕钱某的诉讼请求能否成立?

〔分析〕本案中监理公司的公司章程规定的经营期限已经届满而钱某与其他股东之间就公司是否继续存续未能达成一致意见,公司即告解散。这种情况下钱某以公司经营严重困难为由向法院诉请解散监理公司,属于对公司的重复解散,当事人缺乏相应的诉权,应依法驳回起诉。只有在公司逾期不成立清算组进行清算时,股东才可向人民法院申请强制清算。

1. 自愿解散

公司解散是指已成立的公司基于一定事由的发生而停止其积极业务活动,并开始处理其未了结事务,最终终止其经营资格的法律行为。自愿解散又称为任意解散,是指按照公司章程的规定或股东会的决议而自动解散公司。自愿解散的情形有:① 公司章程规定的营业期限届满或者公司章程规定的其他解散事由出现;② 公司股东会或者股东大会通过特别决议决定解散公司;③ 因公司合并或者分立需要解散。

设立公司必须依法制定公司章程。公司章程对公司、股东、董事、监事、高级管理人员具有约束力。对于公司及其股东等人员来说,公司章程是仅次于法律法规的行为规范,公司的日常经营活动必须依此而行。在公司经营期限届满后,若股东之间就公司的存续无法达成一致,应依章程而为,即视为公司已经解散,此时存续只有公司解散后的清算问题。

【例 2-16】

〔案情〕凯莱公司成立于2002年1月,林某与戴某系该公司股东,各占50%的股份,戴某任公司法定代表人及执行董事,林某任公司总经理兼公司监事。凯莱公司章程明确规定:股东会的决议须经代表1/2以上表决权的股东通过(不包括1/2),但对公司增加或减少注册资本、合并、解散、变更公司形式、修改公司章程作出决议时,必须经代表2/3以上表决权的股东通过。股东会会议由股东按照出资比例行使表决权。2006年起,林某与戴某两人之间的矛盾逐渐显现。同年5月9

日，林某提议并通知召开股东会，由于戴某认为其没有召集会议的权利，会议未能召开。之后林某与戴某多次进行沟通交涉，都未能解决问题。从2006年6月1日至2012年，凯莱公司4年未召开过股东会。2012年6月5号，林某向人民法院提起诉讼，要求解散凯莱公司。

〔问题〕林某要求法院解散公司的诉讼请求能否得到支持？

〔分析〕凯莱公司仅有戴某与林某两名股东，两人各占50%的股份，凯莱公司章程规定"股东会的决议须经代表1/2以上表决权的股东通过（不包括1/2）"。因此，只要两名股东的意见存有分歧、互不配合，就无法形成有效表决。凯莱公司已持续4年未召开股东会，无法形成有效股东会决议，也就无法通过股东会决议的方式管理公司，股东会机制已经失灵。林某的股东权、监事权长期处于无法行使的状态，其投资凯莱公司的目的无法实现，利益受到重大损失，且凯莱公司的僵局通过其他途径长期无法解决。林某持有公司10%以上股份的条件，符合《公司法》及《公司法解释（二）》所规定的股东提起解散公司之诉的条件，因此法院判决解散凯莱公司。

2. 司法解散

《公司法》第183条规定：公司经营管理发生严重困难，继续存续会使股东利益受到重大损失，通过其他途径不能解决的，持有公司全部股东表决权10%以上的股东，可以请求人民法院解散公司。这条规定也称为司法解散。

在2008年5月19日起实施的《关于适用〈中华人民共和国公司法〉若干问题的规定（二）》（文中简称《公司法解释（二）》）第1条中列举了四种诉请公司解散的理由：① 公司持续两年以上无法召开股东会或者股东大会，公司经营管理发生严重困难的；② 股东表决时无法达到法定或者公司章程规定的比例，持续两年以上不能作出有效的股东会或者股东大会决议，公司经营管理发生严重困难的；③ 公司董事长期冲突，且无法通过股东会或者股东大会解决，公司经营管理发生严重困难的；④ 经营管理发生其他严重困难，公司继续存续会使股东利益受到重大损失的情形。

从上述司法解释的规定来看，"公司经营管理发生严重困难"的侧重点在于公司管理方面存有严重内部障碍，如股东会机制失灵、无法就公司的经营管理进行决策等，不应片面理解为公司资金缺乏、严重亏损等经营性困难。

3. 强制解散

强制解散是指公司因违反法律、行政法规的规定，被行政机关责令关闭或吊销营业执照而解散。公司法规定的吊销公司营业执照的情形有两种：公司虚报注册资本、提交虚假材料或者采取其他欺诈手段隐瞒重要事实取得公司登记，情节严重的，撤销公司登记或者吊销营业执照；公司成立后无正当理由超过6个月未开业的，或者开业后自行停业连续6个月以上的，可以由公司登记机关吊销营业执照。

公司解散只是引起公司人格消灭的法律事实。公司解散并不立即导致公司人格的消灭，而是应当停止积极活动，进入清算程序。

2.4.5 公司清算

1. 清算的分类及转化

公司清算分为破产清算与非破产清算。破产清算，是指在企业法人不能清偿到期债务的情况下，依照破产法的规定所进行的清算。《公司法》第191条规定："公司被依法宣告破产的，依照有关企业破产的法律实施破产清算。"非破产清算，则是指在公司解散的情况下，依照公司法的规定所进行的清算。这种区分的主要意义是公司清算的法律依据和清算程序不同。一般情况下，公司终止时，如果财产足以偿还债务时，所进行的清算为非破产清算，从理论上讲全部债权人的债权均能实现，而且往往还存在剩余财产可供分配。如果公司终止时财产已不足以偿还全部债务的，则必须按照破产清算程序进行清算。

按照法律规定，非破产清算可以向破产清算转化。实践中一些公司终止时，由于尚未进行清算，对其资产负债情况并不十分清楚，可能首先启动的是非破产清算，但经清理公司的财产和债权债务关系，发现其财产不足以偿还全部债务时，这时非破产清算程序无法进行下去，就需要清算组织或者债权人按照破产法的有关规定向人民法院提起破产清算程序。对此，《公司法》第188条规定："清算组在清理公司财产、编制资产负债表和财产清单后，发现公司财产不足清偿债务的，应当依法向人民法院申请宣告破产。公司经人民法院裁定宣告破产后，清算组应当将清算事务移交给人民法院。"

在破产清算与非破产清算之间，《公司法解释（二）》引入了公司债权人协商清偿机制。该解释第17条规定，人民法院指定的清算组在清理公司财产、编制资产负债表和财产清单时，发现公司财产不足以清偿债务的，可以与债权人协商制作有关债务清偿方案。债务清偿方案经全体债权人确认且不损害其他利害关系人利益的，人民法院可依清算组的申请裁定予以认可。清算组依据该清偿方案清偿债务后，应当向人民法院申请裁定终结清算程序。因此，如果公司清算中出现破产原因，债权人能够基于意思自治自行协商通过债务清偿方案，则无必要进入破产清算程序。当然，根据意思自治原则，如果上述情况下债权人对债务清偿方案不予确认或者人民法院不予认可的，清算组仍应当依法向人民法院申请宣告破产。

2. 清算组的组成及股东未及时清算的法律责任

【例 2-17】

〔案情〕被告黄某、陈某系豪华灯饰有限公司股东。因经营需要，该公司向原告某县财政局借款 30 万元，期间陆续偿还了 7 万元。之后，因公司经营不善，人去楼空；同时，因公司未参加年检被工商行政管理局吊销营业执照，进入"植物人"状态。后法院判决该公司偿还原告本金 23 万元及利息，并在判决生效后 1 个月内组织清算组对豪华灯饰有限公司进行清算，于 6 个月内清算完毕，并以清理的公司财产对外清偿债务。对于生效判决确定的义务，被告黄某、陈某撇下公司一走了之，案件无法执行，故原告起诉要求两被告个人承担赔偿责任。

〔问题〕原告的诉讼请求能否成立？

〔分析〕本案中被告黄某、陈某作为豪华灯饰有限公司的股东，未在公司解散事由出现后及时组成清算组对公司的债权债务进行清算，怠于履行清算义务，致使公司财产、财务账册等灭失，在法院判决其在一定的期限内履行清算义务后，仍不进行清算，使原告的利益受到损害，因此法院判决两股东对公司债务承担连带清偿责任。

公司清算，是指在公司面临终止的情况下，负有清算义务的主体按照法律规定的方式、程序对公司的资产、负债、股东权益等公司的状况作全面的清理和处置，使得公司与其他社会主体之间产生的权利和义务归于消灭，从而为公司的终止提供合理依据的行为。

公司解散后需要清算的，应当在解散事由出现之日起 15 日内自行成立清算组，开始清算。有限责任公司的清算组由股东组成，股份有限公司的清算组由董事或者股东大会确定的人员组成。公司逾期未成立清算组进行清算的，或者虽然成立清算组但故意拖延清算的，或者违法清算可能严重损害债权人或者股东利益的，债权人或股东可以申请人民法院指定有关人员组成清算组进行清算。人民法院应当受理该申请，并及时组织清算组进行清算。

《公司法解释（二）》第 18 条规定，有限责任公司的股东、股份有限公司的董事和控股股东未在法定期限内成立清算组开始清算，导致公司财产贬值、流失、毁损或者灭失，债权人主张其在造成损失范围内对公司债务承担赔偿责任的，人民法院应依法予以支持。有限责任公司的股东、股份有限公司的董事和控股股东因怠于履行义务，导致公司主要财产、账册、重要文件等灭失，无法进行清算，债权人主张其对公司债务承担连带清偿责任的，人民法院应依法予以支持。

3. 公司清算程序及股东未经清算即注销公司的法律责任

【例2-18】

〔案情〕2005年9月26日,被告谭某、刘某、杨某、李某申请设立甲公司。9月28日,经工商行政管理局批准,甲公司成立。在经营过程中,甲公司以先供货后付款的方式多次在原告潘某处购买红砖。2006年11月18日,原告与被告刘某进行结算,甲公司欠原告货款5 392.50元。2007年5月23日,甲公司成立清算小组,由谭某担任清算小组组长,刘某、李某任清算小组成员。5月28日,清算小组作出清算报告,4名被告在清算报告上签字确认。10月30日,甲公司编制资产负债表,对清算报告内容予以确认。12月19日,甲公司出具公司注销登记申请书,载明债权债务已清理完结,但未进行公告。12月26日,工商行政管理局核准甲公司注销。公司清算过程中,原告未收到关于申报债权的通知。

〔问题〕原告的债权如何得到实现?

〔分析〕本案中,甲公司全体股东一致同意解散公司,并成立清算组,清算组成员为全体股东,符合公司法的规定。但清算组并未通知债权人潘某,也未在报纸上公告,违反法定清算程序。4名被告以虚假的清算报告向工商局办理注销登记,债权人有权依法要求甲公司股东承担清偿责任。因此,法院据此判决由股东谭某、刘某、杨某、李某对甲公司债务承担赔偿责任,符合法律规定。

根据公司法的规定,清算组应当自成立之日起10日内将公司解散清算事宜书面通知全体已知债权人,并于60日内根据公司规模和营业地域范围在全国或者公司注册登记地省级有影响的报纸上进行公告。债权人应当自接到通知书之日起30日内,未接到通知书的自公告之日起45日内,向清算组申报其债权。在申报债权期间,清算组不得对债权人进行清偿。

《公司法》第190条规定:"清算组成员应当忠于职守,依法履行清算义务。清算组成员不得利用职权收受贿赂或者其他非法收入,不得侵占公司财产。"如果清算组成员在履行职务的过程中违反忠实义务,有渎职行为的,需要承担相应的民事赔偿责任、行政责任,甚至刑事责任。

公司财产在清算过程中按照法定清偿顺序清偿公司债务,并按法定原则分配清偿后的剩余财产后,清算组应当制作清算报告,报股东会或者有关主管机关确认,确认后清算结束。公司清算组应当自公司清算结束之日起30日内向原公司登记机关申请注销登记。

《公司法解释(二)》第19条规定,有限责任公司的股东、股份有限公司的董事和控股股东,以及公司的实际控制人在公司解散后,恶意处置公司财产,给债权人造成损失,债权人主张上述清算义务人对公司债务承担相应赔偿责任的,人民法院应依法予以支持。公司未经清算即办理注销登记，导致公司无法进行清算，债权人利益受到损害的，有权主张有限责任公司的股东、股份有限公司的董事和控股股东，以及公司的实际控制人或者在公司办理注销登记时承诺承担责任的股东或第三人对公司债务承担清偿责任。

2.5 外资企业

2.5.1 外资企业的概念

根据企业资金来源，可以将企业分为内资企业与外资企业。内资企业是指企业全部生产要素来源于境内的企业，外资企业是指企业全部或部分生产要素来源于境外的企业。这里的外资企业是广义的，包括中外合资经营企业、中外合作经营企业、外商独资企业。根据2000年10月30日修改后的《中华人民共和国外资企业法》的界定，外资企业仅指外商独资企业。本书的"外资企业"作广义使用。

2.5.2 外资企业的种类及特点

在我国，无论中外合资经营企业、中外合作经营企业还是外商独资企业，其设立均须依法经外经贸主管部门或国务院授权的部门或地方政府批准后方可登记成立。外资企业均是在我国境内依照我国法律登记成立，具备中国国籍，是中国企业。外资企业的设立应有利于我国科学技术的发展或对外贸易的发展。外资企业成立后拥有企业自主经营权，在生产经营过程中，因重大事项发生变更、解散或终止的，须报主管部门审批，主管部门批准后方可进行变更和解散。

1. 中外合资经营企业

中外合资经营企业，简称合营企业，是指外国公司、企业和其他经济组织或个人，按照平等互利的原则，经中国政府批准，在中华人民共和国境内，同中国的公司、企业或其他经济组织依法共同举办的合营企业。合营企业采取有限责任公司形式。在合营企业的注册资本中，外国合营者的投资比例一般不低于25%，合营各方按注册资本比例分享利润和分担风险及亏损。合营者的注册资本如果转让，必须经合营各方同意，并且经主管部门批准。

2. 中外合作经营企业

中外合作经营企业，简称合作企业，是指外国企业、其他经济组织或者个人按照平等互利的原则，同中华人民共和国的企业或者其他经济组织在中国境内依法共同举办的中外合作经营企业。合作企业符合中国法律关于法人条件的规定的，依法取得法人资格。合作企业各方之间的收益分配和亏损分担由合作合同约定。中外合作者还可以在合作企业合同中约定合作期满时合作企业的全部固定资产归中国合作者所有，同时可以约定外国合作者在合作期限内先行回收投资的办法。中外合作者的一方转让其在合作企业合同中的全部或者部分权利、义务的，必须经他方同意，并报审查批准机关批准。

合作企业应当设立董事会或者联合管理机构，依照合作企业合同或者章程的规定，决定合作企业的重大问题。中外合作者的一方担任董事会的董事长、联合管理机构的主任的，由他方担任副董事长、副主任。董事会或者联合管理机构可以决定任命或者聘请总经理，负责合作企业的日常经营管理工作。总经理对董事会或者联合管理机构负责。

3. 外商独资企业

外商独资企业，是指依照中国有关法律在中国境内设立的全部资本由外国投资者投资的企业，不包括外国的企业和其他经济组织在中国境内的分支机构。外商独资企业符合我国法律规定的法人条件的，依法取得法人资格。外国投资者在中国境内的投资、获得的利润和其他合法权益，受中国法律保护。但同时，外商独资企业必须遵守中国的法律、法规，不得损害中国的社会公共利益。外商独资企业终止，应当及时公告，按照法定程序进行清算。在清算完结前，除为了执行清算外，外国投资者对企业财产不得处理。外商独资企业终止，应当向工商行政管理机关办理注销登记手续，缴销营业执照。

【本章引例分析提示】

根据王某的需要和法律的规定，王某可以投资设立一人有限责任公司。设立公司应向工商登记部门提交法定申请材料，公司经工商登记部门登记，颁发营业执照后成立。

【课后练习】

一、不定项选择

1. 根据合伙企业法规定，第三人有理由相信有限合伙人为普通合伙人并与其交易的，该有限合伙人对该笔交易承担与普通合伙人同样的责任。关于此规定在合伙法原理上的称谓，下列哪一选项是正确的？（   ）（2010年司法考试题）

A. 事实合伙　　　　　　　　B. 表见普通合伙
C. 特殊普通合伙　　　　　　D. 隐名合伙

2. 关于合伙企业的利润分配，如合伙协议未作约定且合伙人协商不成，下列哪一选项是正确的？（   ）（2010年司法考试题）

A. 应当由全体合伙人平均分配

B. 应当由全体合伙人按实缴出资比例分配

C. 应当由全体合伙人按合伙协议约定的出资比例分配

D. 应当按合伙人的贡献决定如何分配

3. 普通合伙企业合伙人李某因车祸遇难,生前遗嘱指定16岁的儿子李明为其全部财产继承人。下列哪一表述是错误的?(   )(2009年司法考试题)

A. 李明有权继承其父在合伙企业中的财产份额

B. 如其他合伙人均同意,李明可以取得有限合伙人资格

C. 如合伙协议约定合伙人必须是完全行为能力人,则李明不能成为合伙人

D. 应当待李明成年后由其本人作出其是否愿意成为合伙人的意思表示

4. 甲乙丙丁戊5人共同组建一有限公司。出资协议约定甲以现金10万元出资,甲已缴纳6万元出资,尚有4万元未缴纳。某次公司股东会上,甲请求免除其4万元的出资义务。股东会5名股东,其中4名表示同意,投反对票的股东丙向法院起诉,请求确认该股东会决议无效。对此,下列哪一表述是正确的?(   )(2010年司法考试题)

A. 该决议无效,甲的债务未免除

B. 该决议有效,甲的债务已经免除

C. 该决议须经全体股东同意才能有效

D. 该决议属于可撤销,除甲以外的任一股东均享有撤销权

6. 张某为避免合作矛盾与问题,不想与人合伙或合股办企业,欲自己单干。朋友对此提出以下建议,其中哪一建议是错误的?(   )(2010年司法考试题)

A. 可选择开办独资企业,也可选择开办一人有限公司

B. 如选择开办一人公司,那么注册资本不能少于10万元

C. 如选择开办独资企业,则必须自己进行经营管理

D. 可同时设立一家一人公司和一家独资企业

7. 中外合资经营企业是重要的外商投资企业类型。关于中外合资经营企业,下列哪一表述是错误的?(   )(2010年司法考试题)

A. 合营各方可在章程中约定不按出资比例分配利润

B. 合营企业设立董事会并作为企业的最高权力机构

C. 合营者如欲转让其在合营企业中的股份,须经审批机构批准

D. 合营企业的组织形式为有限责任公司

二、案例分析题

〔案情〕甲与乙分别出资60万元和240万元共同设立新雨开发有限公司(下

称"新雨公司"），由乙任执行董事并负责公司经营管理，甲任监事。乙同时为其个人投资的东风有限责任公司（下称"东风公司"）的总经理，该公司欠白云公司货款50万元未还。乙与白云公司达成协议约定：若3个月后仍不能还款，乙将其在新雨公司的股权转让20%给白云公司，并表示愿就此设质。届期，东风公司未还款，白云公司请求乙履行协议，乙以"此事尚未与股东甲商量"为由搪塞，白云公司遂拟通过诉讼来解决问题。

东风公司需要租用仓库，乙擅自决定将新雨公司的一处房屋以低廉的价格出租给东风公司。

乙的好友丙因向某银行借款需要担保，找到乙。乙以新雨公司的名义向该银行出具了一份保函，允诺若到期丙不能还款则由新雨公司负责清偿，该银行接受了保函且未提出异议。

甲知悉上述情况后，向乙提议召开一次股东会以解决问题，乙以业务太忙为由迟迟未答应开会。

公司成立3年，一次红利也未分过，目前亏损严重。甲向乙提出解散公司，但乙不同意。甲决定转让股权，退出公司，但一时未找到受让人。（2007年司法考试题）

问题：

（1）白云公司如想通过诉讼解决与东风公司之间的纠纷，应如何提出诉讼请求？

（2）白云公司如想实现股权质权，需要证明哪些事实？

（3）针对乙将新雨公司的房屋低价出租给东风公司的行为，甲可以采取什么法律措施？

（4）乙以新雨公司的名义单方向某银行出具的保函的性质和效力如何？为什么？

（5）针对乙不同意解散公司和甲退出公司又找不到受让人的情况，甲可采取什么法律对策？

第3章 合同法及合同总则

【本章学习目标】

通过该章的学习，你应该能够：
- 掌握合同的订立
- 掌握合同的履行
- 掌握合同违约的表现及违约责任的形式

【本章引例】

王某与李某签订货物买卖合同一份，合同标的额为 50 万元人民币。双方约定，一方违约，应向对方支付合同标的额 25% 的违约金，同时约定王某向李某交付 5 万元定金。后李某违约。

请问，王某能否要求李某同时承担支付违约金和定金的违约责任？

3.1 合同法与合同概述

3.1.1 合同法与合同的概念和内容

合同法是调整平等主体的自然人、法人及其他组织之间设立、变更、终止民事权利义务关系的法律规范的总称。狭义的合同法仅指 1999 年 10 月 1 日生效实施的现行《中华人民共和国合同法》（以下简称《合同法》），广义的合同法不仅包括《合同法》，还包括其他法律文件中调整平等主体之间设立、变更、终止民事权利义务关系的法律规范，以及最高人民法院有关《合同法》的司法解释。

合同是指平等主体的自然人、法人及其他组织之间设立、变更、终止民事权利义务关系的协议。但有两类协议不属于合同法调整范围：一类是婚姻、收养、监护等有关身份关系的协议，这类协议适用其他法律的规定；另一类是由相关行政法律规范调整的协议，例如劳动合同、行政合同。

3.1.2 合同的基本原则

合同的基本原则，是指在订立、履行合同的过程中双方当事人应遵守的基本精神和准则。根据合同法的规定和合同自由的精神，双方当事人在合同订立、履行过程中应遵循以下基本原则：

1. 平等、自愿、公平原则

平等原则，是指合同当事人的法律地位平等，一方不得将自己的意志强加给另一方；自愿原则是指当事人依法享有是否订立合同、与谁订立合同以及合同内容如何确定等权利，任何单位和个人不得非法干预；公平原则是指双方当事人在确定合同权利义务时应当公平合理，不得过分加重或减轻一方的义务。

2. 诚实信用原则

诚实信用原则，是指双方当事人在签订、履行合同的过程中必须意图诚实、善意，行使权利不侵害他人与社会的利益，履行义务信守承诺和法律规定。在订立合同过程中违反诚实信用原则造成他人损失的，应承担缔约过失责任。

3. 公序良俗原则

公序良俗即公共秩序与善良风俗的简称，该原则是指当事人订立、履行合同时应当遵守法律和行政法规，尊重社会公德，不得扰乱社会经济秩序，损害社会公共利益。合同当事人违反公序良俗原则，会导致合同无效。

3.2 合同的订立

3.2.1 合同的形式

根据《合同法》第10条的规定，当事人订立合同，有书面形式、口头形式和其他形式。书面形式和口头形式采用的意思表示方式为明示，其他形式为默示。书面形式包括合同书、信件和数据电文等，数据电文又包括电报、电传、传真、电子数据交换和电子邮件等可以有形地表现所载内容的形式。最高人民法院公布的法释〔2009〕5号《最高人民法院关于适用〈中华人民共和国合同法〉若干问题的解释（二）》（以下简称《合同法司法解释（二）》）对"其他形式"作出了解释：当事人未以书面形式或者口头形式订立合同，但从双方从事的民事行为能够推定双方有订立合同意愿的，人民法院可以认定是以《合同法》第10条第1款中的"其他形式"订立的合同。

在司法实践中，采用书面形式的要式合同有两类：一类是法律、行政法规规定采用书面形式的，应当采用书面形式；另一类是当事人约定采用书面形式的，应当采用书面形式。如果双方在上述两种情形下未采用书面合同的，应如何处理？《合同法》第36条规定："法律、行政法规规定或者当事人约定采用书面形式订立合同，当事人未采用书面形式但一方已经履行主要义务，对方接受的，该合同成立。"第37条规定："采用合同书形式订立合同，在签字或者盖章之前，当事人一方已经履行主要义务，对方接受的，该合同成立。"

【例 3-1】

〔案情〕吕某与王某系多年邻居。2009 年 11 月，吕某以做生意为由向王某借款 8 万元，王某通过银行将 8 万元汇至吕某账户。因两人在同一公司工作，彼此关系很好，王某未要求吕某出具借条。现吕某下落不明，王某诉至法院，要求吕某与张某夫妇共同偿还欠款。另查，2010 年 3 月 9 日，吕某与张某办理了离婚手续，但没有涉及债权债务问题。

〔问题〕吕某与王某之间的借款合同是否合法有效？

〔分析〕本案中王某与吕某之间的借款合同是口头合同，并无书面的借款凭证，但王某提供的银行汇款凭证证实了借款金额，手机短信证实王某催款，吕某短信承诺收到汇款的事实。银行汇款凭证与手机短信相印证，可视作债权凭证，足以证明双方借款合同关系成立，吕某负有还款义务。

3.2.2 合同的内容

合同的内容表现为合同条款，根据其对合同成立影响力的大小，可以将合同条款分为必备条款和非必备条款。必备条款是指合同中必须具备的，一旦欠缺会影响合同成立的条款；非必备条款是指合同是否具备并不影响合同的成立的条款，这些条款当事人可以在未约定或约定不明的情况下采取相应的补救措施。

合同内容是由双方当事人约定的，一般包括如下条款：① 当事人的名称或者姓名和住所；② 标的；③ 数量；④ 质量；⑤ 价款或者报酬；⑥ 履行期限、地点和方式；⑦ 违约责任；⑧ 解决争议的方法。在上述八项条款中，根据《合同法司法解释（二）》第 1 条的规定：当事人对合同是否成立存在争议，人民法院能够确定当事人名称或者姓名、标的和数量的，一般应当认定合同成立。但法律另有规定或者当事人另有约定的除外。根据该司法解释的规定，当事人的名称或姓名条款、标的条款和数量条款是合同的必备条款，具备上述三大条款合同原则上即为成立，但法律另有规定或当事人另有约定的除外。

在合同欠缺非必备条款，即合同内容有未约定或约定不明的情况下，由当事人协议补充，当事人不能达成补充协议的，按照合同有关条款或者交易习惯确定；根据前两项规则仍不能确定合同条款的，按照《合同法》第 62 条规定的法律推定原则处理。

3.2.3 合同的格式条款

格式条款是当事人为了重复使用而预先拟定，并在订立合同时未与对方协商的条款。

【例3-2】

〔案情〕2009年8月24日，江苏南通三建集团有限公司以施某等人为被保险人向启东支公司投保了建筑工程团体人身意外伤害保险及附加意外伤害医疗费用保险。保险合同约定，建筑工程项目为张家港摩天贝项目，工程地址在张家港保税区；被保险人200人；建筑工程团体人身意外伤害保险，总保额4000万元，即每人责任限额20万元；保险期间127日；合同生效日2009年8月25日，合同期满日2009年12月29日。其中，在所附《建筑工程团体人身意外伤害保险条款》第4条"责任免除"条款中，约定"被保险人酒后驾驶、无有效驾驶执照驾驶或驾驶无有效行驶证的机动交通工具，造成被保险人死亡、残疾的，本公司不负给付保险金责任"。

2009年11月16日1时30分许，身为江苏南通三建集团有限公司张家港摩天贝工程项目负责人的施某，因工程事宜驾驶轿车前往南京途中，不幸与李某驾驶的重型半挂牵引车相撞，造成施某当场死亡。经公安交巡警部门认定，施某持超12分的驾驶证驾驶机动车，在高速公路行驶中对路面情况疏于观察，遇情况采取措施不及，是造成车祸事故的主要原因，负事故的主要责任，李某负事故的次要责任。

施某的妻子陆女士在料理完丈夫的后事后，便向启东支公司提出理赔申请，不料启东支公司称被保险人施某出险时其驾驶证计分已经超12分，违反了《道路交通安全法实施条例》第28条"机动车驾驶人在记分达到12分的，不得驾驶机动车"的规定，故按照保险合同免责事由的约定，保险人不负赔偿责任，请求法院依法驳回原告的诉求。

〔问题〕保险公司应否承担理赔责任？

〔分析〕《道路交通安全法实施条例》第28条规定，机动车驾驶人计分达到12分，不得驾驶机动车，但未明确此种情况下驾驶证是无效的，因此，"驾驶人计分超过12分"是否属于格式保险合同的免责条款中规定的"无有效驾驶执照"并不明确，保险公司应向投保人明确说明"驾驶证计分达12分不负赔偿责任"的法律后果，否则投保人无从知晓驾驶证计分达12分会产生保险人不负赔偿责任的法律后果。本案中启东支公司的保险单中仅有投保人在声明栏中签名、盖章，并未采取足以引起投保人注意的文字、符号、字体等特别标识对免责条款进行提示，故认定启东支公司没有尽到说明义务，其保险合同中的免责条款无效，其仍应向施某的配偶陆女士支付赔偿金。

1. 格式合同订立的要求与合同提供方的提示说明义务

《合同法》第39条规定，采用格式条款订立合同的，提供格式条款的一方应当遵循公平原则确定当事人之间的权利和义务，并采取合理的方式提请对方注意免除或者限制其责任的条款，按照对方的要求，对该条款予以说明。《合同法司法解释（二）》第6条及第9条规定，提供格式条款的一方对格式条款中免除或者限制其责任的内容，在合同订立时采用足以引起对方注意的文字、符号、字体等特别标识，并按照对方的要求对该格式条款予以说明的，人民法院应当认定符合合同法所称"采取合理的方式"。提供格式条款一方对已尽合理提示及说明义务承担举证责任。如果提供格式条款的一方当事人违反合同法关于提示和说明义务的规定，导致对方没有注意免除或者限制其责任的条款，对方当事人申请撤销该格式条款的，人民法院应当予以支持。

【例3-3】

〔案情〕2011年3月18日，陈女士从市区一汽车销售公司购买了一辆汽车，并购买了机动车辆损失险等险种，保险有效期自2011年3月19日零时起至2012年3月18日24时止。2011年5月12日，陈女士购买的车辆在使用过程中发生了自燃，陈女士将该车送到专业维修店进行维修，共支付维修费7 430元。事故发生后，陈女士第一时间通知了保险公司。而保险公司的工作人员却辩称，自燃不属于理赔范围，他们不应当进行赔偿。

陈女士称，她和保险公司签订的保险合同第4条规定，被保险的机动车在使用过程中出现火灾、爆炸等意外状况，保险公司负责赔偿。但保险公司指出，该合同第7条中有这样一段文字："自燃以及不明原因火灾造成的损失，保险公司不负责赔偿。"

〔问题〕陈女士能否得到理赔？

〔分析〕自燃究竟算不算火灾？本案中双方当事人对火灾理解的不同导致了双方发生分歧。合同法规定，如果当事人对原有合同条款的理解有争议，应当按照合同所使用的词句、合同的有关条款、合同的目的、交易习惯以及诚实信用原则，确定该条款的真实意思。按照通常的理解，自燃应当属于火灾的一种。因此，合同中第7条所写的"自燃以及不明原因火灾造成的损失，保险公司不负责赔偿"应为无效条款，保险公司应当按照合同约定承担保险责任。

2. 对格式条款的解释

《合同法》第41条规定：对格式条款的理解发生争议的，应当按照通常理解予以解释。对格式条款有两种以上解释的,应当作出不利于提供格式条款一方的解释。格式条款和非格式条款不一致的,应当采用非格式条款。

3.2.4 合同的订立过程

当事人订立合同,采取要约、承诺方式。

1. 要约与要约邀请

【例3-4】

〔案情〕2008年,林先生在招商银行厦门市分行办理了一张信用卡。2009年6月,招商银行信用卡保险中心员工通过电话向林先生推销太平人寿保险公司的某保险,林先生在详细询问后同意对方先邮寄保单。太平人寿保险公司向林先生邮寄了空白保险单及投保确认单。2009年6月起至2010年1月,太平人寿保险公司于每月10日从林先生招商银行信用卡上扣款352.80元。林先生发现后,要求保险公司退款,经多次反映问题,太平人寿保险公司仍未予退还。林先生遂将太平人寿保险公司告上法庭。林先生认为,被告伪造虚假的保险合同及自己的签名,并直接从自己的信用卡中扣款的行为构成了欺诈,同时也侵犯了自己的姓名权、财产权,故请求法院判令太平人寿保险公司立即双倍返还所扣款项5 731.20元并支付利息,并赔偿自己精神损害抚慰金1万元。

在审理本案过程中,法院依法委托司法鉴定中心对投保确认单上"林先生"的签名字迹进行鉴定,结论非林先生的笔迹。

〔问题〕林先生与保险公司之间的合同是否成立?保险公司需要对林先生承担什么法律责任?

〔分析〕合同是双方意思表示一致的结果。根据保险法的规定,在当事人没有特别约定的情况下,保险合同是自投保人投保、保险公司同意承保之日起成立生效的。本案中太平人寿保险公司通过电话初步征求林先生的意见并寄送空白保单的行为属于要约邀请,不具有法律效力。林先生对空白保单并未以书面形式确认,双方之间不存在保险合同。保险公司擅自使用林先生的姓名在自行提供的投保确认单上签字,并从林先生的信用卡上扣取8个月的"保险费"2 865.60元,该行为已侵犯了林先生的姓名权并导致林先生财产受到损失。所以法院判令太平人寿保险公司将所扣的款项返还林先生并支付相应利息。

要约是希望和他人订立合同的意思表示,该意思表示应当符合下列规定:① 内容具体确定,即要约中应包含合同必备条款,且内容应该明确、清楚;② 表明经受要约人承诺,要约人即受该意思表示约束。如果要约人在信函中将合同成立的最终决定权放在自己一方的,该信函不是要约,而是要约邀请。

要约邀请,也称要约引诱,是希望他人向自己发出要约的意思表示。实践中,寄送的价目表、拍卖公告、招标公告、招股说明书、商业广告等均为要约邀请。但是并非所有商业广告都是要约邀请,商业广告的内容符合要约规定的视为要约。

《合同法》第16条规定,要约到达受要约人时生效。即我国对要约生效采用的是到达主义。普通的书信往来,到达时间有明确的记录,电子数据往来中如何界定到达时间?采用数据电文形式订立合同,收件人指定特定系统接收数据电文的,该数据电文进入该特定系统的时间,视为到达时间;未指定特定系统的,该数据电文进入收件人的任何系统的首次时间,视为到达时间。

要约发出后,要约人可以在要约到达受要约人之前,撤回要约的通知在要约到达受要约人之前或者与要约同时到达受要约人情况下撤回要约,使要约不生效;在要约到达对方后,要约人可以将撤销要约的通知在受要约人发出承诺通知之前到达受要约人,使要约失效。但要约具有以下情形之一的,要约不得撤销:

(1)要约人确定了承诺期限或者以其他形式明示要约不可撤销。

(2)受要约人有理由认为要约是不可撤销的,并已经为履行合同做了准备工作。

根据《合同法》第20条的规定,有下列情形之一的,要约失效:

(1)拒绝要约的通知到达要约人,即受要约人以明示的方式拒绝该要约的通知到达要约人时该要约失效。

(2)要约人依法撤销要约。

(3)承诺期限届满,受要约人未作出承诺。除本应在期限内到达的承诺因路途原因迟到外,受要约人未作承诺或承诺迟到作出的,都默认为受要约人拒绝要约,要约失效。

(4)受要约人对要约的内容作出实质性变更。受要约人对要约的内容原则上应完全同意,如其对要约的基本内容,如标的物、数量、质量、价格、运输方式、支付方式等作出变更的,为实质性变更,视为受要约人拒绝了要约,要约失效。

2. 承诺

承诺是受要约人同意要约的意思表示。承诺应当以通知的方式作出,但根据交易习惯或者要约表明可以通过行为作出承诺的除外。根据《合同法司法解释(二)》第7条规定,下列情形,不违反法律、行政法规强制性规定的,人民法院可以认定为合同法所称"交易习惯":

(1)在交易行为当地或者某一领域、某一行业通常采用并为交易对方订立合同时所知道或者应当知道的做法。

(2)当事人双方经常使用的习惯做法。

对于交易习惯，由提出主张的一方当事人承担举证责任。

承诺通知到达要约人时生效。承诺不需要通知的，根据交易习惯或者要约的要求作出承诺的行为时生效。承诺采用数据电文形式的，收件人指定特定系统接收数据电文的，该数据电文进入该特定系统的时间，视为到达时间；未指定特定系统的，该数据电文进入收件人的任何系统的首次时间，视为到达时间。

受要约人在收到要约后作出的同意要约的意思表示只有符合以下条件时方可以作为有效的承诺，使合同成立：

（1）承诺只能由受要约人或者受要约人委托的人作出。

（2）承诺的内容应当与要约的内容一致。受要约人对要约的内容作出实质性变更的，为新要约。有关合同标的、数量、质量、价款或者报酬、履行期限、履行地点和方式、违约责任和解决争议方法等的变更，是对要约内容的实质性变更。承诺对要约的内容作出非实质性变更的，除要约人及时表示反对或者要约表明承诺不得对要约的内容作出任何变更的以外，该承诺有效，合同的内容以承诺的内容为准。

（3）承诺应当在要约确定的期限内到达要约人。要约没有确定承诺期限的、要约以对话方式作出的，应当即时作出承诺，但当事人另有约定的除外。要约以非对话方式作出的，承诺应当在合理期限内到达。要约以信件或者电报作出的，承诺期限自信件载明的日期或者电报交发之日开始计算。信件未载明日期的，自投寄该信件的邮戳日期开始计算。要约以电话、传真等快速通讯方式作出的，承诺期限自要约到达受要约人时开始计算。根据合同法的规定，超期的承诺分为两种情况处理：① 受要约人超过承诺期限发出承诺的，除要约人及时通知受要约人该承诺有效的以外，为新要约；② 受要约人在承诺期限内发出承诺，按照通常情形能够及时到达要约人，但因其他原因，承诺到达要约人时超过承诺期限的，除要约人及时通知受要约人因承诺超过期限不接受该承诺的以外，该承诺有效。

（4）承诺应当以通知的方式作出，但根据交易习惯或者要约表明可以通过行为作出承诺的除外。

承诺可以撤回，但撤回承诺的通知应当在承诺通知到达要约人之前或者与承诺通知同时到达要约人。

3.2.5 缔约过失责任

缔约过失责任，是指当事人在订立合同过程中违反诚实信用原则给对方造成损失时应对对方承担的法律责任。

根据合同法的规定，产生缔约过失责任的情形有：

（1）假借订立合同，恶意进行磋商。

(2)故意隐瞒与订立合同有关的重要事实或者提供虚假情况。

(3)当事人泄露或者不正当使用在订立合同过程中知悉的对方商业秘密。

(4)有其他违背诚实信用原则的行为。

3.3 合同的成立与效力

3.3.1 合同的成立

合同的成立,是指合同双方当事人在自愿、平等的条件下达成一致的意思表示。一般情况下,承诺生效,合同即告成立。但在以下两种情况下,合同成立以法律明确规定为准:

(1)当事人采用合同书形式订立合同的,应当签字或者盖章,自双方当事人签字或者盖章时合同成立。当事人在合同书上摁手印的,人民法院应当认定其具有与签字或者盖章同等的法律效力。

(2)当事人采用信件、数据电文等形式订立合同的,可以在合同成立之前要求签订确认书。签订确认书时合同成立。

3.3.2 合同的生效

依法成立的合同受到法律保护,具有法律效力,即为合同的生效。合同的生效是法律对合同双方达成一致的意思表示的肯定评价,生效的合同对双方当事人均有约束力,当事人应当按照约定履行合同义务,不得擅自变更或者解除合同。

一般情况下,成立的合同中当事人具有相应民事行为能力,双方意思表示真实。合同内容合法,形式符合法律规定或当事人约定时合同即生效。但以下两种情况例外:

(1)法律、行政法规规定应当办理批准、登记等手续生效的,依照其规定。根据《最高人民法院关于适用〈中华人民共和国合同法〉若干问题的解释(一)法释[一九九九]十九号》(以下简称《合同法司法解释(一)》)中第9条的规定:法律、行政法规规定合同应当办理批准手续,或者办理批准、登记等手续才生效,在一审法庭辩论终结前当事人仍未办理批准手续的,或者仍未办理批准、登记等手续的,人民法院应当认定该合同未生效;法律、行政法规规定合同应当办理登记手续,但未规定登记后生效的,当事人未办理登记手续不影响合同的效力,合同标的物所有权及其他物权不能转移。

(2)附条件附期限合同。当事人对合同的效力可以约定附生效条件。附生效条件的合同,自条件成熟时生效。附解除条件的合同,自条件成熟时失效。当事人为自己的利益不正当地阻止条件成熟的,视为条件已成熟;不正当地促成条件成熟的,视为条件不成熟。当事人对合同的效力可以约定附生效期限。附生效期限的合同,自期限届至时生效。附终止期限的合同,自期限届满时失效。

3.3.3 合同的效力

合同成立生效后对双方当事人产生法律约束力,但如果欠缺某些要件则会导致合同效力待定、合同无效或者合同的可撤销可变更。

1. 效力待定合同

效力待定合同,是指因为合同当事人缺乏相应民事行为能力或者欠缺处分权、代理权而致使合同效力不确定,须经有权限主体追认或拒绝后合同效力才予以确定的合同。这类合同有三类:

(1) 缺乏代理权的情况下签订的效力待定合同。行为人没有代理权、超越代理权或者代理权终止后以被代理人名义订立的合同,属于缺乏代理权的情况下签订的效力待定合同,需要经过被代理人追认后才有效;未经被代理人追认,对被代理人不发生效力,由行为人承担责任。

【例3-5】

〔案情〕2010年9月30日,被告王某来到密云县一小区某住房找到张某,要求她搬走,并声称此房已归其所有。后张某到密云县住建委查询,才得知该房产已过户到王某名下。王某告知张某,当时购买房屋时,一名叫杨某的男子持有经过某公证处公证的张某签字的委托书,称张某委托杨某出卖此处房屋。得知张某起诉后,杨某辩称在办理委托手续时,张某是在场的,并在委托书上签了字。

法院经审理查明,涉案住房的原所有人确系张某。经鉴定,案件中公证书上签名字迹与样本上张某的签名字迹不是同一人所写,因此不能证明张某委托杨某出售涉案房屋。同时,另一被告王某在购房时既未对涉案房屋进行现场验看,亦未取得钥匙。

〔问题〕杨某以张某名义与王某签订的房屋买卖合同是否有效?

〔分析〕杨某所持有的经过某公证处公证的张某签字的委托书,经司法鉴定张某的签名与本人签名不是同一人所写,因此杨某并未获得张某处理房屋的委托书。在未获张某授权委托的情况下,杨某以张某名义与王某签订《存量房屋买卖合同》属无权代理行为。事后张某对此未同意亦未追认,故杨某以张某名义与王某签订的《存量房屋买卖合同》系无效合同。而王某的行为明显不符合二手房买卖的交易习惯,亦不符合常理,不能认定王某为善意第三人,因此王某也不得以善意第三人制度对抗张某的房屋所有权。

【例3-6】

〔案情〕李某与王某系夫妻，并按份共有一处位于重庆市渝中区的某商品房，双方各占一半份额。2009年12月，李某伪造王某授权李某出卖该商品房的委托书一份，并骗取了某公证处对该授权委托书的公证。2010年5月，李某向第三人张某出示经过公证的授权委托书，并与张某订立房屋买卖合同，约定将李某、王某共有的商品房以42万元的价格出卖给张某，张某付清全部价款后为其办理过户手续。2010年8月，张某向李某付清全部价款，并要求李某为其办理过户手续。次日，王某告知张某其并未委托李某出卖该商品房，并拒绝追认李某的代理行为，张某便要求李某退还全部房款，李某拒不退还，并坚称授权委托书经公证，房屋买卖合同合法有效。张某遂起诉至法院，要求确认合同无效，并由李某退还全部购房款和同期银行利息。

〔问题〕李某与张某所签房屋买卖合同是否有效？

〔分析〕本案例中李某伪造签名并获得经过公证的委托授权书，其与被代理人王某之间存在配偶关系，因此作为善意第三人张某来讲，有足够的理由相信李某获得了其妻子王某的授权，李某的行为构成表见代理。本案中善意相对人张某在被代理人王某告知李某行为属于无权代理的情况下，起诉要求确认合同无效，从尊重相对人的意志，保护相对人的合法权益的角度出发，对于即使构成表见代理，但相对人主张无权处分的，人民法院应当否定合同效力，并判令双方返还。

表见代理，是指行为人虽无代理权，但由于本人的行为或其他原因，造成了足以使第三人相信其有代理权的表象。我国法律规定表见代理对被代理人具有法律效力。被代理人承担有效代理行为所产生的责任后，可以向无权代理人追偿因代理行为而遭受的损失。

（2）限制民事行为能力人订立的超越其行为能力的合同。限制民事行为能力人，是指10周岁以上未满18周岁的未成年人，或虽然成年但缺乏行为能力的人。限制民事行为能力人只能签订与其年龄、智力、精神状况相适应的合同，如其所签订的合同超出其行为能力范围的，此类合同属于效力待定合同。此类效力待定合同经法定代理人追认后，该合同有效。

（3）无处分权的人签订的合同。无处分权的人处分他人财产，经权利人追认或者无处分权的人订立合同后取得处分权的，该合同有效。效力待定合同中，相对人可以催告追认权人在一个月内予以追认。追认权人未作表示的，视为拒绝追认。合同被追认之前，善意相对人有撤销的权利。撤销应当以通知的方式作出。追认的意思表示自到达相对人时生效，合同自订立时生效。

2. 无效合同

无效合同是指合同欠缺生效要件而导致合同自始无效。合同的无效根据情形可分为合同整体无效和部分无效。合同整体无效,是指合同整体上不具有法律效力。根据合同法的规定,有下列情形之一的,合同整体无效:

(1) 一方以欺诈、胁迫的手段订立合同,损害国家利益。

(2) 恶意串通,损害国家、集体或者第三人利益。

(3) 以合法形式掩盖非法目的。

(4) 损害社会公共利益。

(5) 违反法律、行政法规的强制性规定。

无效的合同自始没有法律约束力。合同整体无效的,不影响合同中独立存在的有关解决争议方法的条款的效力。合同无效,因该合同取得的财产,应当予以返还;不能返还或者没有必要返还的,应当折价补偿。有过错的一方应当赔偿对方因此所受到的损失;双方都有过错的,应当各自承担相应的责任。当事人恶意串通,损害国家、集体或者第三人利益的,因此取得的财产收归国家所有或者返还集体或第三人。

【例 3-7】

〔案情〕62 岁的李女士与 68 岁的马先生于 1976 年结婚。李女士诉称,2002 年,在两人婚姻关系存续期间,马先生从中国银行北京庄胜广场支行取出 168 088 美元,用以购买西城区香炉营东巷一套房产,并将该房产赠与与其有不正当男女关系的 32 岁的韩女士。李女士说,丈夫在婚姻关系存续期间瞒着自己私自购买房产并将房产赠与情人,严重侵犯了她作为夫妻财产共有人的合法权益。韩女士明知马先生已经结婚,还与其保持不正当男女关系,并且接受赠与的房产,该行为不符合善意取得的要件。

〔问题〕李女士提出的马先生与韩女士之间的房屋赠与合同无效的主张能否得到法律支持?

〔分析〕合同作为双方当事人之间的意思表示一致,属于私法范畴,法律一般不予干预,但合同也应符合法律法规的强制性规定,不得损害第三方的合法权益,损害社会公共利益。本案中马先生与韩女士之间的赠与合同属于双方当事人恶意串通损害第三方李女士的财产权,因此,法院认定该赠与合同无效。

【例 3-8】

〔案情〕2007 年 8 月,陶某与上海某房地产公司签订商品房预售合同,约定以 60 万元价格购买商品房 1 套,并办理了预告登记。之后,陶某与银行签订了抵押借款合同,以上述房屋为担保,申请抵押贷款 42 万元并办理了抵押登记手续。银行将 42 万元划入陶某指定的房地产公司账户。2010 年 12 月,陶某以房地产公司逾期交付房屋为由诉至法院,请求判令该公司继续履行商品房预售合同,交付房屋并支付逾期交房违约金。房地产公司提起反诉，请求确认商品房预售合同无效，要求陶某配合办理预告登记及抵押权的撤销手续。银行作为第三人参加诉讼。

经审理查明，购房首付款收据原件由房地产公司持有，房屋从未实际交付陶某，产权人登记为房地产公司。房地产公司每月派员工至银行柜面办理还款手续。2009年7月，房地产公司为提前还清贷款，委托案外人将房地产公司支付的全部贷款余额转汇入陶某账户，由陶某归还银行，但最终陶某并未以此提前清偿贷款。截至涉讼，陶某尚欠银行贷款40余万元。

〔问题〕陶某与房地产公司之间的商品房销售合同是否有效？

〔分析〕本案中陶某与某房地产公司虽在形式上签订了商品房预售合同，实际上双方当事人之间并未有实际的商品房买卖关系，而是以商品房预售合同的方式来套取银行的低息贷款。因此，双方之间签订的商品房预售合同是以合法形式掩盖非法目的的无效合同。陶某与银行之间的抵押借款合同虽因商品房预售合同而产生，但其成立是独立存在的合同，该合同因陶某存在欺诈行为而在效力上属于可变更可撤销合同。在银行不主张行使变更或者撤销权的前提下，应认定抵押借款合同自始有效，银行根据抵押借款合同拥有抵押权。

合同部分无效，是指合同中的某些条款违反法律的强制性规定或者违反合同精神而无效，这部分条款的无效不影响合同其他部分的效力。根据《合同法》第53条的规定，造成对方人身伤害的或者因故意或者重大过失造成对方财产损失的免责条款无效。另外，格式合同的提供方不得利用格式条款免除自己应承担的责任，排除对方的合法权利，否则该格式条款无效。

3. 可撤销可变更合同

可撤销可变更合同，是指由于某些要件存在瑕疵而致使合同可能被当事人行使撤销权而撤销或者行使变更权使内容发生变化的合同。

合同有下列情形之一的，当事人一方有权请求人民法院或者仲裁机构变更或者撤销：

（1）因重大误解订立的。重大误解，是指合同当事人对合同中的重要条款，比如标的物、标的物数量或质量、价款、付款方式、运输方式等发生误解的。

（2）在订立合同时显失公平的。显失公平就是一方当事人在紧迫或者缺乏经验的情况下订立的使当事人之间享有的权利和承担的义务严重不对等的合同。

（3）一方以欺诈、胁迫的手段或者乘人之危，使对方在违背真实意思的情况下订立的合同。

（4）法律法规规定的其他情形。

被撤销的合同自始没有法律约束力。合同被撤销或者终止的，不影响合同中独立存在的有关解决争议方法的条款的效力。合同被撤销后,因该合同取得的财产,应当予以返还;不能返还或者没有必要返还的,应当折价补偿。有过错的一方应当赔偿对方因此所受到的损失,双方都有过错的,应当各自承担相应的责任。

享有撤销权的当事人应当在法定期限内按照法定方式行使撤销权,否则会导致撤销权的消灭。具有撤销权的当事人自知道或者应当知道撤销事由之日起一年内没有行使撤销权或者具有撤销权的当事人知道撤销事由后明确表示或者以自己的行为放弃撤销权的,撤销权消灭。

【例3-9】

〔案情〕2011年3月,洪小姐通过中介,以780万元、低于市价的价格购得位于浙江省杭州市滨江区的建筑面积247.78平方米的别墅一栋。随后,洪小姐迅速办理了按揭手续。直到装修时,洪小姐才从物业口中得知,别墅里发生过一起3人命案,一直未破获。在协商无果后,洪小姐遂向杭州市滨江区人民法院起诉,要求撤销购房合同,责令对方退还购房款并赔偿损失。

〔问题〕洪小姐的诉讼请求能否得到法院支持?

〔分析〕当事人订立、履行合同,应当遵循诚实信用原则,尊重社会公德。房屋买卖属于生活中重大事项的交易,与房屋有关的相关信息应当予以披露。而在本案中,涉案房屋内曾发生过3人被杀的凶杀案,按民间习俗,房屋会被认为存在不吉利的因素,且往往会因此贬值。房东未提供相关证据证明向洪小姐和中介公司披露过该信息,表明房东隐瞒了这一重要信息,构成欺诈。洪小姐有权要求撤销该合同。

【例3-10】

〔案情〕程某是一名收藏爱好者。2011年5月20日,藏友兰某向程某表示,因急需用钱愿忍痛割爱,以原价95 200元转让一面唐代铜鎏金海兽葡萄镜。兰某先后向其出示了北京某拍卖行出示的拍卖收款结算账单及拍卖图录,并声称绝对包真。于是两人签订转让合同,并约定"转让人兰某包真,铜镜产自唐代。若经鉴定铜镜不是产自唐代,受让方程某提出退货后由兰某在一周内全额退款并赔偿程某利息损失25 000元"。拿到"宝贝"后,程某拿出与藏友分享心得,不料多位收藏人士过眼后均认为此"唐代铜镜"属赝品。后经鉴定表明,该铜镜成分与现代成分相符。

〔问题〕兰某的行为是否构成欺诈?

〔分析〕原告程某基于相信兰某所转让的铜镜产自唐代从而作出愿意接受转让的意思表示。但该物经鉴定,成分与现代成分相符,与程某的真实意思相悖,且造成了较大损失,属重大误解行为,转让合同依法应予撤销。本案中被告兰某提供的关于唐代铜镜的相关资料无证据表明是兰某虚构事实的资料，因此本案中合同的撤销事由为重大误解而非欺诈。

3.4 合同的履行

3.4.1 合同履行的一般原则

合同履行的一般原则，是指在合同履行过程中合同当事人应遵守的普遍性规则。根据我国合同法的规定及精神，合同履行中应遵循的一般原则有：

1. 全面、适当履行原则

合同当事人在合同中约定了双方履行合同的时间、地点、方式等事项，合同成立生效后，合同双方当事人都应该按照合同约定履行己方义务，不得出现履行不当或者履行延迟等违约情形，否则承担相应的违约责任。《合同法》第71条和第72条规定，对债务人的提前履行和部分履行，在不损害债权人利益的情况下，债权人不得拒绝，但可以请求债务人支付提前履行或部分履行给债权人增加的费用。

2. 诚实信用原则

当事人在合同履行中应当遵循诚实信用原则，根据合同的性质、目的和交易习惯履行通知、协助、保密等义务。当事人在合同履行过程中违反诚实信用原则，给对方造成损失的，承担违约责任或损害赔偿责任。

【例3-11】

〔案情〕2008年2月，原告马女士与被告徐某、胡某成立的简之爱婚纱摄影服务部签订"婚纱摄影预约单"一份。同年9月6日下午，马女士随徐某到外地拍婚纱照。次日，下着小雨，马女士身穿婚纱在一处名为原始森林公园的外景地拍摄，拍摄途中，马女士将左脚崴伤。经鉴定，马女士的损伤构成八级伤残。马女士遂起诉，要求被告徐某、胡某承担赔偿责任。

〔问题〕马女士的诉讼请求有无法律依据？

〔分析〕附随义务是基于诚实信用原则依法产生的法定义务，诚实信用是隐含于合同内部的价值标准。合同责任既包括违约责任，又包括在合同的订立、生效、履行、终止过程中违反诚实信用原则所造成的缔约过失责任等违反附随义务承担的责任，违反合同附随义务所产生的合同责任归责原则是过错责任原则。本案原、被告之间权利、义务的基础为婚纱摄影服务合同，作为提供服务的经营者违反了安全保障义务，未尽到提示的合同附随义务，应当承担相应责任。原告作为消费者，阴雨天身穿婚纱在森林中行走，理应意识到滑倒摔伤的可能性，自身存在过错，也应当承担相应责任。

3.4.2 合同履行的特殊规则

除合同履行的一般原则外,由于合同种类各样,内容繁多,合同法也规定了合同履行时的一些特殊规则,在特殊情况下适用。

1. 合同未约定或约定不明时的履行规则

合同内容一般是由双方当事人协商确定的,但在签订合同的过程中可能因为种种原因导致合同内容不明确或者没有约定,此种情况下如何处理?《合同法》第61条和第62条就此问题进行了专项规定:合同生效后,当事人就质量、价款或者报酬、履行地点等内容没有约定或者约定不明确的,可以协议补充;不能达成补充协议的,按照合同有关条款或者交易习惯确定。当事人就有关合同内容约定不明确,依照上述办法仍不能确定的,适用下列规定:

(1) 质量要求不明确的,按照国家标准、行业标准履行;没有国家标准、行业标准的,按照通常标准或者符合合同目的的特定标准履行。

(2) 价款或者报酬不明确的,按照订立合同时履行地的市场价格履行;依法应当执行政府定价或者政府指导价的,按照规定履行。

(3) 履行地点不明确,给付货币的,在接受货币一方所在地履行;交付不动产的,在不动产所在地履行;其他标的,在履行义务一方所在地履行。

(4) 履行期限不明确的,债务人可以随时履行,债权人也可以随时要求履行,但应当给对方必要的准备时间。

(5) 履行方式不明确的,按照有利于实现合同目的的方式履行。

(6) 履行费用的负担不明确的,由履行义务一方负担。

2. 政府指导价或政府定价合同的履行规则

合同中标的物的价格一般都由双方当事人协商确定,但某些特殊种类的商品,国家出于宏观调控的需要对其规定了指导价或直接给其定价。合同标的物属于政府定价或者政府指导价的合同,《合同法》第63条规定,执行政府定价或者政府指导价的,在合同约定的交付期限内政府价格调整时,按照交付时的价格计价。逾期交付标的物的,遇价格上涨时,按照原价格执行;价格下降时,按照新价格执行。逾期提取标的物或者逾期付款的,遇价格上涨时,按照新价格执行;价格下降时,按照原价格执行。

3. 第三人代为履行的规则

一般情况下,合同当事人应亲自履行合同。如果合同事先有约定或经对方当事人同意的情况下,合同当事人可以请第三人代为履行合同义务或者代为受领对方的给付。此种情况下,合同主体未发生改变,代为履行的第三人不是合同当事人,合同仍在双方当事人之间有效。因此，当事人约定由债务人向第三人履行债务的，债务人如未向第三人履行债务或者履行债务不符合约定，应当向债权人承担违约责任；当事人约定由第三人向债权人履行债务，而第三人不履行债务或者履行债务不符合约定的，债务人应当向债权人承担违约责任。

3.4.3 合同履行抗辩权

【例3-12】

〔案情〕甲公司（承租方）与乙公司（出租方）于2004年1月2日签订《房屋租赁合同》，约定租赁用途为餐饮、住宿，租期10年，年租金70万元人民币。付款方式：首次付款70万，开业前再付70万，两年后一年一交，先交款后使用。乙公司于合同签订后3个月内完成房屋配套工程、天然气管道工程及消防达到要求。合同签订后，甲方依约将第一年租金支付给乙方。但乙方却未按合同约定期限完成房屋配套及天然气管道输入，消防也没有达到要求。直到2005年4月14日，乙方才完成上述合同义务。

2005年4月15日，乙方向甲公司发出催款通知书，要求甲公司支付第二年租金。同时，乙公司同意在第二年租金中扣除3个月租金。甲公司不同意上述要求，认为乙公司迟延履行达一年之久，只扣除3个月租金不足以补偿自己的损失。于是明确提出书面要求乙公司扣除10个月房租，该房租可以由乙方返还甲公司后，甲公司再向乙公司支付第二年租金，也可以从第二年房租中抵扣，否则，甲方不支付乙公司第二年房租。

〔问题〕甲方未按合同要求支付第二年租金的行为是否构成违约？

〔分析〕甲方与乙方之间存在合法有效的双务合同，合同约定甲方先履行交付租金义务，乙方后履行房屋配套工程义务。乙方作为承租方在甲方履行首次付款义务后未能按照合同约定按时履行房屋配套工程义务，这种情况下要求甲方继续履行支付第二年租金的义务，甲方有权予以拒绝。甲方在此种情况下行使的拒绝权利称为先履行抗辩权。

合同履行抗辩权，是指双务合同中，一方当事人在对方当事人未能按照合同约定履行合同义务时享有对对方履行合同的请求予以拒绝的权利。履行抗辩权有以下三种：

1. 同时履行抗辩权

同时履行抗辩权，是指合同双方当事人未约定先后履行顺序，或约定同时履行合同的情况下，一方在对方履行之前或对方履行不符合约定时有拒绝其相应履行要求的权利。

2. 先履行抗辩权

先履行抗辩权，是指在双方有先后履行顺序的双务合同中，先履行一方未履行的或者履行合同不符合约定的，后履行一方有拒绝其相应履行要求的权利。

3. 不安履行抗辩权

不安履行抗辩权，是指在有先后履行顺序的双务合同中，先履行一方有确切证据证明后履行一方有丧失或可能丧失履行合同能力的情形时，通知后履行一方中止履行的权利。中止履行后，对方在合理期限内未恢复履行能力并且未提供适当担保的，中止履行的一方可以解除合同。

《合同法》第68条规定，先履行一方有确切证据证明对方有下列情形之一的，可以中止履行：

（1）经营状况严重恶化。
（2）转移财产、抽逃资金，以逃避债务。
（3）丧失商业信誉。
（4）有丧失或者可能丧失履行债务能力的其他情形。

先履行一方在行使不安履行抗辩权时必须是有确切证据证明后履行一方有上述丧失或可能丧失履行能力的情形，否则先履行一方擅自中止履行合同的行为构成违约，承担违约责任。先履行一方依法中止履行的，应当及时通知对方。对方提供适当担保时，应当恢复履行。

合同履行抗辩权仅存在于双务合同中，且只是在符合法定条件的情况下暂时延迟合同履行的权利，在对方履行相应义务时行使抗辩权的一方也应恢复相应的履行行为。

3.5 合同的保全

合同保全制度，是指法律为防止因债务人财产的不当减少致使债权人债权的实现受到危害而设置的保全债务人责任财产的法律制度。具体包括《合同法》第69条规定的债权人代位权制度和第74条规定的债权人撤销权制度。

3.5.1 债权人的代位权

债权人的代位权，是指当债务人怠于行使到期债权，以致影响债权人债权的实现时，债权人依法享有的代债务人之位，以自己的名义向次债务人（债务人的债务人）行使债务人的债权的权利。

债权人向人民法院提起代位权诉讼，应当符合以下条件：

(1) 债权人对债务人的债权合法。只有合法的债权才受到法律保护，债权人才可以行使代位权。

(2) 债务人怠于行使其到期债权，对债权人造成损害。该条件是指债务人不履行其对债权人的到期债务，又不以诉讼方式或者仲裁方式向其债务人主张其享有的具有金钱给付内容的到期债权，致使债权人的到期债权未能实现。次债务人不认为债务人有怠于行使其到期债权情况的，应当承担举证责任。

(3) 主债务与次债务均到期。

(4) 债务人的债权不是专属于债务人自身的债权。专属于债务人自身的债权，是指基于扶养关系、抚养关系、赡养关系、继承关系产生的给付请求权和劳动报酬、退休金、养老金、抚恤金、安置费、人寿保险、人身伤害赔偿请求权等权利。

债权人提起的代位权诉讼中，次债务人为被告，案件由被告住所地的人民法院管辖。在代位权诉讼中，债权人胜诉的，诉讼费由次债务人负担，从实现的债权中优先支付。

债权人行使代位权的范围以债权人的债权为限，债权人行使代位权的必要费用，由债务人负担。同时，次债务人对债务人的抗辩，可以向债权人主张。

3.5.2 债权人的撤销权

【例3-13】

〔案情〕2008年5月6日，原告周某与被告北京融金智强投资管理有限公司签订商品房预售合同，约定被告将位于北京市东城区新中街乙12号都心公馆住宅楼3层501号房屋预售给原告。此后，原告起诉被告要求解除商品房预售合同，退还购房款。2009年11月10日，北京市东城区人民法院判决确认原告与被告签订的商品房预售合同于2009年7月9日解除，并判决被告退还原告购房款1 394 734元及利息。后因被告未能履行该判决，原告向法院申请强制执行，但因被告无执行能力，未能将欠款全部执行给原告。经调查得知，2009年7月20日，在原告与被告办理完退房手续后，被告将房屋登记在本案第三人刘某名下。这种情况下，周某起诉要求撤销被告与刘某之间签订的商品房预售合同。在案件审理过程中，被告承认，北京市东城区新中街乙12号都心公馆住宅楼3层501号的房屋预售登记手续确实办理到第三人刘某名下，但由于销售人员离职，具体销售情况不详。

〔问题〕周某请求撤销被告与第三人刘某之间的商品房预售合同的诉讼请求有无法律依据？

〔分析〕根据法律规定，因债务人放弃其到期债权或者无偿转让财产，对债权人造成损害的，债权人可以请求人民法院撤销债务人的行为。本案被告虽与第三人签有商品房预售合同，并已办理了备案登记手续，但第三人并非上述房屋的真实购买人。被告为了转移财产、逃避债务，在无真实交易的情况下，与第三人办理虚假的房屋预售登记，侵害了原告的合法权益。现原告起诉要求撤销被告与第三人签订的商品房预售合同，符合法律规定，其诉讼请求得到法律支持。

债权人的撤销权，是指当债务人所为的减少其财产的行为危害债权实现时，债权人为保全债权而请求法院予以撤销该行为的权利。根据合同法的规定，债权人行使撤销权的情形有两种：

（1）债务人放弃到期债权或无偿转让财产，对债权人造成损害的。同时债务人放弃其未到期的债权或者放弃债权担保，或者恶意延长到期债权的履行期，对债权人造成损害的，债权人也可向人民法院提起诉讼来行使撤销权。

（2）债务人以明显不合理的低价转让财产或者以明显不合理的高价收购财产，对债权人造成损害，并且第三人知道该情形的。对于明显不合理的低价的确定，司法解释规定人民法院应当以交易当地一般经营者的判断，并参考交易当时交易地的物价部门指导价或者市场交易价，结合其他相关因素综合考虑予以确认。转让价格达不到交易时交易地的指导价或者市场交易价70%的，一般可以视为明显不合理的低价。对于明显不合理的高价的确定，司法解释认为对转让价格高于当地指导价或者市场交易价30%的，一般可以视为明显不合理的高价。

撤销权的行使范围以债权人的债权为限。债权人行使撤销权所支付的律师代理费、差旅费等必要费用，由债务人负担；第三人有过错的，应当适当分担。债权人的撤销权应自债权人知道或者应当知道撤销事由之日起一年内行使。自债务人的行为发生之日起 5 年内没有行使撤销权的，该撤销权消灭。

3.6　合同的变更与转让

3.6.1　合同变更概述

合同变更有广义、狭义之分。广义的合同变更包括合同内容的变更和合同主体的改变。合同内容的变更，是指合同主体不变的情况下，由双方当事人协商一致变更合同内容，或者合同主体依法诉请人民法院或仲裁机构通过判决或裁决变更合同内容；合同主体的变更，是指合同内容不发生变化，由新的债权人或债务人替代原债权人或债务人，因此也称合同转让。狭义的合同变更仅指合同内容变更。我国合同法规定的合同变更仅指合同内容变更，本书所称的合同变更也仅指合同内容变更。

3.6.2 合同变更方式与法律后果

【例3-14】

〔案情〕2011年12月,葛先生与奇祥公司签订购车合同一份,约定葛先生所购车辆为车架号LVVDB11B7BD185831的奇瑞轿车。合同同时约定,车辆以实车配置为准;车辆交接时当场验收,买方应对所购车辆外观和基本使用功能等进行检查、确认,如对所购车辆和使用功能及外观有异议,应当场向卖方提出,协商调换或更换;卖方确保所售车辆为合格产品,一经买方在分配单上签字确认车辆及随车工具和相关手续完好无损后,不再给予退换。

2012年1月,葛先生前去提车,并在奇祥公司填写的客户档案登记表上签字。登记表显示葛先生所提车辆车架号为LVVDB11B2BD389680,颜色为银色,配置为奇瑞风云2进取型两厢轿车。同日,葛先生缴纳了车辆购置税,办理了相关保险,购置税发票及保单均显示车辆车架号为LVVDB11B2BD389680。一个月后,双方因车辆费用的承担产生了矛盾。葛先生想起其现在的车辆车架号与合同约定的车架号不符,认为奇祥公司存在欺诈行为,遂将其告上了法庭,要求按照消费者权益保护法双倍赔偿其经济损失;后因无法证明奇祥公司存在欺诈行为,又变更为要求奇祥公司退车,重新交付合同约定的原车架号为LVVDB11B7BD185831的车辆。

〔问题〕葛先生的请求有无法律依据?

〔分析〕原、被告之间签订的购车合同合法有效。虽然购车合同对原告所购车辆车架号进行了约定,但合同约定车辆交接时原告应当场验收,如有异议应当场提出,可协商调换或更换。本案中从证据看,原告提车时在记录车架号为LVVDB11B2BD389680的客户档案登记表中签名,其后亦为该车辆缴纳了购置税,并办理了保险。因合同条款约定了汽车买卖双方应当当场对车辆进行检查、确认的要求,基本可以认定双方经过协商,原告同意将合同约定了车架号的车辆更换成已提取的车辆。因此被告的行为不存在违约,原告的诉讼请求不能得到支持。

合同成立生效后对双方当事人具有法律约束力,任何一方都不得随意变更合同内容。但《合同法》第77条规定,当事人协商一致,可以变更合同内容。一般情况下,当事人协商变更合同内容会采用补充协议方式,变更部分的内容应在补充协议中予以明确,当事人对合同变更的内容约定不明确的,推定为未变更。变更合同内容的协议经双方签字盖章后即发生法律效力,双方当事人以变更后的合同内容为准。如果未有书面形式确认合同变更内容,但从双方当事人的行为来看已接受合同内容变更的,也视为双方协商一致变更合同内容。法律、行政法规规定变更合同应当办理批准、登记等手续的，依其规定办理相应的批准、登记手续后才发生合同变更的法律效果。

除双方协商一致变更合同的情形外，合同如果存在某些瑕疵，如重大误解、欺诈、胁迫、乘人之危、显失公平等情况的，合同受损失一方当事人有权依法请求人民法院或者仲裁机构变更合同内容，人民法院或者仲裁机构有权根据当事人的请求依法变更合同内容，合同内容以生效的法律文书确认的为准。

3.6.3 合同转让

【例3-15】

〔案情〕2010年10月，方某以3万元的价格自某单位买入一辆轿车，该车由原登记车主在保险公司投保了交强险和商业险；方某买入后，没有办理车辆过户手续，也未通知保险公司。2011年7月20日晚，方某驾驶该车与骑电动车的陶某相撞，造成陶某身体严重受伤。该事故后经交警部门处理认定为方某负主要责任。伤者陶某后就赔偿问题向法院提起诉讼，要求方某、登记车主和保险公司赔偿其因该起事故造成的各项损失共计16万元。庭审中，方某认为自己的车辆投了保险，保险公司应当承担替代赔付的责任；车辆的原车主认为己方和方某签有买卖协议，车辆也已经交由方某，对方某驾驶发生的此次事故不应承担任何责任；保险公司则以方某买入该车后未及时到公司办理保险批转手续而拒绝承担赔偿责任。

〔问题〕交通事故的赔偿责任应由谁来承担？

〔分析〕《中华人民共和国保险法》第49条规定，保险标的的转让应当通知保险公司，保险公司同意继续承保的，依法变更保险合同。登记车主在办理保险时已与保险公司在保险单上明确约定：被保险车辆在转让、赠与、变更用途时应书面通知保险公司并办理批转手续。因此，保险公司不承担赔偿责任。登记车主在将车卖给方某后，既非该车的支配者和控制者，也未从该车运行中获得利益，故原车主也不承担赔偿责任。对陶某因该起事故导致的各项损失，由方某承担赔偿责任。

合同转让，是指合同内容不发生变化的情况下，合同主体发生变更，即原债权人或债务人的权利义务全部或部分由新债权人或债务人受让。合同转让根据权利义务转让情况可以分为三种：

1. 合同权利的转让

债权人在合同中享有的权利，可以全部或者部分转让给第三人。一般情况下，债权人可自行决定是否转让合同权利，但为平衡合同双方利益，法律规定有下列情形之一的，债权人不得转让其合同权利：

（1）根据合同性质不得转让的权利。根据合同性质不得转让的权利，主要是指合同是基于特定当事人的身份关系订立的。当事人基于信任关系订立的委托合同、雇佣合同及赠与合同等，都属于合同权利不得转让的合同。

（2）按照当事人约定不得转让的权利。当事人在订立合同时可以对权利的转让作出特别的约定，禁止债权人将权利转让给第三人。但是合同当事人的这种特别约定，不能对抗善意的第三人。

（3）依照法律规定不得转让的权利。我国一些法律中对某些权利的转让作出了禁止性规定。比如公司法中关于发起人在公司成立之日起1年内不得转让其持有的公司股份的规定。

债权人转让其权利的，不需要经过债务人的同意，但应当通知债务人，双方当事人对合同权利转让有特别约定的，依其特别约定，上述案例就属于双方当事人对合同权利转让的程序作了特别约定。在合同权利转让中，债务人仍可以向作为受让人的新债权人行使其固有的抗辩权；债权转让后，债务人对让与人享有债权的，可以向作为受让人的新债权人主张抵消权。

债权人转让合同权利的，如果该债权存在有关的从权利的，该从权利一并转让给受让人，如担保权中的抵押权，但该从权利专属于债权人自身的情况除外。

2. 合同义务的转移

【例3-16】

〔案情〕2009年8月，原告肖某与被告泰和某公司签订一份装修工程施工合同，约定由原告对被告泰和某公司房屋的吊顶、外墙漆等工程进行建设。原告承建过程中，原告、被告公司对装修项目进行了分项结算，被告公司支付了部分装修工程款。原告承建工程结束后，原告、被告进行整体结算。2011年7月16日，被告泰和某公司的法定代表人匡某向原告出具一份欠条，欠条内容为："本人欠肖某房屋吊顶、外墙漆等装修工程项目款余额共计壹拾万元整。"之后，匡某一直未支付所欠款项。原告遂起诉要求被告泰和某公司、匡某连带支付装修款10万元。

〔问题〕原告肖某的请求能否得到法院支持？

〔分析〕本案中被告匡某以个人名义向原告出具欠条，原告接受该欠条的事实构成债务转移。被告匡某承担了公司债务，原债务人即被告泰和某公司则脱离了债的关系。因此，原告诉请被告匡某支付拖欠装修款10万元的主张应得到支持，对原告要求被告泰和某公司承担上述义务的诉请则不应予以支持。

合同义务的转移，是指债务人经过债权人同意，将其在合同中负有的全部或部分义务转移给第三人。债务人不论转移的是全部义务还是部分义务，都需要征得债权人同意。未经债权人同意，债务人转移合同义务的行为对债权人不发生效力。债权人有权拒绝第三人向其履行，同时有权要求债务人履行义务并承担不履行或者迟延履行合同的法律责任。

债务人转移义务的，新的债务人取代了原债务人的地位，承担其履行义务的责任。原债务人从合同关系中退出后，其享有的抗辩权由新债务人承受。债务人的抗辩权不因债务的转移而消灭。

债务人转移义务的，其从债务随着主债务的转移而转移，新债务人应当承担与主债务有关的从债务。但是，从债务由第三人承担的，从债务的转移应经第三人同意，未经第三人书面同意的，从合同不发生转移，从合同终止。

3. 概括转让

概括转让，是指合同一方当事人经对方同意，将自己在合同中的权利和义务一并转让给第三人的情形。权利义务一并转让的后果，导致原合同关系的消灭，第三人取代了转让方的地位，产生出一种新的合同关系。根据法律的规定，合同当事人概括转让自己在合同中的权利和义务时，应经过对方同意，一方当事人未经对方同意就擅自一并转让权利和义务的，其转让行为无效，对方有权就转让行为对自己造成的损害追究转让方的违约责任。概括转让中涉及的权利转让和义务转移，法律、行政法规规定要办理批准、登记等手续后才有效，债权人应当遵守法定的程序办理，以保障合同转让行为最终的法律效力。

3.6.4　合同主体的变化

合同主体的变化，是指在合同有效成立后，合同一方当事人的重大事项发生变化。这些变化可以分为两类：一类是姓名、名称、住所、法定代表人等重大事项的变化，法律规定这些事项的变化不影响合同的履行，合同当事人如因这些事项的变化而出现违约情形的，仍应承担违约责任。另一类是发生合并、分立的主体资格变化。当事人合并一般指两种情况：一是指两个以上的法人或者其他组织合并成为一个新的法人或者其他组织，由新的法人或者其他组织承担被合并法人或者其他组织的权利和义务；二是指一个法人或者其他组织被撤销后，将其债权债务一并转让给另一个法人或者其他组织。当事人分立，是指一个法人或者其他组织被分为两个以上的新法人或者其他组织，原法人或者其他组织的权利和义务由新的法人或其他组织承担。

为防止一些法人或者组织假借合并或者分立转移债务，逃避应当承担的法律责任，合同法规定当事人订立合同后合并的，由合并后的法人或者其他组织行使合同权利，履行合同义务。当事人订立合同后分立的，除债务人和债权人另有约定以外，由分立后的法人或者其他组织对合同的权利和义务享有连带债权，承担连带债务。

3.7 合同的权利义务终止

3.7.1 合同终止概述

合同权利义务的终止,简称合同的终止,又称合同的消灭,是指依法成立有效的合同在发生法定情形时丧失对双方的约束力,合同权利和合同义务归于消灭的情形。

合同的终止不同于合同的中止,前者是指发生法定情形时合同权利义务关系彻底终结,对双方当事人不再具有法律约束力;合同中止则是指发生法定或约定情形时,合同暂停履行,待法定或约定情形消失后,合同恢复履行。

3.7.2 合同终止的条件

一般来说,发生下列情形之一的,合同会发生权利义务终止的情形:合同履行完毕,合同解除、抵消、提存、免除、混同等情形。

合同的权利义务终止,不影响合同中结算和清理条款的效力。合同的权利义务终止后,当事人应当遵循诚实信用原则,根据交易习惯履行通知、协助、保密等义务。

1. 合同履行完毕

合同依法成立生效后,双方当事人按照合同约定,及时、全面地履行合同。合同约定权利义务履行完毕后,合同终止,对双方当事人不再产生约束力,合同权利义务关系终止。

2. 合同解除

【例 3-17】

〔案情〕2011 年 7 月 12 日,在现场看货后,王某决定以 69 万元的价格向左某购买 6 根黄花梨木。双方签订了协议,左某承诺出售的黄花梨木不是假货,且在交货 12 天内,如发现不是黄花梨木可全额退款。李某、朱某作为担保人在协议书上一并签字。当日,王某支付定金 5 万元。次日,王某向左某支付货款 64 万元后,从左某处将 6 根木头提走。

2011 年 7 月 14 日,王某委托广西大学林产品质量检验中心对所购 6 根黄花梨木的真伪进行了鉴定。后该中心出具鉴定意见认为,送检样品检验结果为红铁木豆,其价值远远低于黄花梨木。得知所购 6 根木头并非黄花梨木后,王某当即告知担保人朱某,并于 2011 年 7 月 20 日与朱某一同前往左某住处要求退款退货。因左某家中无人,王某即于次日分别向左某、李某、朱某邮寄送达《退货通知》。

2011年8月9日，王某在多次索要无果后，遂向法院提起诉讼，要求左某退还货款64万元，双倍返还定金10万元，按银行同类贷款利率赔偿利息损失并承担鉴定费，同时要求李某、朱某承担连带责任。

〔问题〕王某的上述请求能否得到法律支持？

〔分析〕被告左某与原告王某之间存在合法有效的合同关系，在履行合同时，左某交付的标的物是红铁木豆，而不是合同约定的黄花梨木，致使合同目的不能实现，原告因此要求解除与左某的合同关系，左某退还货款、双倍返还定金及承担鉴定费用的诉讼请求于法有据，应予支持。被告李某、朱某作为担保人，对保证方式和保证担保的范围没有约定，应对全部债务承担连带责任。被告李某、朱某承担保证责任后，有权向被告左某追偿。

合同解除是指依法成立有效的合同，在出现双方当事人约定的解除事由或者法律规定的合同解除条件时，由一方当事人或者双方当事人行使解除权，使合同权利义务关系终止的情形。

（1）合同解除的种类。合同解除根据发生的原因不同，可以分为约定解除与法定解除。

约定解除，是指合同双方当事人事先在合同条款中约定合同解除的条件，当条件达到时由一方或者双方当事人行使解除权来解除合同或者双方当事人在合同履行过程中协商一致，解除合同。

法定解除，是指在符合法律规定的合同解除条件时，有解除权的一方当事人行使解除权，通知对方解除合同。《合同法》第94条规定的法定解除合同的情形有：① 因不可抗力致使不能实现合同目的；② 在履行期限届满之前，当事人一方明确表示或者以自己的行为表明不履行主要债务；③ 当事人一方迟延履行主要债务，经催告后在合理期限内仍未履行；④ 当事人一方延迟履行债务或者有其他违约行为致使不能实现合同目的；⑤ 法律规定的其他情形。

法律规定的其他可以单方面解除合同的情形包括事情变更解除权。事情变更解除权，是指合同成立以后客观情况发生了当事人在订立合同时无法预见的、非不可抗力造成的不属于商业风险的重大变化，继续履行合同对于一方当事人明显不公平或者不能实现合同目的，当事人请求人民法院变更或者解除合同的，人民法院应当根据公平原则，并结合案件的实际情况确定是否变更或者解除。

（2）合同解除权的行使和法律效果。《合同法》第96条规定当事人一方依法主张解除合同的，应当通知对方。合同自通知到达对方时解除。对方有异议的，可以在双方约定的异议期限内提出异议并请求人民法院或者仲裁机构确认解除合同的效力。如果双方未约定异议期限的，异议方应在自解除通知到达之日起3个月内向人民法院起诉，过期人民法院不予支持。

法律、行政法规规定解除合同应当办理批准、登记等手续的，应当依法办理相关的批准、登记手续；未办理的，不发生合同解除的效力。

法律规定或者当事人约定解除权行使期限，期限届满，当事人不行使的，该权利消灭。法律没有规定或者当事人没有约定解除权行使期限，经对方催告后在合理期限内不行使的，该权利消灭。

合同一经解除，其效力消灭。但合同是溯及消灭还是向将来消灭，应视合同类型而定。通常，持续性合同解除后，其效力只向将来发生，已履行的义务继续有效，如供电合同、劳务合同等；一次性合同解除后，其效力溯及既往，合同视为自始不成立，已经履行的，根据履行情况和合同性质，当事人可以要求恢复原状、采取其他补救措施，并有权要求赔偿损失。

3. 抵消

抵消，是指当事人互负债务的情况下，双方协商同意相互冲抵债务以使双方之间债权债务关系消灭，或者符合法定条件的情况下，任何一方可以主张将自己的债务与对方的债务冲抵的情形。

抵消包括约定抵消和法定抵消两种。

约定抵消，是指在双方当事人互负债务的情况下，经双方协商一致，同意将彼此所负债务冲抵，以终止双方之间的债权债务关系的情形。法定抵消，是指当事人互负到期债务，且债务的标的物种类、品质相同的，任何一方可以主张将自己的债务与对方的债务抵消。

当事人主张抵消的，应当通知对方。通知自到达对方时生效。抵消不得附条件或者附期限。依照法律规定或者按照合同性质不得抵消的，即使双方同意或者符合法定抵消条件，也不允许抵消。当事人对债务抵消虽有异议，但在约定的异议期限届满后才提出异议并向人民法院起诉的，人民法院不予支持；当事人没有约定异议期间，在债务抵消通知到达之日起3个月以后才向人民法院起诉的，人民法院不予支持。

4. 提存

【例3-18】

〔案情〕吉丰公司曾与被告大洲公司及华信公司签订《"厦门第一广场"变卖协议书》，约定华信公司将拖欠吉丰公司的1 000万元债务转让给大洲公司，由大洲公司将1 000万元提存至厦门市开元公证处，公证处根据约定条件逐次将该款项支付给吉丰公司。签订协议时，合同双方就开元公证处支付原告吉丰公司提存款的条件和期限达成了一致：变卖协议签订且1 000万元付至公证处后，由公证处即时将200万元付给吉丰公司；在法院裁定同意将"厦门第一广场"变卖给大洲公司当日，公证处向吉丰公司支付第二期款项300万元；在"厦门第一广场"权属变更为大洲公司之土地使用证办妥当日，由公证处向吉丰公司支付第三期款项500万元及提存利息。协议签订后，原、被告到开元公证处办理了提存公证手续，并签署了提存协议书。之后，大洲公司将1 000万元提存至开元公证处。

提存款第二阶段支付完毕后，华信公司被厦门市思明区法院以该款为变卖"第一广场"所得予以扣划，导致第三期付款条件成立时，原告吉丰公司有208.7万元不能领取。吉丰公司遂将大洲公司和华信公司告上法庭，诉请判令大洲公司向其支付欠款208.7万元及相应利息。

〔问题〕本案中的提存是否属于合同终止中的提存？

〔分析〕本案中的提存行为属于以担保为目的的提存公证，仅具有保证债务履行和替代其他担保形式的法律效力，而不具备债的消灭和债的标的物风险转移的法律效力。相关法院是将本案讼争款项作为华信公司的款项进行扣划，而不是作为本案原告的款项进行扣划，讼争款项被扣划的风险应由大洲公司承担。据此，厦门中院判决被告大洲公司支付原告吉丰公司208.7万元及其逾期利息。

目前，我国公证机关接受的提存分为两类：

一类是以清偿为目的的提存，简称清偿提存，指由于债权人的原因，债务人将无法清偿的标的物交给提存机关保存从而消灭债权债务关系的制度，即合同法中作为合同关系终止原因之一的提存。

另一类是以担保为目的的提存，简称担保提存，指提存人（包括债务人或第三人）将标的物交给与债权人约定的第三人保存从而保证债务的履行或者替代其他担保形式的制度。

两者虽均名为提存，但在目的及产生的法律效果上有很大区别。因此，个案中当事人约定的提存是否具有债的清偿和债的标的物风险转移的法律效力，即合同法意义上的提存，应结合具体案情，从提存的原因、提存的目的和提存的法律效力方面进行分析、认定。

作为合同关系终止原因之一的清偿提存，是指在债权人无正当理由拒绝受领、债权人下落不明、债权人死亡未确定继承人或者丧失民事行为能力未确定监护人，或出现法律规定的其他无法确定债权人的情形时，债务人将标的物在公证部门办理提存，以消灭债权债务关系的制度。提存的标的物应是适宜保存的货币、有价证券、贵重金属等，标的物不适于提存或者提存费用过高的，债务人依法可以拍卖或者变卖标的物，提存所得的价款。

清偿提存成立的，视为债务人在其提存范围内已经履行债务。标的物提存后，毁损、灭失的风险由债权人承担。提存期间，标的物的孳息归债权人所有。提存费用由债权人负担。债权人可以随时领取提存物，但债权人对债务人负有到期债务的，在债权人未履行债务或者提供担保之前，提存部门根据债务人的要求应当拒绝其领取提存物。

标的物提存后，除债权人下落不明的以外，债务人应当及时通知债权人或者债权人的继承人、监护人。债权人领取提存物的权利，自提存之日起5年内不行使而消灭，提存物扣除提存费用后归国家所有。

5. 免除

合同中的债权债务关系具有私法性质，当事人可自行处分自己的权利。免除是指债权人免除债务人部分或者全部债务的，合同的权利义务部分或者全部终止。债权人仅免除部分债务的，债的关系仅部分终止，不影响其他部分的效力。

免除为债权人处分债权的行为，因而需要债权人对该债权有处分权，无行为能力人或限制行为能力人不得为免除行为，免除不得损害第三人的合法权益。免除应由债权人向债务人以意思表示为之，向第三人为免除的意思表示的，不发生免除的法律效力。免除可以由债权人的代理人实施，可以附条件或期限。免除为单方法律行为，自向债务人或其代理人表示后，即产生债务消灭的效果。

6. 混同

混同是指债权和债务同归于一人，原则上致使债的关系消灭的事实。混同一般发生在债权债务的概括转让中，比如民事主体的合并，使债权人和债务人在法律上合并为一人。

3.8 违约责任

【例3-19】

〔案情〕2007年9月10日，莫女士与被告洛阳某房地产开发有限公司签订了商品房买卖合同，约定所购房屋建筑面积共149.95平方米，其中套内面积120.50平方米，分摊建筑面积29.45平方米，房价总金额为35.8万余元，交房日期为2009年7月31日。合同同时约定，面积误差比绝对值超出3%时，绝对值超出3%部分的房价款由出卖人双倍返还买受人；在出卖人逾期交房90日后，出卖人按日向买受人支付已交付房款万分之一点五的违约金。

合同签订后，被告直到2010年7月13日才通知原告收房。莫女士在查看房屋时发现，房屋面积明显缩水，并且房屋结构也发生很大变化，房屋西边的采光窗户及阳台全部被缩减掉，房屋整个客厅和餐厅采光和通风质量明显下降，进屋必须开灯。经查发现，被缩减的空间被被告改造成商场的电梯机房，严重影响原告的生活。经检测，所涉房屋合同约定的建筑面积为 149.95 平方米，评估对象实际建筑面积为 123.95 平方米，两者相差 26 平方米，原、被告双方对此相差面积均无异议。

〔问题〕被告需要对原告承担哪些违约责任？

〔分析〕原、被告之间签订的商品房买卖合同合法有效。被告交付的房屋面积与约定面积相差已经超过法定最高标准的 3% 即 4.50 平方米，交付房屋的时间延迟，属于不当履行中的延迟履行和瑕疵履行，被告应当承担违约责任。最终，法院依据合同法有关规定，判令开发商退还房屋缩水面积 3% 的房款 23 850 元，赔偿超出房屋缩水面积 3% 的价款共计 148 135 元和逾期交房、办证违约金 61 583 元。此案涉及违约行为的表现方式和违约责任的承担方式。

3.8.1 违约责任概述

违约责任，是指依法成立有效的合同中，一方当事人无正当理由不履行合同或履行合同义务不符合约定的情况下对守约方应承担的民事法律责任。违约责任形成的前提条件是双方当事人之间存在合法有效的合同，客观条件是一方当事人具有无正当理由的不履行或履行不当行为，该责任适用的是严格责任原则，并不要求守约方证明违约方主观上存在过错。

违约行为，是指合同当事人一方不履行合同义务或者履行合同义务不符合约定条件的行为。根据违约行为发生的时间，违约行为总体上可分为预期违约和实际违约，而实际违约又可分为拒绝履行、履行不能、履行不适当。其中履行不适当的情形包括迟延履行、瑕疵履行、部分履行、履行地点不当的履行和履行方法不当的履行。

1. 预期违约

预期违约也称先期违约，是指在合同履行期限到来之前，一方无正当理由但明确表示其在履行期到来后将不履行合同，或者其行为表明其在履行期到来后将不可能履行合同。

2. 拒绝履行

拒绝履行，是指在合同约定的履行期限届满时，合同一方当事人在有能力履行合同的情况下明确表示拒绝履行合同或者以行为表明不会履行合同。

3. 履行不能

履行不能又称给付不能，是指债务人由于某种原因，事实上已不可能履行债务。履行不能的原因有多种，比如标的物出现毁损等。履行是否可能，应依一般社会观念判断，而不能仅凭债务人的观念加以断定。

4. 履行不当

根据合同法的要求，当事人履行合同应按照合同约定及时、全面、适当地履行合同。合同当事人虽然履行了合同，但存在延迟履行、瑕疵履行、部分履行或者其他未按合同约定履行的情形时即构成履行不当。

3.8.2 违约责任的形式

违约责任的形式，即承担违约责任的具体方式。根据合同法的规定，当事人一方不履行合同义务或者履行合同义务不符合约定的，应当承担继续履行、采取补救措施、赔偿损失、支付违约金或定金等违约责任。

1. 继续履行

继续履行也称强制实际履行，是指违约方根据对方当事人的请求继续履行合同规定的义务的违约责任形式。继续履行以守约方的请求为条件，法院不得依职权直接判决。

继续履行的适用，因债务性质的不同而不同：金钱债务中可以无条件适用继续履行；在非金钱债务中原则上可以请求继续履行，但下列情形除外：① 法律上或者事实上不能履行，比如标的物已经毁损；② 债务的标的不适用强制履行或者强制履行费用过高，比如标的物是劳务的，不适用强制履行；③ 债权人在合理期限内未请求履行，比如季节性物品之供应。

2. 采取补救措施

采取补救措施作为一种独立的违约责任形式，是指矫正合同履行中的质量瑕疵，使履行缺陷得以消除的具体措施。采取补救措施的具体方式，《合同法》第111条规定为修理、更换、重做、退货、减少价款或者报酬等。

3. 赔偿损失

赔偿损失，在合同法上也称违约损害赔偿，是指违约方以支付金钱的方式弥补受害方因违约行为所减少的财产或者所丧失利益的责任形式。违约赔偿的范围和数额，可由当事人约定，当事人既可以约定违约金的数额，也可以约定损害赔偿的计算方法。

《合同法》第113条对赔偿损失进行了规定：当事人一方不履行合同义务或者履行合同义务不符合约定，给对方造成损失的，损失赔偿额应当相当于因违约所造成的损失，包括合同履行后可以获得的利益，但不得超过违反合同一方订立合同时预见到或者应当预见到的因违反合同可能造成的损失。《合同法》第119条规定："当事人一方违约后，对方应当采取适当措施防止损失的扩大；没有采取适当措施致使损失扩大的，不得就扩大的损失要求赔偿。当事人因防止损失扩大而支出的合理费用，由违约方承担。"

4. 违约金

违约金是指按照当事人的约定或者法律直接规定，一方当事人违约的，应向另一方支付的金钱。违约金既具有担保债务履行的功效，又具有惩罚违约人和补偿无过错方当事人所受损失的效果。当事人可以约定一方违约时应当根据违约情况向对方支付一定数额的违约金，也可以约定因违约产生的损失赔偿额的计算方法。

约定的违约金低于造成的损失的，当事人可以请求人民法院或者仲裁机构予以增加；约定的违约金过分高于造成的损失的，当事人可以请求人民法院或者仲裁机构予以适当减少。当事人就迟延履行约定违约金的，违约方支付违约金后，还应当履行债务。当事人请求人民法院增加违约金的，增加后的违约金数额以不超过实际损失额为限。增加违约金以后，当事人又请求对方赔偿损失的，人民法院不予支持。当事人主张约定的违约金过高请求予以适当减少的，人民法院应当以实际损失为基础，兼顾合同的履行情况、当事人的过错程度以及预期利益等综合因素，根据公平原则和诚实信用原则予以衡量作出裁决。当事人约定的违约金超过造成损失的30%的，一般可以认定为合同法规定的"过分高于造成的损失"。

5. 定金

【例3-20】

〔案情〕2011年1月11日，张小姐与汽车销售公司签订汽车销售合同。合同约定，张小姐向汽车销售公司购买宝马汽车一辆，价款为74.3万元，交车日期最晚至2011年7月。合同另约定，自汽车销售公司应交车之日起算，延误超过7天，则张小姐有权解除合同，汽车销售公司应双倍返还已付定金。签约当天，张小姐支付了定金7万元。但是，约定的交车日期届到，汽车销售公司却未能履行交车义务。为此，张小姐将汽车销售公司诉至法院，认为汽车销售公司的行为明显构成违约，要求判令解除汽车销售合同，汽车销售公司双倍返还定金14万元。

〔问题〕汽车销售公司是否构成违约？应承担哪些违约责任？

〔分析〕本案中张小姐与汽车销售公司之间签订的汽车买卖合同合法有效，合同约定了合同解除的条件及双倍返还定金的约定。张小姐已按约向汽车销售公司给付定金7万元，汽车销售公司在约定的期限内未履行其交付标的物的义务，且明确表示其践约不能，故张小姐主张解除双方签订的汽车销售合同的诉讼请求，符合双方约定的合同解除条件。张小姐要求双倍返还定金的诉讼请求，亦符合合同法规定的给付定金一方不履行约定的债务的，无权要求返还定金；收受定金的一方不履行约定债务的，应当双倍返还定金的规定。

定金是合同一方当事人在合同订立时或履行之前向另一方交付一定数额金钱的担保方式，又称"保证金"。合同双方约定的定金数额不能超过主合同标的额的

20%，超过部分无效，可作为货款处理。定金合同属于实践合同，以定金的实际交付作为合同成立的条件，定金标的额以双方当事人实际交付为准。交付定金方如不能按照合同约定履行合同的，该定金会被没收；接受定金方未按合同约定履行的，应双倍返还定金。

2012年7月1日起施行的《最高人民法院关于审理买卖合同纠纷案件适用法律问题的解释》第28规定："定金不足以弥补违约造成的损失，对方请求赔偿超过定金部分的损失的，人民法院可以并处，但定金和损失赔偿的数额总和不应高于因违约造成的损失。"

当事人在合同中既约定了违约金，又约定了定金的情况下，两者不能并用，当事人只能选择其一适用。

3.8.3 违约责任的免除

【例3-21】

〔案情〕2011年7月，沈先生承租朱先生位于宁波开发区内的一处仓库用以存放货物，租赁期限为两年。进驻仓库不久，沈先生发现仓库顶部和室内下水管多处漏水，下水沟排水不畅，便书面要求出租方维修处理。但出租方仅做了简单维修，沈先生继续使用该仓库。2012年6月中旬的一天突降大暴雨，因仓库排水不畅，大量雨水倒灌进入库区，导致堆放的底层货物全部被浸湿，沈先生直接经济损失达40余万元。事后，沈先生多次致函要求朱先生赔偿。朱先生一方却认为，房屋经过国家质检部门验收合格，没有任何证据证明房屋存在质量问题，且大暴雨属于不可抗力，己方作为普通生产经营单位无法预见也无法避免，不应该承担赔偿责任。

〔问题〕本案中沈先生的损失应如何处理？

〔分析〕沈先生与朱先生之间存在合法有效的租赁合同，租赁合同的出租方应为承租方提供适宜租用的标的物，并保持租赁物的适用性。承租方发现仓库存在瑕疵后即要求出租方整改，但仓库的抗强风暴雨能力无实质性改善，出租方应对该瑕疵造成的财产损失承担赔偿责任。出租方主张的不可抗力的免责事由不能成立。不可抗力作为法定免责事由，是指不能预见、不能避免并不能克服的客观情况。大暴雨作为一种天气现象固然是不可避免的，但是可以预见的，其危害后果也并非完全不可避免。出租方提供的证据只能证明该场暴雨强度历史罕见，属于灾害性天气，与不可抗力之间并不构成必然关系。鉴于承租方也未采取必要的措施避免损失，对本次损失也应承担相应责任。最终，法院依法判决出租方承担60%赔偿责任，赔偿承租方27万元。

违约责任的免除，是指合同当事人的行为虽然构成了违约，但是根据法律的规定或当事人的约定无需承担违约责任的情形。违约责任的免除事由也称免责条件，是指当事人对其违约行为免于承担违约责任的事由。合同法上的免责事由可分为两大类，即法定免责事由和约定免责事由。法定免责事由，是指由法律直接规定、不需要当事人约定即可援用的免责事由，主要指不可抗力；约定免责事由，是指当事人约定的免责条款。

不可抗力主要包括以下几种情形：① 自然灾害，如台风、洪水、冰雹；② 政府行为，如征收、征用；③ 社会异常事件，如罢工、骚乱。不可抗力作为免责条款具有强制性，当事人不得约定将不可抗力排除在免责事由之外。

因不可抗力不能履行合同的，根据不可抗力的影响，违约方可部分或全部免除责任，但当事人迟延履行期间发生的不可抗力不具有免责效力。

免责条款，是指当事人在合同中约定免除将来可能发生的违约责任的条款，其所规定的免责事由即约定免责事由。免责条款的内容由双方当事人约定，但免责条款不能排除当事人的基本义务，也不能排除故意或重大过失的责任，免责条款必须不得违背法律规定和社会公益。

3.9 合同纠纷的法律适用与解决

【例 3-22】

〔案情〕原告 CHIKE 是尼日利亚公民，2007 年 12 月 27 日，CHIKE 与被告宇星捷航广州分公司签订两份《空运委托书》，委托该公司空运衣服、鞋子 3 箱货物共计 118.50 公斤至尼日利亚拉各斯，发货人和收货人均为 CHIKE，货物价值 36 570 元。两份《空运委托书》载明被告宇星捷航公司网站 www.yxcargo.com，所有发往拉各斯的货物由代理人负责清关，提供"仓对仓"服务。该公司网站宣传：我司尼日利亚拉各斯空运专线有 8 年经营经验，运费到付即可，空运预计 5 天到达。《空运委托书》未载明具体发货时间与到达时间，仅在相关栏目空白处注明"两个星期"。2008 年 1 月 11 日，宇星捷航广州分公司签发装箱单，注明运费到付。其后，CHIKE 赶赴尼日利亚拉各斯等待接货，但直至同年 4 月 29 日仍未接到提货通知。CHIKE 遂花费 1.40 万元购买机票返回中国进行交涉。被告辩称货物下落不明的原因在于报关不顺利，非被告主观过错。CHIKE 为准备诉讼支付公证翻译费 2 290 元、交通费 186 元及复印费 50 元。CHIKE 提起诉讼，要求被告赔偿 CHIKE 返回中国机票费用、货物价值、公证翻译费、交通费与复印费共 53 096 元，并赔偿货物利润损失。

〔问题〕本案如何选择适用法律规范？

〔分析〕法院经审理认为，CHIKE 为尼日利亚公民，本案为涉外合同纠纷，因当事人对合同争议所适用的法律未作选择，依照最密切联系原则，本案合同签订地和履行地、两被告住所地均在我国，故以我国法律作为本案争议的准据法。结合被告网站关于"空运预计 5 天到达"的宣传以及对格式条款因素的考虑，"两个星期"应为双方约定的到达时间，故认定被告违约。关于赔偿损失范围，支持机票费用、货物价值、公证翻译费、交通费、复印费等直接损失，但利润损失缺乏充分合理根据，不予支持。法院据此判决被告向 CHIKE 赔偿损失 53 096 元。

3.9.1 合同纠纷的法律适用

1. 合同法与其他法律的适用

合同法是关于合同设立、变更、终止的一般法律规范，在其他法律没有特别规定的情况下，当事人之间发生合同纠纷的，主要适用合同法及该法的司法解释来解决。除合同法外，我国法律体系中有一些法律对本领域内的合同也进行了规定。比如商标法对商标转让合同规定，专利法对技术开发、技术转让合同的规定，等等。在这些领域内发生的合同法律关系，应优先适用该领域的法律规范。

2. 无名合同的法律适用

无名合同，是指在合同法分则中没有明文规定的合同类型，此类合同适用合同法总则部分的规定，并可以参照本法分则或者其他法律最相类似的规定。

3. 涉外合同的法律适用

涉外合同的当事人可以选择处理合同争议所适用的法律，但法律另有规定的除外。涉外合同的当事人没有选择的，适用与合同有最密切联系的国家的法律。一般来讲，合同的签订地、履行地、合同标的物所在地、当事人所在地等都是与合同有最密切联系的地方。

在中华人民共和国境内履行的中外合资经营企业合同、中外合作经营企业合同、中外合作勘探开发自然资源合同，适用中华人民共和国法律。

3.9.2 合同纠纷的解决

合同发生纠纷后，当事人可以通过和解或者调解解决合同争议。当事人不愿和解、调解或者和解、调解不成的，可以根据仲裁协议向仲裁机构申请仲裁。涉外合同的当事人可以根据仲裁协议向中国仲裁机构或者其他仲裁机构申请仲裁。当事人没有订立仲裁协议或者仲裁协议无效的，可以向人民法院起诉。当事人应当履行发生法律效力的判决、仲裁裁决、调解书；拒不履行的，对方可以请求人民法院执行。

3.9.3 合同纠纷的诉讼时效

一般情况下，合同纠纷的诉讼时效是 2 年，自当事人知道或应当知道其权利受到侵害之日起开始计算。因国际货物买卖合同和技术进出口合同争议提起诉讼或者申请仲裁的期限则为 4 年，自当事人知道或者应当知道其权利受到侵害之日起计算。

【本章引例分析提示】

合同中既约定违约金，又约定定金的，守约方只能选其一，不能两者并用。

【课后练习】

一、不定项选择

1. 王某是甲公司的法定代表人，以甲公司名义向乙公司发出书面要约，愿以 10 万元价格出售甲公司的一块清代翡翠。王某在函件发出后 2 小时意外死亡，乙公司回函表示愿意以该价格购买。甲公司新任法定代表人以王某死亡，且未经董事会同意为由拒绝。关于该要约，下列哪一表述是正确的？（   ）（2011 年司法考试题）

  A. 无效　　　B. 效力待定　　　C. 可撤销　　　D. 有效

2. 甲乙双方拟订的借款合同约定：甲向乙借款 11 万元，借款期限为 1 年。乙在签字之前，要求甲为借款合同提供担保。丙应甲要求同意担保，并在借款合同保证人一栏签字，保证期间为 1 年。甲将有担保签字的借款合同交给乙。乙要求从 11 万元中预先扣除 1 万元利息，同时将借款期限和保证期间均延长为 2 年。甲应允，双方签字，乙依约将 10 万元交付给甲。下列哪一表述是正确的？（   ）（2011 年司法考试题）

  A. 丙的保证期间为 1 年　　　　　　B. 丙无需承担保证责任
  C. 丙应承担连带保证责任　　　　　D. 丙应对 10 万元本息承担保证责任

3. 甲公司与乙公司签订并购协议："甲公司以 1 亿元收购乙公司在丙公司中 51% 的股权。若股权过户后，甲公司未支付收购款，则乙公司有权解除并购协议。"后乙公司依约履行，甲公司却分文未付。乙公司向甲公司发送一份经过公证的《通知》："鉴于你公司严重违约，建议双方终止协议，贵方向我方支付违约金；或者由贵方提出解决方案。"3 日后，乙公司又向甲公司发送《通报》："鉴于你公司严重违约，我方现终止协议，要求你方依约支付违约金。"下列哪一选项是正确的？（   ）（2011 年司法考试题）

A. 《通知》送达后，并购协议解除
B. 《通报》送达后，并购协议解除
C. 甲公司对乙公司解除并购协议的权利不得提出异议
D. 乙公司不能既要求终止协议，又要求甲公司支付违约金

4. 2011年5月6日，甲公司与乙公司签约，约定甲公司于6月1日付款，乙公司6月15日交付"连升"牌自动扶梯。合同签订后10日，乙公司销售他人的"连升"牌自动扶梯发生重大安全事故，质监局介入调查。合同签订后20日，甲、乙、丙公司三方合意，由丙公司承担付款义务。丙公司6月1日未付款。下列哪一表述是正确的？（　　）（2011年司法考试题）
A. 甲公司有权要求乙公司交付自动扶梯
B. 丙公司有权要求乙公司交付自动扶梯
C. 丙公司有权行使不安抗辩权
D. 乙公司有权要求甲公司和丙公司承担连带债务

二、案例分析

〔案情〕甲公司委派业务员张某去乙公司采购大蒜，张某持盖章空白合同书以及采购大蒜授权委托书前往。

甲、乙公司于2010年3月1日签订大蒜买卖合同，约定由乙公司代办托运，货交承运人丙公司后即视为完成交付。大蒜总价款为100万元，货交丙公司后甲公司付50万元货款，货到甲公司后再付清余款50万元。双方还约定，甲公司向乙公司交付的50万元货款中包含定金20万元，如任何一方违约，需向守约方赔付违约金30万元。

张某发现乙公司尚有部分绿豆要出售，认为时值绿豆销售旺季，遂于2010年3月1日擅自决定与乙公司再签订一份绿豆买卖合同，总价款为100万元，仍由乙公司代办托运，货交丙公司后即视为完成交付。其他条款与大蒜买卖合同的约定相同。

2010年4月1日，乙公司按照约定将大蒜和绿豆交给丙公司，甲公司将50万元大蒜货款和50万元绿豆货款汇付给乙公司。按照托运合同，丙公司应在10天内将大蒜和绿豆运至甲公司。

2010年4月5日，甲、丁公司签订以120万元价格转卖大蒜的合同。4月7日因大蒜价格大涨，甲公司又以150万元价格将大蒜卖给戊公司，并指示丙公司将大蒜运交戊公司。4月8日，丙公司运送大蒜过程中，因山洪暴发大蒜全部毁损。戊公司因未收到货物拒不付款，甲公司因未收到戊公司货款拒绝支付乙公司大蒜尾款50万元。

后绿豆行情暴涨，丙公司以自己名义按130万元价格将绿豆转卖给不知情的己公司，并迅速交付，但尚未收取货款。甲公司得知后，拒绝追认丙公司行为，要求乙公司返还绿豆。(2010年司法考试题)

问题：

(1) 大蒜运至丙公司时，所有权归谁？为什么？

(2) 甲公司与丁、戊公司签订的转卖大蒜的合同的效力如何？为什么？

(3) 大蒜在运往戊公司途中毁损的风险由谁承担？为什么？

(4) 甲公司能否以未收到戊公司的大蒜货款为由，拒绝向乙公司支付尾款？为什么？

(5) 乙公司未收到甲公司的大蒜尾款，可否同时要求甲公司承担定金责任和违约金责任？为什么？

(6) 甲公司与乙公司签订的绿豆买卖合同效力如何？为什么？

(7) 丙公司将绿豆转卖给乙公司的行为法律效力如何？为什么？

(8) 甲公司是否有权要求乙公司返还绿豆？为什么？

第4章 反垄断法

【本章学习目标】
通过该章的学习,你应该能够:
- 了解反垄断法的发展和现状,掌握垄断行为的种类和特征
- 了解违反反垄断法的法律责任

【本章引例】
索尼公司在自己的数码产品电池上附加智能密钥识别系统,其他品牌的电池在未解码的情况下,无法应用到索尼数码摄像机、照相机上。得迅科技有限公司认为这种做法是索尼在中国滥用市场独占地位实施垄断,捆绑销售。得迅科技公司起诉,要求索尼在中国立即停止使用这种智能识别技术。

请问,索尼公司是否构成反垄断法中的滥用市场独占地位的行为?

4.1 反垄断法概述

4.1.1 垄断的概念

垄断,是指少数具有独占地位的企业凭借其控制的巨额资本、足够的生产经营规模和市场份额,通过协定、同盟、联合、参股等方法,操纵与控制一个或几个部门的商品生产或流通,以获取高额利润。结合我国反垄断法的规定,垄断行为是指排除、限制竞争以及可能排除、可能限制竞争的行为。

4.1.2 反垄断法的世界历史沿革

反垄断法目前在我国还是一种全新的法律制度,但美国早在 100 多年前就已经颁布了这种法律。1879 年,美孚石油公司,即美国石油业第一个托拉斯(资本主义垄断组织的一种形式)的建立,标志着美国历史上第一次企业兼并浪潮的开始,托拉斯从而在美国成为不受控制的经济势力。过度的经济集中不仅使社会中下层人士饱受垄断组织滥用市场势力之苦,而且也使市场普遍失去了活力。在这种背景下,美国在 19 世纪 80 年代爆发了抵制托拉斯的大规模群众运动,这种反垄断思潮导致 1890 年《谢尔曼法》(*Sherman Act*)的诞生。《谢尔曼法》是世界上最早的反

垄断法，从而也被称为世界各国反垄断法之母。

从《谢尔曼法》问世到第二次世界大战结束，这期间，除美国在1914年颁布了《克莱顿法》和《联邦贸易委员会法》作为对《谢尔曼法》的补充外，其他国家的反垄断立法几乎是空白。然而，第二次世界大战一结束，形势发生了很大的变化。首先，在美国的督促和引导下，日本在1947年颁布了《禁止私人垄断和确保公正交易法》，德国于1957年颁布了《反对限制竞争法》。1958年生效的《欧洲经济共同体条约》第85条至第90条是欧共体重要的竞争规则。此外，欧共体理事会1989年还颁布了《欧共体企业合并控制条例》，把控制企业合并作为欧共体竞争法的重要内容。意大利在1990年颁布了反垄断法，它是发达市场经济国家中颁布反垄断法最晚的国家。现在，经济合作与发展组织（OECD）的所有成员国都有反垄断法。

发展中国家反垄断立法的步伐比较慢，这些国家的许多产业部门或者主要产业部门是由国有企业经营的，为了维护国有企业的利益，国家自然就会在这些部门排除竞争，所以发展中国家当时对反垄断法普遍不感兴趣。此外，当时所有的社会主义国家实行计划经济体制，不允许企业间开展竞争，这些国家自然也没有制定反垄断法的必要性。我国当时认为计划经济是最好的经济制度，把竞争视为资本主义制度下的生产无政府状态，认为竞争对社会生产力会造成严重的浪费和破坏，所以我国当时也完全不可能建立一种崇尚竞争和反对垄断的法律制度。

4.1.3　我国反垄断法的发展及现状

我国自20世纪80年代经济体制改革以来，全国人大常委会逐步颁布了一些涉及反垄断的法律，其中最重要的是1997年12月颁布的《中华人民共和国价格法》（以下简称《价格法》）和1993年9月颁布的《中华人民共和国反不正当竞争法》（以下简称《反不正当竞争法》）。

《价格法》第14条第1款规定，经营者不得"相互串通，操纵市场价格，损害其他经营者或者消费者的合法权益"。《反不正当竞争法》第6条规定："公用企业或者其他依法具有独占地位的经营者，不得限定他人购买其指定的经营者的商品，以排挤其他经营者的公平竞争。"第7条规定："政府及其所属部门不得滥用行政权力，限制外地商品进入本地市场，或者本地商品流向外地市场。"第15条规定："投标者不得串通投标，抬高标价或者压低标价。投标者和招标者不得相互勾结，以排挤竞争对手的公平竞争。"这些都体现了国家反垄断的决心。

而反垄断法的立法工作从90年代一直持续到2007年，十届全国人大常委会第二十九次会议8月30日最后经表决通过反垄断法草案，自2008年8月1日起施行。反垄断法明确规定，禁止大型国企借控制地位损害消费者利益，国有经济占控制地位的关系国民经济命脉和国家安全的行业以及依法实行专营专卖的行业，国家对经营者的经营行为及其商品和服务的价格依法实施监管和调控，维护消费者利益。

反垄断法是中国社会主义市场经济内在和本能的要求。这个法律的颁布不仅是中国法制建设中的一件大事，对建立和完善中国社会主义市场法律体系有着极其重要的意义，而且也是中国经济建设中的一件大事，是中国经济体制改革的里程碑。

反垄断法实施3年后，国家工商行政管理总局出台了《工商行政管理机关禁止垄断协议行为的规定》、《工商行政管理机关禁止滥用市场支配地位行为的规定》、《工商行政管理机关制止滥用行政权力排除、限制竞争行为的规定》，作为《中华人民共和国反垄断法》（以下简称《反垄断法》）的配套规章，于2011年2月1日起正式施行。

4.2 反垄断法内容

反垄断法规定的企业垄断经营行为主要包括四种情形：经营者达成垄断协议，经营者滥用市场支配地位，具有或者可能具有排除、限制竞争效果的经营者集中，滥用行政权力排除、限制竞争。

4.2.1 经营者达成垄断协议

垄断协议行为包括无书面或口头协议的默契行为，指在两个以上的经营者之间达成的旨在排除、限制竞争的协议、决定或者其他协同行为。协议或者决定包括书面形式和口头形式。其他协同行为，是指经营者虽未明确订立书面或者口头形式的协议或者决定，但实质上存在协调一致的行为。垄断协议又分为横向垄断协议和纵向垄断协议两种。

横向垄断协议，是指具有竞争关系的经营者之间达成的旨在排除限制相互竞争的协议。主要表现为：固定或者变更商品价格，限制商品的生产数量或者销售数量，分割销售市场或者原材料采购市场，限制购买新技术、新设备或者限制开发新技术、新产品，联合抵制交易。

纵向垄断协议，是指经营者与交易相对人（买受人与出卖人之间一般不存在竞争关系）之间达成的对竞争造成排除、限制影响和作用的协议。主要表现为：固定向第三人转售商品的价格，限定向第三人转售商品的最低价格。

如果经营者能够证明所达成的协议具有法定正当性，这些协议则不受反垄断法禁止。根据我国反垄断法规定，具有法定正当性的情形有：

（1）为改进技术，研究开发新产品。

(2) 为提高产品质量、降低成本、增进效率,统一产品规格、标准或者实行专业化分工。

(3) 为提高中小经营者经营效率,增强中小经营者竞争力。

(4) 为实现节约能源、保护环境、救灾救助等社会公共利益。

(5) 因经济不景气,为缓解销售量严重下降或者生产明显过剩。

(6) 为保障对外贸易和对外经济合作中的正当利益。

(7) 法律和国务院规定的其他情形。

上述前五种情形,经营者还应当证明所达成的协议不会严重限制相关市场的竞争,并且能够使消费者分享由此产生的利益,才能够满足法定正当性要求。

【例4-1】

〔案情〕2006年前后,国美、苏宁等大型家电连锁卖场为了吸引顾客前来购买,不断发起各种形式的彩电促销。在那一系列的促销中,最有效的方式就是直接降价。面对彩电价格的不断跳水,国内几家彩电巨头再也坐不住了。9月,康佳、海信、长虹、TCL、新科等多家国产彩电企业结成价格联盟,表示无论家电连锁企业如何强硬,当年"十一"期间绝对不参与亏本销售的价格战,其中明确决定"宁愿断货也不能让32英寸和37英寸液晶电视出现低于4 999元和7 999元的价格"。但是仅仅一周之后,苏宁电器便在上海宣布,已有数款32英寸和37英寸的国产液晶电视突破了4 999元、7 999元的低价,其中就包括价格联盟中的彩电品牌。彩电价格联盟立刻名存实亡。

〔分析〕这一次国产彩电企业欲结成"价格联盟",虽然最后还是失败了,但这种多家竞争者之间达成固定价格的协议有达成垄断协议的嫌疑,这也属于横向价格垄断协议的具体表现之一。

在各国的反垄断实践中,凡涉及限定产品的价格、价格构成、最低限价或者最高限价的横向垄断协议,反垄断法一般都会被认定为严重的限制竞争行为。因为一旦固定下来的价格成为垄断价格,会大大超过正常价格水平,消费者为此会付出高昂代价,会导致社会收入不公平地从消费者手中转移到联合抬价的生产者手中,严重损害消费者的利益。所以,这样的"价格联盟"也是我国反垄断法主要禁止的垄断行为之一。

4.2.2 滥用市场支配地位

滥用市场支配地位也称为滥用市场竞争优势。滥用市场支配地位,是指具有市场支配地位的经营者,滥用其支配地位,从事排除、限制市场竞争的行为。滥用市场支配地位的行为具有几个特征：① 有关企业实施滥用行为，与其具有市场支配地位之间存在着内在的联系。② 企业从事滥用市场支配地位的行为，不合理地妨碍了其他企业的竞争可能性，或者损害了市场相对人的合同自由及公平交易权。③ 市场上有关企业占有绝对优势，缺乏有效竞争；如果市场上存在有效的竞争，其他企业以及市场相对人就不会遭受这种损害。

1. 滥用市场支配地位的行为

滥用市场支配地位的行为主要表现为：

（1）以不公平的高价销售商品或者以不公平的低价购买商品。

（2）没有正当理由，以低于成本的价格销售商品。

（3）没有正当理由，拒绝与交易相对人进行交易。

（4）没有正当理由，限定交易相对人只能与其进行交易或者只能与其指定的经营者进行交易。

（5）没有正当理由搭售商品，或者在交易时附加其他不合理的交易条件。

（6）没有正当理由，对条件相同的交易相对人在交易价格等交易条件上实行差别待遇。

（7）国务院反垄断执法机构认定的其他滥用市场支配地位的行为。

【例4－2】

〔案情〕1999年至2000年，湖南省益阳市南县浪拔湖信用社在发放农业贷款期间，不直接给农户支付现金，而是给农户开具该信用社的《借款凭证》，《借款凭证》的款额在300元到500元不等。该《借款凭证》只能在浪拔湖乡范围内使用，农户持《借款凭证》只能到该信用社指定的商店购买化肥、农药、种子。当时，益阳市工商局依据反不正当竞争法有关规定作出责令停止违法行为并处5万元罚款的处罚决定。

〔分析〕根据反垄断法，南县浪拔湖信用社的行为实际上是利用了它在南县浪拔湖乡独家发放农业贷款的支配地位，没有正当理由，限定申请贷款的农民只能与其指定的经营者进行交易，属于滥用市场支配地位的垄断行为。

2. 市场支配地位的认定

市场支配地位，是指经营者在相关市场内具有能够控制商品价格、数量或者其他交易条件，或者能够阻碍、影响其他经营者进入相关市场能力的市场地位。

认定经营者具有市场支配地位，应当依据下列因素：

（1）该经营者在相关市场的市场份额，以及相关市场的竞争状况。

（2）该经营者控制销售市场或者原材料采购市场的能力。

（3）该经营者的财力和技术条件。

(4) 其他经营者对该经营者在交易上的依赖程度。
(5) 其他经营者进入相关市场的难易程度。
(6) 与认定该经营者市场支配地位有关的其他因素。

另外,如果经营者有下列情形之一的,可推定经营者具有市场支配地位:
(1) 一个经营者在相关市场的市场份额达到1/2的。
(2) 两个经营者在相关市场的市场份额合计达到2/3的。
(3) 三个经营者在相关市场的市场份额合计达到3/4的。

有前款(2)、(3)规定的情形,有的经营者市场份额不足1/10的,不应当推定该经营者具有市场支配地位。此外,被推定具有市场支配地位的经营者,有证据证明不具有市场支配地位的,则不认定其具有市场支配地位。

【例4-3】

〔案情〕现在很多餐馆、酒店、商场等商家都有银联的POS刷卡机,消费者在消费时可以直接使用银行卡刷卡付账,虽然这种方式方便了消费者,可是银行要向商家收取一定的手续费。银联规定珠宝行业、娱乐行业、餐饮行业的刷卡手续费为2%,而商场消费等其他行业或领域的刷卡手续费却仅为0.5%~1.5%不等。

据中国烹饪协会调查,在给央行的公开信中指出,2009年全国住宿、餐饮零售额为17 998亿元,如果全行业刷卡率达到20%,则全国餐饮刷卡消费金额约为3 600亿元,刷卡手续费用达72亿元,多支付的营业税金及附加多达4亿元。而随着物价、房租、人工成本的不断上涨,餐饮行业利润微薄。据山西省烹饪协会的调查显示,2010年平均刷卡率占营业额的28.76%,刷卡额4.95亿元,交缴银联手续费达990.4万元,刷卡手续费已经成为餐饮业的负担。

而这个手续费就成了银行和餐饮业矛盾的导火索,从2004年开始至今,全国各大省市地区的餐饮界都曾在消费者付费时拒绝接受刷银行卡。包括北京、河北、河南等地在内的27个省份的餐饮界企业、协会联合也曾致信中国人民银行,要求取消或降低在餐饮行业内的刷卡手续费。

〔问题〕究竟银联收取餐饮行业每单2%的刷卡手续费是否构成滥用市场地位的垄断行为?

〔分析〕我们可以两个方面进行分析:

第一,银联是否具有市场的独占地位?中国银联是经国务院同意、中国人民银行批准设立的中国银行卡联合组织,各银行通过银联跨行交易清算系统,实现了系统间的互联互通,进而使银行卡得以跨银行、跨地区和跨境使用。可以说,中国境内以人民币进行交易的支付卡,只有中国银联被允许提供电子支付服务,其市场独占的地位是不可否认的。

第二，银联的行为是否构成滥用其市场独占地位？《反垄断法》第17条第（六）项禁止具有市场支配地位的经营者，在没有正当理由的情况下，对条件相同的交易相对人在交易价格等交易条件上实行差别待遇。珠宝行业、娱乐行业、餐饮行业的刷卡手续费为2%，而商场消费等其他行业或领域的刷卡手续费却为0.5%～1.5%不等。这其中存在明显的差别。即使珠宝行业、娱乐行业和餐饮行业的利润率相对比较高，但这也不能成为银行提高这几个行业刷卡手续费的理由。不管这些行业的利润率如何，只要银行为这些行业的经营者提供刷卡服务时的成本基本一致，对银行来说，他们的刷卡手续费标准也应该一致。

《反垄断法》第17条第（一）项，禁止具有市场支配地位的经营者以不公平的高价销售商品。所以，银行确定餐饮、娱乐、珠宝等行业的刷卡手续费为2%，确实需要审查这些行业是否存在暴利或不公平的高价收费。

4.2.3 经营者集中

经营者集中，不仅指两个以上的经营者合并后形成一个更大的经营者，因而影响到市场的结构和竞争状态，而且指一个经营者通过特定的行为取得对另外的经营者部分或者全部控制权，同样影响到市场的结构及竞争状态。经营者集中的后果是双重的：一方面，有利于发挥规模经济的作用，提高经营者的竞争能力；另一方面，过度集中又会产生或加强市场支配地位，限制竞争，损害效率。

反垄断法规定了三种经营者集中的形式：① 经营者合并；② 经营者通过取得股权或者资产的方式取得对其他经营者的控制权；③ 经营者通过合同等方式取得对其他经营者的控制权或者能够对其他经营者施加决定性影响。

这三种形式的经营者集中并不意味着就一定是垄断行为。在经济全球化时代，经营者集中是发展规模经济、提高经营者竞争能力的重要手段，也是经营者通过市场竞争做大做强的重要表现。但是，过度的经营者集中，特别是影响市场结构和竞争状态、产生垄断（即独占性经营）的集中，也会导致或加强其市场支配地位，在一定范围限制竞争，损害市场的效率。所以，作为垄断行为表现的经营者集中，在客观上应具有或者可能具有排除、限制竞争的效果。

为防止经营者集中，我国采取事前申报的强制申报制度。国务院2008年8月颁布了《关于经营者集中申报标准的规定》，经营者集中达到下列标准之一的，经营者应当事先向国务院商务主管部门申报，未申报的不得实施集中：

（1）参与集中的所有经营者上一会计年度在全球范围内的营业额合计超过100亿元人民币，并且其中两个经营者上一会计年度在中国境内的营业额均超过4亿元人民币。

(2) 参与集中的所有经营者上一会计年度在中国境内的营业额合计超过 20 亿元人民币,并且其中两个经营者上一会计年度在中国境内的营业额均超过 4 亿元人民币。营业额的计算,应当考虑银行、保险、证券、期货等特殊行业和领域的实际情况。

国务院反垄断执法机构应当在法定期限内对经营者提交的文件、资料进行初步审查,作出审查决定。审查经营者集中,应当考虑下列因素:

(1) 参与集中的经营者在相关市场的市场份额及其对市场的控制力。
(2) 相关市场的市场集中度。
(3) 经营者集中对市场进入、技术进步的影响。
(4) 经营者集中对消费者和其他有关经营者的影响。
(5) 经营者集中对国民经济发展的影响。
(6) 国务院反垄断执法机构认为应当考虑的影响市场竞争的其他因素。

国务院反垄断执法机构作出不实施进一步审查的决定或者逾期未作出决定的,经营者可以实施集中。审查期间,经营者不得实施集中。经营者集中具有或者可能具有排除、限制竞争效果的,国务院反垄断执法机构应当作出禁止经营者集中的决定。但是,经营者能够证明该集中对竞争产生的有利影响明显大于不利影响,或者符合社会公共利益的,国务院反垄断执法机构可以作出对经营者集中不予禁止的决定。

【例 4 - 4】

〔案情〕2008 年 9 月,中国汇源果汁集团有限公司表示,全球最大软饮料制造商——可口可乐公司报价 179 亿港元(约合 23 亿美元),欲以现金方式收购该公司。汇源果汁在中国纯果汁市场占有 46% 的市场份额,中浓度果汁也占到 39.8% 的市场份额,是毫无争议的行业龙头。可口可乐旗下的果汁子品牌占有 25.3% 的市场份额,位居第二。两者若合并,将占市场份额 70% 以上,将对"统一"等其他果汁饮料企业形成很大的竞争压力。

根据从 2008 年 1 月 1 日开始实施的反垄断法的要求,可口可乐收购汇源须到商务部进行申报审查。经过近半年的审查,最终该次申报未通过反垄断调查,被认定收购会影响或限制竞争,不利于中国果汁行业的健康发展。

〔分析〕商务部具体阐述了未通过审查的三个原因:

第一,集中完成后,可口可乐公司有能力将其在碳酸软饮料市场上的支配地位传导到果汁饮料市场,对现有果汁饮料企业产生排除、限制竞争效果,进而损害饮料消费者的合法权益。

第二,品牌是影响饮料市场有效竞争的关键因素,集中完成后,可口可乐公司通过控制"美汁源"和"汇源"两个知名果汁品牌，对果汁市场的控制力将明显增强，加之其在碳酸饮料市场已有的支配地位以及相应的传导效应，集中将使潜在竞争对手进入果汁饮料市场的障碍明显提高。

第三，集中挤压了国内中小型果汁企业生存空间，抑制了国内企业在果汁饮料市场参与竞争和自主创新的能力，给中国果汁饮料市场有效竞争格局造成不良影响，不利于中国果汁行业的持续健康发展。

反垄断法是保护市场公平竞争的法律，对达到反垄断法规定的营业额以上的企业进行经营者集中审查的目的，不是反对企业扩大规模，而是避免因规模扩大带来的反竞争效果。它不仅有利于企业的健康发展，有利于市场机制的正常运行，更重要的是有助于营造一个公平竞争的环境。

4.2.4 滥用行政权力排除、限制竞争

滥用行政权力排除、限制竞争，即通常所称的"行政垄断"，行政机关和法律、法规授权的具有管理公共事务职能的组织不得滥用行政权力，限定或者变相限定单位或者个人经营、购买、使用其指定的经营者提供的商品。这种行为的主体不是经营者，而是行政机关和法律、法规授权的具有管理公共事务职能的组织。根据我国反垄断法规定，行政机关和法律、法规授权的具有管理公共事务职能的组织，其以下行为是滥用行政权力排除、限制竞争的行为：

1. 滥用行政权力进行市场封锁

行政机关和法律、法规授权的具有管理公共事务职能的组织不得滥用行政权力，实施下列行为，妨碍商品在地区之间的自由流通：

（1）对外地商品设定歧视性收费项目，实行歧视性收费标准，或者规定歧视性价格。这种行为是从维护本地经营者的利益角度出发的，对外地商品单独征收费用，实行不一样的收费标准，商品定价高于本地同类商品价格。

（2）对外地商品规定与本地同类商品不同的技术要求及检验标准，或者对外地商品采取重复检验、重复认证等歧视性技术措施，限制外地商品进入本地市场。

（3）采取专门针对外地商品的行政许可，限制外地商品进入本地市场。

（4）设置关卡或者采取其他手段，阻碍外地商品进入或者本地商品运出。这是传统的滥用行政权力进行地方封锁的措施，如有些地方设置关卡阻拦农民生猪外运、不许大白菜外销等行为。

（5）妨碍商品在地区之间自由流通的其他行为。

这些行为都有共同的特点，即从表面上看好像是维护了当地市场的稳定，但实际上损害了外地竞争者公平竞争的权利和本地消费者的自主选择权。

2. 滥用行政权力排斥或者限制外地经营者参与本地招标投标活动

招标投标是进行大宗货物的买卖、工程项目的发包和承包、服务项目的采购和提供所经常采用的交易方式。招标投标的基本原则和特征就是公开、公平、透明和高效，追求的就是公平竞争。如果滥用行政权力来对招标投标加以限制，则使公平荡然无存。所以，行政机关和法律、法规授权的具有管理公共事务职能的组织不得滥用行政权力，以设定歧视性资质要求、评审标准或者不依法发布信息等方式，排斥或者限制外地经营者参加本地的招标投标活动。

3. 滥用行政权力排斥或限制外地经营者在本地投资或设立分支机构

由于历史原因，我国在有些行业中存在垄断的现象，但自从加入"世贸"组织以后，我国出台和修改了多部法律、行政法规，在几大传统垄断行业中引进竞争机制，在保险、银行等服务领域承诺允许外国资本的进入。2005年国务院发布的《关于鼓励支持和引导个体经营私营等非公有制经济发展的若干意见》，也明确允许非公有制资本进入传统行业和领域，如电信、电力、铁路、民航、石油等行业。《反垄断法》第35条规定："行政机关和法律、法规授权的具有管理公共事务职能的组织不得滥用行政权力，采取与本地经营者不平等待遇等方式，排斥或者限制外地经营者在本地投资或者设立分支机构。"

4. 滥用行政权力强制经营者从事垄断行为

行政机关和法律、法规授权的具有管理公共事务职能的组织不得滥用行政权力，强制经营者从事本法规定的垄断行为，如建立价格同盟或者签订垄断协议等，这种行政垄断行为的危害性很大，所以法律作出了禁止性的规定。

5. 滥用行政权力制定含有排除、限制竞争内容的规定

行政机关利用手中的权力，从自身利益出发，通过制定规范性文件，如规章、地方性法规的方式，明确排除、限制竞争的内容，以书面文件确定行政垄断。这类行为是对行政机关形象的损害，也是对市场经济公平竞争秩序的损害。所以，《反垄断法》第37条规定："行政机关不得滥用行政权力，制定含有排除、限制竞争内容的规定。"

【例4-5】

〔案情〕2008年，鄱阳县政府在江西政府采购网上挂出《鄱阳县药品配送定点企业公开招标公告》："鄱阳县政府采购中心根据'公开、公平、公正'的原则，就我县药品配送定点企业进行公开招标，现邀请省内具有药品、医疗器材、配送企业前来投标。"但在该公告第七大项"投标人资质要求"中写着投标企业必须是"在鄱阳县工商行政管理局注册的法人企业"。说是公开、公平、公正，其实不然，这个要求不是将门槛提高了，而是将外地有实力的大公司直接逐出局。据调查，此

举的目的就是要将鄱阳县的药品配送生意让本地公司来经营,从而提高当地税收。此次招标,最终以只有本地的盘尼西林医药公司一家报名,原定的开标大会因"流产"而被迫草草收场。

〔问题〕鄱阳县政府的该行为是否符合法律规定?

〔分析〕鄱阳县政府的这种做法明显有不妥之处。我国现行的招投标法和反垄断法都有规定:依法必须进行招标的项目,其招标投标活动不受地区或者部门的限制。任何单位和个人都不得违法限制或者排斥本地区、本系统以外的法人或者其他组织参加投标,不得以任何方式非法干涉招标投标活动。鄱阳县政府的这种行为就是属于利用行政权力,将符合条件的外地经营者完全挡在了应该公平进行的招标投标竞争之外,从而保证本地企业能顺利中标。这种地方保护主义的做法严重破坏了公平的竞争秩序,是反垄断法明文禁止的。

4.3 反垄断法的实施

4.3.1 合法垄断行业

在现代市场经济中,有这样一类特殊的群体,国家会出于社会公益或国家利益的考虑,为其垄断行为披上合法的外衣。该类垄断行业大都是供水、供电、交通运输等涉及国计民生的关键领域,其运营水平的高低、技术管理创新程度的强弱对社会整体利益和国家经济发展具有重要影响,而且这些行业从国防、经济或自身天然属性等方面来考虑,也不适宜重复建设和多家经营;同时,传统经济学理论认为,国家重要税源行业特别是公用行业必须由国家来运营,因为公用事业具有规模经济效应和沉淀成本,并且有利于保护国家利益和促进市场经济的良性发展。

《反垄断法》第7条规定:"国有经济占控制地位的关系国民经济命脉和国家安全的行业以及依法实行专营专卖的行业,国家对其经营者的合法经营活动予以保护,并对经营者的经营行为及其商品和服务的价格依法实施监管和调控,维护消费者利益,促进技术进步。"由此可以看出,我国的合法垄断行业是指在国民经济中占控制地位,由国有或国有控股大型企业构成的行业,包括涉及经济、安全考虑的自然垄断行业与合法专营专卖行业两大类。

1. 自然垄断行业

我国的自然垄断行业种类繁多,涉及电力、电信、邮政、自来水、煤气、交通运输、石油、军工等多个门类,它们都是在国民经济中占有控制地位的、关系国民经济命脉和国家安全的行业。但最近几年,有些自然垄断行业也在改革,并取得了一些政企分离、引进竞争机制的成果。如民航业继2002年行业重组成立六大民航企业后，2007年下发《民航空中交通管理体制改革方案》，以此为基础逐步实行了空管行业管理职能与运行职能的分离，使民航实现了政企分离、政事分开；电力行业也开始实施厂网分开，重组发电和电网企业实行竞价上网，并于2005年出台多部"办法"改革电价，规定容量电价由政府来决定，电量电价则由市场竞争形成。

2. 合法专营专卖行业

我国现有的实施专营专卖的行业主要有烟草业、食盐、甘草和麻黄草、化肥、农药等。以烟草和食盐行业为例，烟草专卖具有专营与管制的双重内涵：满足国之所需、民之所用必须实行专营；为确保烟草制品质量，防止过度生产导致过度浪费，严重危害人身健康又必须实行管制。食盐行业也是出于社会公益的考虑，保护公民的身体健康，规范食盐生产、流通秩序，实现国家利益和人民群众的用碘安全，因而实施专营。

4.3.2 反垄断的主管机关和执法机构

依据反垄断法的规定，目前执法机构已经成立了3个：商务部下设的反垄断局、国家发展改革委员会下设的价格监督检查司、国家工商行政管理总局下设的反垄断与不正当竞争执法局，3个机构的共同领导机构为国务院反垄断委员会。4个机构分工合作，共同执行和监督反垄断法。

国务院反垄断委员会的职责是：① 研究拟定有关竞争政策；② 组织调查、评估市场总体竞争状况，发布评估报告；③ 制定、发布反垄断指南；④ 协调反垄断行政执法工作。

反垄断局的主要职责是：负责审查经营者集中行为，指导中国企业在国外的反垄断应诉工作以及开展多双边竞争政策国际交流与合作。

价格监督检查司的主要职责是负责依法查处价格垄断协议行为。国家和省两级具有行政执法权，市县两级是配合调查，跨省案件由国家发改委负责指定牵头办案或者联合办案，重大案件由国家发改委直接组织查处。

反垄断与不正当竞争执法局的主要职责是负责垄断协议、滥用市场支配地位、滥用行政权力排除限制竞争的反垄断执法（价格垄断协议除外）等方面的工作。

4.3.3 对涉嫌垄断行为的调查

对涉嫌垄断行为，任何单位和个人有权向反垄断执法机构举报。反垄断执法机构应当为举报人保密。举报采用书面形式并提供相关事实和证据的，反垄断执法机构应当进行必要的调查。

反垄断执法机构调查涉嫌垄断行为，可以采取下列措施：① 进入被调查的经营者的营业场所或者其他有关场所进行检查;② 询问被调查的经营者、利害关系人或者其他有关单位或者个人,要求其说明有关情况;③ 查阅、复制被调查的经营者、利害关系人或者其他有关单位或者个人的有关单证、协议、会计账簿、业务函电、电子数据等文件、资料;④ 查封、扣押相关证据;⑤ 查询经营者的银行账户。

采取前款规定的措施,应当向反垄断执法机构主要负责人书面报告,并经批准。反垄断执法机构调查涉嫌垄断行为,执法人员不得少于2人,并应当出示执法证件。执法人员进行询问和调查,应当制作笔录,并由被询问人或者被调查人签字。反垄断执法机构及其工作人员对执法过程中知悉的商业秘密负有保密义务。

被调查的经营者、利害关系人或者其他有关单位或者个人应当配合反垄断执法机构依法履行职责,不得拒绝、阻碍反垄断执法机构的调查。被调查的经营者、利害关系人有权陈述意见。反垄断执法机构应当对被调查的经营者、利害关系人提出的事实、理由和证据进行核实。

反垄断执法机构对涉嫌垄断行为调查核实后,认为构成垄断行为的,应当依法作出处理决定,并向社会公布。对反垄断执法机构调查的涉嫌垄断行为,被调查的经营者承诺在反垄断执法机构认可的期限内采取具体措施消除该行为后果的,反垄断执法机构可以决定中止调查。中止调查的决定应当载明被调查的经营者承诺的具体内容。

反垄断执法机构决定中止调查的,应当对经营者履行承诺的情况进行监督。经营者履行承诺的,反垄断执法机构可以决定终止调查。有下列情形之一的,反垄断执法机构应当恢复调查:① 经营者未履行承诺的;② 作出中止调查决定所依据的事实发生重大变化的;③ 中止调查的决定是基于经营者提供的不完整或者不真实的信息作出的。

4.4 违反反垄断法的法律责任

4.4.1 民事责任

《反垄断法》第50条规定:"经营者实施垄断行为,给他人造成损失的,依法承担民事责任。"即经营者应承担对他人造成损失的民事赔偿责任。

4.4.2 行政责任

经营者违反规定达成并实施垄断协议的,由反垄断执法机构责令停止违法行为,没收违法所得,并处上一年度销售额1%以上10%以下的罚款;尚未实施所达成的垄断协议的,可以处50万元以下的罚款。经营者主动向反垄断执法机构报告达成垄断协议的有关情况并提供重要证据的,反垄断执法机构可以酌情减轻或者免除对该经营者的处罚。行业协会违反本法规定,组织本行业的经营者达成垄断协议的,反垄断执法机构可以处50万元以下的罚款;情节严重的,社会团体登记管理机关可以依法撤销登记。

经营者违反规定滥用市场支配地位的,由反垄断执法机构责令停止违法行为,没收违法所得,并处上一年度销售额1%以上10%以下的罚款。

经营者违反规定实施集中的,由国务院反垄断执法机构责令停止实施集中、限期处分股份或者资产、限期转让营业以及采取其他必要措施恢复到集中前的状态,可以处50万元以下的罚款。

行政机关和法律、法规授权的具有管理公共事务职能的组织滥用行政权力,实施排除、限制竞争行为的,由上级机关责令改正;对直接负责的主管人员和其他直接责任人员依法给予处分。反垄断执法机构可以向有关上级机关提出依法处理的建议。

4.4.3 刑事责任

美国、法国、日本等国的反垄断立法中规定了对经营者滥用市场支配地位的刑事责任,但中国的反垄断法并没有相应的规定。但是,反垄断执法机构工作人员滥用职权、玩忽职守、徇私舞弊或者泄露执法过程中知悉的商业秘密,构成犯罪的,依法追究刑事责任。

【例4-6】

〔案情〕2009年,律师周泽以反垄断法为据,以消费者身份对中国移动通信集团北京有限公司及中国移动通信集团有限公司(以下合称"中国移动")提起反垄断诉讼,要求法院判令被告停止滥用市场支配地位强行向包括周泽在内的全球通用户每月收取"月租费"的侵权行为,并要求退还近两年来收取周泽的"月租费"。

周泽诉称,中国移动在中国占有移动通信服务市场超过70%份额,具有市场支配地位。且中国移动滥用其市场支配地位,在不存在租赁关系的情况下,对作为全球通手机用户的周泽收取每月50元左右的月租费。

中国移动辩称,不存在对周泽附加交易条件和价格差别待遇,而且移动通信服务市场是有竞争的,中国移动不存在垄断,不具有市场支配地位。

〔分析〕经过两次开庭,原、被告双方都表示愿意接受调解。周泽表示,经过法官分别做工作,出于对法院工作的理解和中国移动接受调解实际上已在一定程度上承认了自己的诉讼请求,周泽遂接受法官建议,与中国移动达成和解协议。中国移动将周泽携号转为不收取月租费的移动通信服务，并以"奖励"名义支付周泽1 000元补偿。

这是反垄断法施行以来，国内垄断企业被诉垄断的案件中首例原告获得被告补偿的案件。据周泽介绍，本案承办法官在说服他接受调解条件的过程中表示，无论以什么名义对周泽进行补偿，至少中国移动对其移动通信服务的收费不再显得那么理直气壮。这在反垄断法的实施中具有里程碑似的意义。

【引例分析提示】

反垄断法规定经营者滥用市场支配地位的行为，是指具有市场支配地位的经营者，滥用其支配地位，从事排除、限制市场竞争的行为。捆绑销售并不一定就是垄断，是否构成垄断，要从两个方面来判断：索尼公司是否具有市场独占地位，是否存在有效的竞争对手？索尼公司捆绑销售电池的行为是否属于没有正当理由搭售商品？

【课后练习】

不定项选择题

1. 下列不属于垄断协议的是（　　）。(2009年司法考试题)
   A. 家乐福和沃尔玛约定：前者占北京市场，后者占天津市场
   B. 因为价格问题，甲乙两家汽车厂口头约定都不购买丙钢铁公司的钢材
   C. 甲药厂和乙医药连锁超市约定：后者出售前者的某种专利药品只能按某价格出售
   D. 甲药厂和乙医药连锁超市约定：后者出售前者的某种专利药品最高按某价格出售
   E. 乙医药连锁超市和甲药厂约定：前者只按照某最低价格从后者进货

2. 在某市场，甲乙丙分别占据着40%、30%、9%的份额，其他经营者的都不足1%。那么，关于甲乙丙市场支配地位的表述正确的是（　　）。(2009年司法考试题)
   A. 认定甲有　　　　　　　　B. 推定甲有
   C. 推定乙有　　　　　　　　D. 推定丙有

3. 根据反垄断法的规定，关于经营者集中的说法，下列哪些选项是正确的？（　　）(2010年司法考试题)
   A. 经营者集中就是指企业合并
   B. 经营者集中实行事前申报制，但允许在实施集中后补充申报

C. 经营者集中被审查时，参与集中者的市场份额及其市场控制力是一个重要的考虑因素
D. 经营者集中如被确定为可能具有限制竞争的效果，将会被禁止

4. 滥用行政权力排除、限制竞争的行为，是我国反垄断法规制的垄断行为之一。关于这种行为，下列哪些选项是正确的？（　　）（2008 年司法考试题）

A. 实施这种行为的主体，不限于行政机关
B. 实施这种行为的主体，不包括中央政府部门
C. 反垄断法对这种行为的规制，限定在商品流通和招投标领域
D. 反垄断法对这种行为的规制，主要采用行政责任的方式

第5章 反不正当竞争法

【本章学习目标】

通过该章的学习，你应该能够：
- 了解反不正当竞争法的发展现状，掌握其与反垄断法及其他经济法的关系
- 了解不正当竞争行为的表现形式及应该承担的法律责任

【本章引例】

瑞典一家展示器材公司制造的展示器材在国际上非常有名，该商品于1997年进入中国市场。某广告公司在购买展示器材公司的产品时得到其制作的广告。该广告很有特色，广告公司遂大量模仿、抄袭展示器材公司的广告，包括广告摄影作品、广告彩色图片和广告语等。除部分文字说明和公司名称不同外，广告公司制作和投放市场的广告的版面设计及其使用的照片、图片、图案及其排列组合，与展示器材公司的广告几乎完全相同。展示器材公司以广告公司模仿其广告、构成不正当竞争行为为由，向法院起诉。

请问，广告公司的这种"模仿"的行为是否属于不正当竞争行为？

5.1 反不正当竞争法概述

5.1.1 竞争与不正当竞争

市场竞争是市场经济的基本特征。在市场经济条件下，企业从各自的利益出发，为取得较好的产销条件、获得更多的市场资源而竞争。通过竞争，实现企业的优胜劣汰，进而实现生产要素的优化配置。市场竞争的方式可以有多种多样，比如，有产品质量竞争、广告营销竞争、价格竞争、产品式样和花色品种竞争等，即通常所说的市场竞争策略。

正当竞争，是指经营者采用符合国家法律、遵守社会公认的商业道德、信守诚实信用原则的商业手段进行竞争的行为。社会主义市场经济的发展鼓励正当的竞争。

不正当竞争是对正当竞争行为的违反和侵害，因此，凡是在竞争过程中采用虚假、欺诈、损人利己的违反国家法律手段进行竞争，都是不正当竞争行为，都会

损害其他经营者的合法权益,扰乱社会经济秩序。不正当竞争行为有如下特征:

(1) 不正当竞争行为的主体是存在竞争关系的经营者。所谓经营者,是指从事商品经营或营利性服务的法人、其他经济组织和个人。非经营者不是竞争行为主体,所以不能成为不正当竞争行为的主体。但是在有些情况下,非经营者的某些行为也会妨害经营者的正当经营活动,侵害经营者的合法权益,这种行为也是反不正当竞争法的规制对象。比如,政府及其所属部门滥用行政权力妨害经营者的正当竞争行为就是这种类型。

【例 5-1】

〔案情〕南通市的何氏公司是一家装修公司,经营范围为装饰设计、施工。2011 年 4 月,何氏公司在当地媒体上刊登多期广告,主题为整装团购,并在显著位置载明:"原价 2 180 元科勒马桶,何氏补贴价 599 元!"并且,在何氏公司与其客户签订的《住宅室内装饰装修工程施工合同预算书》中也记载"科勒马桶 1 套,599 元"。而科勒卫浴产品在南通地区唯一授权销售商鼎好公司认为,何氏公司通过广告形式宣传原价 2 180 元的科勒坐便器以 599 元销售,属于低于成本价销售,构成不正当竞争(事后相关证据显示,该科勒马桶在 2011 年 3、4 月出厂价为 850 元,建议展厅标价 2 180 元,何氏公司的同期进货价约为 1 030 元,其 599 元的销售价确实远低于出厂价)。鼎好公司请求法院判令何氏公司立即停止不正当竞争行为,销毁相关宣传资料并赔礼道歉。

〔问题〕何氏公司的该行为是否对鼎好公司构成不正当竞争?

〔分析〕根据我国《反不正当竞争法》第 11 条第 1 款规定:"经营者不得以排挤竞争对手为目的,以低于成本的价格销售商品。"由此可见,构成此类不正当竞争行为须同时符合以下法定要件:其一,行为人主观上具有排挤竞争对手的意图和目的;其二,行为人客观上以低于成本的价格销售商品。

根据相关的证据,何氏公司确实存在以低于成本的价格销售商品的行为,但何氏公司低于成本销售的目的在于吸引消费者选择其装修服务,而非占领该类卫生洁具销售市场,在主观上不具有排挤竞争对手的意图和目的,而且鼎好公司是科勒卫浴产品在南通地区唯一授权的经销商,对该产品的销售应具有优势地位,何氏公司在销售科勒卫浴产品市场上显然不具有明显的市场优势和竞争力,也就更谈不上其实施的低价销售行为能够"排挤竞争对手",故不能认定其低价销售行为构成不正当竞争。①

---

① 《人民法院报》,2012.06.01 第 3 版。

(2) 不正当竞争行为是违法行为。不正当竞争行为的违法性，主要表现在违反了反不正当竞争法的规定，既包括违反了关于禁止各种不正当竞争行为的具体规定，也包括违反了该法第 2 条的原则规定。经营者的某些行为虽然表面上难以确认为该法明确规定的不正当竞争行为，但是只要违反了自愿、平等、公平、诚实信用原则或违反了公认的商业道德，损害了其他经营者的合法权益，扰乱了社会经济秩序，也应认定为不正当竞争行为。

(3) 不正当竞争行为是一种侵权行为。不正当竞争行为的侵权性，是指不正当竞争行为已经损害或者可能损害经营者的合法权益。不正当竞争行为采用不正当的手段破坏市场竞争秩序，损害其他经营者的合法权益，使守法的经营者蒙受物质上与精神上的双重损害。"其他经营者"应当做广义的理解，既包括实际的经营者，也包括潜在的经营者。另外，一些不正当竞争行为还有可能损害消费者的利益，比如虚假广告与欺骗性有奖销售等。

(4) 不正当竞争行为具有社会危害性。不正当竞争行为不仅直接或者间接地损害了竞争者和消费者的利益，更重要的是，与一般侵权行为相比，还危害市场竞争机制的正常作用。

5.1.2 反不正当竞争法

世界各国关于反不正当竞争法的立法模式各异，有的国家采用专门立法模式，制定反不正当竞争法；有的国家将反不正当竞争与反垄断合并立法，制定统一的竞争法；还有的国家采用综合立法模式，在相关法律中设专章、专节或者特别条款来规范不正当竞争行为。

我国反不正当竞争立法最早开始于 1980 年国务院发布的《关于开展和保护社会主义竞争的暂行规定》，1982 年《广告管理暂行条例》第一次以经济立法的形式明确提出反不正当竞争的规定。1993 年 9 月 2 日，第六届全国人大常委会第三次会议通过了《中华人民共和国反不正当竞争法》（以下简称《反不正当竞争法》），于同年 12 月 1 日起施行。《反不正当竞争法》是我国第一部全面规范市场竞争秩序的法律，也是我国规制不正当竞争行为的基本法，该法概括了四种限制竞争的行为，七种不正当竞争的行为。

5.1.3 反不正当竞争法与相邻法的关系

作为市场规制法的一个独立部门法，反不正当竞争法有着自己独特的调整对象，即市场中的经营者从事不正当竞争行为所引起的社会关系。与此同时，作为调整和规范市场经济活动的法律部门，反不正当竞争法又与相关法有着密切的关系。

1. 反不正当竞争法与反垄断法的关系

我国直到 2008 年才正式实施反垄断法，在此之前，垄断的行为一直是由反不正当竞争法中的限制竞争行为调整的。作为竞争法的两个独立的分支部门，反不正当竞争法与反垄断法是保护公平竞争的两个重要的法律。反不正当竞争法和反垄断法在制定和实施过程中相互配合，互为补充，其终极目标都在于促进和维护自由的竞争机制和公平的竞争秩序，规范市场竞争行为，保护经营者、消费者的合法权益和社会公共利益。

2. 反不正当竞争法与消费者权益保护法的关系

作为市场规制法的两个分支部门，反不正当竞争法与消费者权益保护法在价值目标和社会功能上有着密切的联系，存在着较强的互补性。反不正当竞争法在规范不正当竞争行为、保护社会公共利益的同时，也实现了对消费者权益的保护；而且从发展趋势来看，反不正当竞争法越来越多地表现出强调保护消费者权益的倾向。而消费者权益保护法在通过规定经营者的义务以保障消费者权益的同时，客观上也对市场竞争秩序起到了积极的维护作用。

3. 反不正当竞争法与其他经济法的关系

产品质量法、价格法和广告法都是市场规制法的分支部门法，分别对产品质量、价格和广告活动进行调整和规范。反不正当竞争法是维护市场秩序的基本法，对市场竞争中的各种不正当竞争行为进行约束和制止，其中包括涉及产品质量、价格和广告活动的不正当竞争行为。所以，反不正当竞争法与产品质量法、价格法以及广告法之间存在着重叠与交叉的关系，在涉及产品质量、价格和广告活动的不正当竞争行为时，就会发生反不正当竞争法与产品质量法、价格法以及广告法竞合的问题。此时，相对于不正当竞争行为而言，反不正当竞争法是一般法，产品质量法、价格法以及广告法是特别法，根据特别法优于一般法的适用原则，应优先适用产品质量法、价格法以及广告法的规定。

5.2 不正当竞争行为

对于不正当竞争行为的界定，我国现行的反不正当竞争法有一个特点，它既规定了行为的一般定义，又对具体行为作出了规范。一般定义，亦称概括条款，属于规范性法律概念。《反不正当竞争法》第 2 条规定："经营者在市场交易中，应当遵循自愿、平等、公平、诚实信用的原则，遵守公认的商业道德。"这就是在法律具体列举的不正当竞争行为以外认定其他不正当竞争行为要件的抽象规范。同时，该法针对我国目前社会经济生活中存在的突出的不正当竞争行为列出了 11 种具体的行为表现。但是这并不意味着仅有这 11 种不正当的竞争行为，相反，生活中还有不少不正当竞争行为没有列举出来。所以，根据该法第 2 条的规定，只要某种行为违背了这种抽象的一般性原则，即使在反不正当竞争法中没有具体规定，仍然可以认定为不正当竞争行为，按照相关法律来追究责任。

11 种不正当竞争行为具体表现如下：

5.2.1 混淆行为

经营者不得采用下列不正当手段从事市场交易，损害竞争对手：

（1）假冒他人的注册商标。

（2）擅自使用知名商品特有的名称、包装、装潢，或者使用与知名商品近似的名称、包装、装潢，造成与他人的知名商品相混淆，使购买者误认为是该知名商品。

（3）擅自使用他人的企业名称或者姓名，引人误认为是他人的商品。

（4）在商品上伪造或者冒用认证标志、名优标志等质量标志，伪造产地，对商品质量作引人误解的虚假表示。

由于混淆行为对市场经济秩序的危害性特别严重，因而受到各国竞争法的禁止，并且处以较为严厉的民事、行政和刑事责任。

经营者假冒他人的注册商标，擅自使用他人的企业名称或者姓名，伪造或者冒用认证标志、名优标志等质量标志，伪造产地，对商品质量作引人误解的虚假表示的，依照《中华人民共和国商标法》、《中华人民共和国产品质量法》的规定处罚。

经营者擅自使用知名商品特有的名称、包装、装潢，或者使用与知名商品近似的名称、包装、装潢，造成和他人的知名商品相混淆，使购买者误认为是该知名商品的，监督检查部门应当责令停止违法行为，没收违法所得，可以根据情节处以违法所得 1 倍以上 3 倍以下的罚款；情节严重的，可以吊销营业执照；销售伪劣商品，构成犯罪的，依法追究刑事责任。

【例 5-2】

〔案情〕达芬奇家具是国际高端品牌的品牌授权者和代理经销商，是国内家具高端品牌之一，1994 年在新加坡开设了首家零售店，现在中国已经有 7 家连锁店。达芬奇家具是国内最具影响力的家具高端品牌，以价格昂贵著称。一张单人床能卖到 10 多万元，一套沙发能卖到 30 多万元。对如此天价家具，达芬奇销售人员说，这是因为他们所售家具是 100% 意大利生产的"国际超级品牌"，使用的原料是没有污染的"天然高品质原料"。

但是 2011 年 7 月 10 日，央视《每周质量报告》播出《达芬奇天价家具"洋品牌"身份被指造假》，爆出达芬奇公司销售的这些天价家具，并不像他们宣称的那样是 100% 意大利生产的，所用的原料也不是达芬奇公司宣称的名贵实木白杨荆棘根，而是高分子树脂材料、大芯板和密度板。

〔问题〕请问达芬奇公司的行为存在哪些问题？

〔分析〕据调查，达芬奇公司销售的这些天价家具相当一部分不是产自意大利而是广东东莞，所用原料不是达芬奇公司宣称的名贵实木而是高分子树脂材料。经检测，消费者购买的达芬奇家具甚至被判定为不合格产品。广东东莞的厂家生产的家具交付给达芬奇公司之后，达芬奇公司将这些家具从深圳口岸出港，运往意大利，再从意大利运回上海，从上海报关进港回到国内，这些家具就有了全套的进口手续，成为达芬奇公司所说的100%意大利原装、"国际超级品牌"家具了。以上情况表明达芬奇公司存在涉嫌虚假宣传、伪造产地、标签不规范的不正当竞争行为，将会被追究严厉的法律责任。

5.2.2 强制交易行为

公用企业或者其他依法具有独占地位的经营者，不得限定他人购买其指定的经营者的商品，以排挤其他经营者的公平竞争。该种行为已被反垄断法界定为滥用市场支配地位的垄断行为。

公用企业或者其他依法具有独占地位的经营者，限定他人购买其指定的经营者的商品，以排挤其他经营者的公平竞争的，省级或者设区的市级监督检查部门应当责令停止违法行为，可以根据情节处以5万元以上20万元以下的罚款。被指定的经营者借此销售质次价高商品或者滥收费用的，监督检查部门应当没收违法所得，可以根据情节处以违法所得1倍以上3倍以下的罚款。

5.2.3 行政强制经营行为

政府及其所属部门不得滥用行政权力，限定他人购买其指定的经营者的商品，限制其他经营者正当的经营活动。政府及其所属部门不得滥用行政权力，限制外地商品进入本地市场，或者本地商品流向外地市场。该种行为已在反垄断法中界定为滥用行政权力排除、限制竞争的垄断行为。

政府及其所属部门违反规定，限定他人购买其指定的经营者的商品、限制其他经营者正当的经营活动，或者限制商品在地区之间正常流通的，由上级机关责令其改正；情节严重的，由同级或者上级机关对直接责任人员给予行政处分。被指定的经营者借此销售质次价高商品或者滥收费用的，监督检查部门应当没收违法所得，可以根据情节处以违法所得1倍以上3倍以下的罚款。

5.2.4 商业贿赂行为

经营者不得采用财物或者其他手段进行贿赂以销售或者购买商品。在账外暗中给予对方单位或者个人回扣的，以行贿论处；对方单位或者个人在账外暗中收受回扣的，以受贿论处。经营者销售或者购买商品，可以以明示方式给对方折扣，可以给中间人佣金。经营者给对方折扣、给中间人佣金的，必须如实入账。接受折扣、佣金的经营者必须如实入账。

经营者采用财物或者其他手段进行贿赂以销售或者购买商品，构成犯罪的，依法追究刑事责任；不构成犯罪的，监督检查部门可以根据情节处以1万元以上20万元以下的罚款，有违法所得的，予以没收。

【例5-3】

〔案情〕某医药公司为打开卫生院药品销售市场，在与某些卫生院接触联系药品销售业务时，许诺赞助卫生院改造费用和办公经费，提供办公、医疗设备和外出考察机会，以及答应账外暗中退还一定比例的药款等作为互惠条件。上述卫生院大部分药品从该医药公司采购，该医药公司通过上述手段获得交易机会，取得交易特权，年取了不法利润数十万元。

〔问题〕1. 医药公司提供给卫生院的赞助款及设备捐赠，是正常的公益性赞助还是假借名义的商业贿赂手段？

2. 医药公司记载退还卫生院一定比例药款的财务方式，是医药公司财务人员记载不当还是账外暗中给付回扣？

〔分析〕对于第一个问题，医药公司辩称，给卫生院提供赞助款和办公、医疗设备是正常的公益性赞助，国家对此都加以鼓励，且有卫生院开具给医药公司的票据为证。开票项目中注明了赞助、捐款以及捐赠字样，是真正意义上的赞助，应不属于《关于禁止商业贿赂行为的暂行规定》所指的假借赞助费等名义实施的贿赂行为。

目前，国家的确允许卫生院向"社会募集资金"，国家鼓励"企事业单位和个人自愿捐款"，国务院也出台了相关文件，规范了"赞助费"的给付和收取。但需要说明的一点是，国家文件规定的精神实质是鼓励企事业单位、社会团体和个人为支持医疗卫生事业发展，出于纯粹的公益目的给予卫生院赞助。而本案中，医药公司在许诺提供卫生院赞助的同时，就提出了卫生院大部分药品要从该医药公司采购的要求。医药公司实质上是假借赞助、捐赠等名义，通过财物手段抢占全市卫生院相当大一部分的药品采购份额，构成商业贿赂行为。

对于第二个问题，医药公司辩称，药差返利属于药品销售折扣，本应该记入营业收入科目，冲减营业收入。医药公司确实将返利入了账，只是未按照财务制度和会计准则准确记入营业收入科目，仅仅是入错了账，而不属于账外暗中给付回扣。

《反不正当竞争法》与《关于禁止商业贿赂行为的暂行规定》对折扣与回扣的区别作出了明确界定。两者虽然都是在经营活动中给付或者接受对方一定的经济利益，但区别在于回扣是账外暗中进行的，而折扣是以明示并如实入账的方式进行。财政部颁布的《企业财务通则》和《企业会计准则》也明确规定：企业发生的销售折扣，冲减当期营业收入，应作为营业收入的抵减项目记账。该医药公司未按照财务制度和会计准则记入营业收入科目，符合回扣"账外暗中"的基本特征。当然，账务处理的不当不一定构成商业贿赂，更关键的是要综合考虑该行为的主观目的以及损害后果。如果当事人是为了获取交易机会、排挤竞争对手而进行了账外暗中的财物给付，则构成商业贿赂行为。在本案中，该医药公司通过账外暗中退还卫生院一定比例药款的方式，取得了卫生院的"好感"和"信任"。仅2005年一年，该医药公司就从零迅速抢占了该卫生院40%的药品采购份额，排挤了原有的3家医药公司。该医药公司的行为符合回扣的认定标准，构成商业贿赂行为。

5.2.5 虚假宣传行为

经营者不得利用广告或者其他方法，对商品的质量、制作成分、性能、用途、生产者、有效期限、产地等作引人误解的虚假宣传。广告的经营者不得在明知或者应知的情况下，代理、设计、制作、发布虚假广告。

经营者利用广告或者其他方法，对商品作引人误解的虚假宣传的，监督检查部门应当责令停止违法行为，消除影响，可以根据情节处以1万元以上20万元以下的罚款。

广告的经营者，在明知或者应知的情况下，代理、设计、制作、发布虚假广告的，监督检查部门应当责令停止违法行为，没收违法所得，并依法处以罚款。

【例5-4】

〔案情〕2006年之前，欧典地板企业自身宣传包装很好，它号称是源于德国的百年品牌，畅销80多个国家，然后利用媒体大肆宣传说是唯一连续3次6年使用3·15标志的品牌。在2005年度北京人喜爱的消费品牌中，欧典还被评为家居类北京人喜爱的地板品牌。但2006年的3·15晚会，欧典地板被爆出欺诈消费者，号称源自德国，但其德国总部根本不存在；自称百年历史，其实只有8年，所谓的欧典（中国）有限公司也根本没有注册过；2008元/m^2的天价地板只是促销炒作噱头，根本没有卖出过2008元/m^2的地板，它们都摆在柜台上当样品，真有人问的时候就拿给他们看看,实际出售的地板价格都在 96 元/m² ~ 188 元/m² 之间。

〔问题〕欧典地板的行为违反了哪些法律规定?

〔分析〕"欧典事件"最核心的问题是虚假宣传,利用虚假广告迷惑广大消费者。对于"欧典事件",最直接的责任人是欧典公司,它要面对三个方面的法律追究。第一个方面是涉嫌故意隐瞒重要信息,并告之消费者虚假信息,侵犯了消费者权益,必须双倍赔偿消费者。第二个方面是涉嫌虚假广告,违反了广告法。工商行政部门将对该公司进行调查乃至处罚,这家公司必须承担相应的行政责任。第三个方面是涉嫌不正当竞争,由于虚假宣传,这家公司也侵犯了同行业其他企业的利益。

5.2.6 侵犯商业秘密的行为

商业秘密,是指不为公众所知悉、能为权利人带来经济利益、具有实用性并经权利人采取保密措施的技术信息和经营信息。经营者不得采用下列手段侵犯商业秘密:

(1) 以盗窃、利诱、胁迫或者其他不正当手段获取权利人的商业秘密。

(2) 披露、使用或者允许他人使用以前项手段获取的权利人的商业秘密。

(3) 违反约定或者违反权利人有关保守商业秘密的要求,披露、使用或者允许他人使用其所掌握的商业秘密。

第三人明知或者应知前款所列违法行为,获取、使用或者披露他人的商业秘密,视为侵犯商业秘密。

违反法律规定侵犯商业秘密的,监督检查部门应当责令停止违法行为,可以根据情节处以 1 万元以上 20 万元以下的罚款。

【例 5-5】

〔案情〕甲公司研制开发并生产了干燥机,该技术被所在省外经贸和科委定为高新技术。经专家鉴定,认为甲公司生产的干燥机具有设计合理、体积小、重量轻、结构紧凑、热效高、节能源多、应用范围广的特点,并采用绿色环保技术。甲公司的该项技术产品在市场上销路良好,亦取得了较好的经济效益。后甲公司的几位员工离开甲公司成立了乙公司,并生产同类产品进行大量销售。乙公司产品仅在外形与甲公司产品有显著差别,技术原理完全相同。乙公司产品抢占了甲公司多年开拓的销售市场,使甲公司经营陷入瘫痪状态,造成巨大经济损失。由此,甲公司向法院起诉乙公司,要求乙公司停止侵犯甲公司商业秘密,立即停止生产干燥机,并且赔偿甲公司经济损失 500 万元。

乙公司辩称，甲公司的干燥机技术不具备反不正当竞争法所承认的商业秘密条件，不属于商业秘密。乙公司生产干燥机的技术并非取自甲公司，而是通过化工手册或报刊的介绍，请工程技术人员测绘某生产公司同类产品获得，销售市场亦是乙公司自行开辟的。因此，乙公司请求法院驳回甲公司的诉讼请求。

〔问题〕乙公司是否构成侵犯甲公司商业机密的行为？

〔分析〕一审法院认定，甲公司生产的干燥机的技术和销售信息构成该公司商业秘密；乙公司的主要成员系甲公司的原生产、销售骨干，使利用甲公司生产技术和市场销售信息成为可能，并为乙公司牟取利益。乙公司抗辩其技术和市场信息来源不属于甲公司未有足够证据佐证，难以采信，所以判决甲公司诉乙公司侵犯其商业秘密的主张成立。

乙公司不服一审法院判决，向二审法院提起上诉。诉称：一审法院认为该干燥机生产技术构成商业秘密显属错误。首先，甲公司的生产技术不具有秘密性。该技术与《化工机械手册》、《制药机械报》上所介绍的生产技术原理相同，且该技术在同行中为公众所悉。其次，甲公司从未与职工签订保密协议，其在一审中提供的《严守公司秘密制度》之前未曾公示，亦没有证据证明其已制定，故对已离开甲公司并投资开设乙公司的职工没有约束力。为此，乙公司请求二审法院改判。甲公司在二审中辩称，首先，有关杂志、报刊中介绍该类技术仅是理论性介绍和原理图标，不具备直接用于生产该产品的条件；其次，甲公司对其技术和市场信息已采取保密措施，故要求二审法院维持原判。

二审法院审理查明：一审中甲公司提供用以证明存在的保密措施的证据为《公司管理制度补充》、《严守公司秘密制度》。其中《公司管理制度补充》为讨论稿，仅下发到部门负责人，征求意见。《严守公司秘密制度》是在甲公司离职人员开设乙公司以后制定的。商业秘密构成要件之一是权利人对不为公众所熟悉的技术信息和经营信息采取保密措施，缺少保密措施的技术信息和经营信息无法形成商业秘密，不应受法律保护。另外，由于甲公司提供的《公司管理制度补充》是征求意见稿，并未实施，更无法证明已向员工公示。甲公司当时亦未与涉案员工签订保密协议，且《严守公司秘密制度》是涉案员工离开甲公司之后制定的，对涉案员工不具有约束力。

所以，二审判定：乙公司生产、销售与甲公司相同产品不构成商业秘密侵权。改判撤销一审法院一审民事判决，驳回甲公司的诉讼请求。①

---

① 《人民法院报》，2002-05-06。

5.2.7 低价倾销行为

经营者不得以排挤竞争对手为目的,以低于成本的价格销售商品。属于下列情形之一而低于成本价销售的,不属于不正当竞争行为:① 销售鲜活商品;② 处理有效期限即将到期的商品或者其他积压的商品;③ 季节性降价;④ 因清偿债务、转产、歇业降价销售商品。

5.2.8 搭售和附加不合理交易条件行为

经营者销售商品,不得违背购买者的意愿搭售商品或者附加其他不合理的条件。通常,这种行为的经营者一般具有一定的市场优势或是支配地位,才能迫使对方不得不接受其各种不合理的条件。所以该种行为也被反垄断法界定为滥用市场支配地位的垄断行为。

5.2.9 不正当有奖销售行为

经营者不得从事下列有奖销售:① 采用谎称有奖或者故意让内定人员中奖的欺骗方式进行有奖销售;② 利用有奖销售的手段推销质次价高的商品;③ 抽奖式的有奖销售,最高奖的金额超过 5 000 元。

违反规定进行有奖销售的,监督检查部门应当责令停止违法行为,可以根据情节处以 1 万元以上 10 万元以下的罚款。

【例 5-6】

〔案情〕武汉某公司在 A 报发布广告称:"某某牌家居感恩大抽奖:1. 凡当日累计购物金额满 500 元者,可领取抽奖券一套;满 1 000 元者可领取抽奖券二套,以此类推,上不封顶!2. 每周日开出一、二、三等奖,每月末开出特等奖。3. 奖项设置:特等奖(1 名),奖轿车 1 辆(使用权)(价值 45 000 元)……"某公司如期举行了抽奖活动,并抽出了特等奖 1 名。某公司与获奖者张某某签订了标注"中奖日期:2008 年 9 月 31 日;奖项:轿车 1 辆(5 年使用权);使用权日期:2008 年 10 月 21 日至 2013 年 10 月 20 日……;5 年使用期过后,乙方(张某某)须将车辆归还甲方(某公司)"等内容的"获奖授权协议书",同日,张某某从某公司领取了轿车 1 辆。

〔问题〕该公司的行为是否构成有奖销售中不正当竞争?

〔分析〕该公司有奖销售活动中获奖者获取的只是奖品的使用权,获奖者使用奖品 5 年后须归还某公司,其所有权并没有发生转移,对此,《反不正当竞争法》以及《关于禁止有奖销售活动中不正当竞争行为的若干规定》都未作明确规定。

但是，某公司设置巨额奖项举行有奖销售活动，是为了聚拢人气，打压排挤其他竞争对手，促进销售，从而影响和干扰消费者的市场选择，妨碍质量、价格和服务等方面的公平竞争。虽然获奖者获取的奖品只是 5 年的使用权，但其 5 年的使用权价值也远远超过 5 000 元，因为价值 45 000 元的长安"奔奔"牌轿车使用 5 年后其价值也所剩无几了。由此说明某公司有奖销售中不正当竞争行为手段更具隐蔽性，其目的是为了逃避法律的追究。

《反不正当竞争法》规定了经营者不得从事奖励金额超过 5 000 元的抽奖式有奖销售，其根本目的，一方面是为了禁止经营者利用消费者的投机心理来诱导消费者的市场选择；另一方面也是为了鼓励和促进经营者开展质量、价格、服务方面的公平竞争，维护市场竞争秩序。某公司在促销活动中，以轿车的使用权作为奖励推销商品，极易诱发消费者投机心理，影响和干扰消费者正常选择商品，妨碍同类商品经营者的公平竞争，不利于市场机制的建立，不正当竞争的恶性明显。某公司无论以轿车的所有权或者使用权作为奖品，也无论轿车的使用时间长短，对于消费者的价值吸引都超过 5 000 元，其本质上仍属于《反不正当竞争法》第 13 条第（三）项规范的不正当竞争行为。

5.2.10 诋毁商誉行为

经营者不得捏造、散布虚伪事实，损害竞争对手的商业信誉和商品声誉。

商誉是社会公众对市场经营主体名誉的综合性积极评价。商誉是经营者长期努力追求，刻意创造，并投入一定的金钱、时间及精力才取得的。良好的商誉本身就是一笔巨大的无形财富，在经济活动中，它最终又通过有形的形式（如销售额、利润）回报它的主人。法律对通过积极劳动获得的商誉给予尊重和保护，对以不正当手段侵犯竞争者商誉的行为予以严厉制裁。

【例 5-7】

〔案情〕2009 年 7 月，海南南国食品销售总监徐某指使营销客服钟某在一些大的网络论坛上发表这样的消息："海南春光食品公司的糖果在大润发超市被全部下架，原因是该超市内部查出春光的糖果大肠杆菌超标。"并要求钟某办完此事后向徐某汇报。钟某用南国食品公司企划部办公室电脑在海南一家网络论坛上注册"cpkg"账户，然后用该账户在该论坛"投诉报料"板块发布《无良"春光"大肠杆菌超标，祸害无辜百姓》的帖子，称春光食品的糖果大肠杆菌严重超标，并呼吁"相关部门相关报纸都出面来抵制'春光'，不要让其产品继续危害人类健康"。之后，钟某用内部电话向徐某进行了汇报。该网络论坛后来又出现题为《春光食品沦陷，谁还能代表海南特色食品形象》的文章，继续称春光产品不合格，帖子被众多论坛转载。

〔问题〕南国食品的行为存在哪些问题？谁应该承担相应的法律责任？

〔分析〕春光食品以发帖者涉嫌侵权及违反不正当竞争法为由向海口市中级人民法院起诉南国食品。法院审理认为，钟某凭空捏造虚假事实，编写故事，通过网络报料"春光食品生产的糖果大肠杆菌超标，危害消费者的健康，呼吁相关部门出面抵制春光食品"的行为，虽无直接的证据证明系钟某代表南国食品所为，但钟某作为个体，与春光食品之间并无利益冲突或利害关系，其无端编造虚假事实发布于网络媒体，制造诋毁春光食品的市场形象、破坏其商品声誉和商业信誉的事端，不符合常理。而且，钟某在事发后接受公安机关讯问时，将自己的行为转嫁给上司，但至今仍在南国食品工作，且未受任何处分；销售总监徐某在明知钟某所发帖子内容虚假的情况下，仍跟帖呼应，亦不符合常理。由此可以确认，钟某发帖是被指使执行工作任务而为，由此产生的法律后果应由南国食品承担。

法院方面指出，春光食品和南国食品均为从事加工、销售椰子等海南特产制品的企业，属同业竞争者。南国食品捏造春光食品加工销售的糖果大肠杆菌超标，造成小孩食用后肚子疼的虚假事实，并通过知名度较高的传媒网站予以发布，其主观上存在对春光食品的商品进行贬损的侵权故意，其行为客观上毁损了竞争者的企业市场形象。因此，南国食品的行为符合商业诋毁的基本特征，构成不正当竞争。

法院判决要求南国食品立即停止散布损害春光食品商品声誉和商业信誉不当言论的不正当竞争行为，并在法院指定期限内在指定媒体上刊登致歉声明，同时赔偿春光食品经济损失10万元。

5.2.11 招标投标中的串通行为

招标投标既是一种特殊形式的订立合同的行为，也是一种竞争行为。为维护招标人、投标人各方的合法利益，保证招标投标行为的公正性、合法性和严肃性，在招标投标过程中，必须遵循我国反不正当竞争法规定的自愿、平等、公平、诚实信用、遵守公认的商业道德等几项竞争基本原则。

投标者不得串通投标、抬高标价或者压低标价。投标者和招标者不得相互勾结，以排挤竞争对手的公平竞争。

投标者串通投标、抬高标价或者压低标价，投标者和招标者相互勾结，以排挤竞争对手的公平竞争的，其中标无效。监督检查部门可以根据情节处以1万元以上20万元以下的罚款。

【例5-8】

〔案情〕2007年4月，外文局委托国信公司举办"中国对外书刊宣传信息化工程"第三批招标项目，招标邀请书载明投标人的注册资金须在200万元以上。汇智公司实际注册资金仅为50万元，但却凭借注册资金为500万元的虚假营业执照通过了国信公司的资格审查。

该项目的第一次招投标以流标结束。不久后，同为投标人的湖南青苹果数据中心有限公司（以下简称"青苹果公司"）向国信公司、外文局发函举报汇智公司实际注册资本为50万元，不具备投标资格。2007年5月，国信公司发布"中国对外书刊宣传信息化工程"项目第二次招标文件，投标人的注册资金下调至50万元以上。汇智公司仍然使用注册资金为500万元的虚假营业执照参加了投标，最终中标，并就该项目与外文局签订了合同。

〔问题〕该次招标投标的过程存在什么问题？谁应该承担相应的法律责任？

〔分析〕北京海淀区法院审理后认为，汇智公司在第一次招标过程中使用虚假营业执照进行投标，行为显属不正当竞争。当青苹果公司向国信公司和外文局举报时，国信公司和外文局没有采取必要措施进行审核，其行为系对汇智公司恶意投标行为的默认。另外，外文局与国信公司在已知汇智公司存在欺诈行为的情况下，却允许该公司仍使用虚假的营业执照参与第二次投标并最终中标，且外文局和汇智公司在签订合同书时将项目内容变更，将项目招标内容扩大，亦有损青苹果公司合法竞争的权利。法院最后审理认定，汇智公司构成不正当竞争，外文局、国信公司与汇智公司构成共同侵权，因此判决汇智公司在该项目的中标无效，其与外文局连带给付原告青苹果经济损失5万元，国信公司承担连带赔偿责任。

5.3 不正当竞争行为的相关法律责任

违反《反不正当竞争法》的不正当竞争行为，将会根据具体情况承担民事责任、行政责任及刑事责任。

5.3.1 民事责任

不正当竞争行为的民事责任，是指不当竞争者给他人造成财产或名誉、信誉的损害所应给予的补救，如返还用不正当竞争取得的财产；赔偿对方因此而遭受的损失；给对方名誉、信誉造成的损害，应公开道歉，消除影响。

关于民事赔偿责任，《反不正当竞争法》第20条规定："经营者违反本法规定，给被侵害的经营者造成损害的，应当承担损害赔偿责任，被侵害的经营者的损失难以计算的，赔偿额为侵权人在侵权期间因侵权所获得的利润；并应当承担被侵害的经营者因调查该经营者侵害其合法权益的不正当竞争行为所支付的合理费用。"

5.3.2 行政责任

国家为了维护正常的经济秩序，依照经济法规或行政法规，会给予不正当竞争者行政处罚，如对不正当竞争者的警告、罚款、强制收购或没收，或责令停业整顿、吊销营业执照或许可证等。

经营者有违反被责令暂停销售，不得转移、隐匿、销毁与不正当竞争行为有关的财物的行为的，监督检查部门可以根据情节处以被销售、转移、隐匿、销毁财物的价款1倍以上3倍以下的罚款。

当事人对监督检查部门作出的处罚决定不服的，可以自收到处罚决定之日起15日内向上一级主管机关申请复议；对复议决定不服的，可以自收到复议决定书之日起15日内向人民法院提起诉讼，也可以直接向人民法院提起诉讼。

5.3.3 刑事责任

当不正当竞争者的行为给社会造成严重损害并触犯刑律时，根据刑法追究行为人的刑事责任，用欺诈、贿赂、诽谤等手段，构成诈骗罪、诽谤罪的，行为人要承担刑事责任。

监督检查不正当竞争行为的国家机关工作人员滥用职权、玩忽职守，构成犯罪的，依法追究刑事责任；不构成犯罪的，给予行政处分。

监督检查不正当竞争行为的国家机关工作人员徇私舞弊，对明知有违反本法规定构成犯罪的经营者故意包庇不使其受追诉的，依法追究刑事责任。

【引例分析提示】

广告公司的模仿行为在《反不正当竞争法》第2章中虽然没有相应的规定，但违反了市场竞争的一般原则，即《反不正当竞争法》第2条："经营者在市场交易中，应当遵循自愿、平等、公平、诚实信用的原则，遵守公认的商业道德。"由此足以判断其构成不正当竞争行为，并应由广告公司承担相应的民事责任。

【课后思考】

一、不定项选择题

1. 下列哪一选项属于《反不正当竞争法》和《反垄断法》均明文禁止的行为？（   ）（2011年司法考试题）

A. 甲省政府规定，凡外省生产的汽车，必须经过本省交管部门的技术安全认证，领取省内销售许可证以后，方可在本省市场销售
B. 乙省政府决定，在进出本省的交通要道设置关卡，阻止本省生产的猪肉运往外省
C. 丙省政府规定，省内各机关和事业单位在公务接待等活动时需要消费香烟的，只能选用本省生产的"金丝雀"牌香烟，否则财政不予报销
D. 丁省政府规定，外省生产的化肥和农药在本省销售的，一律按销售额加收15%的环保附加费

2. 根据《反不正当竞争法》规定，下列哪些行为属于不正当竞争行为？（　　）（2010年司法考试题）

A. 甲企业将所产袋装牛奶标注的生产日期延后了2天
B. 乙企业举办抽奖式有奖销售，最高奖为5 000元购物券，并规定用购物券购物满1 000元的可再获一次抽奖机会
C. 丙企业规定，销售一台电脑给中间人5%佣金，可不入账
D. 丁企业为清偿债务，按低于成本的价格销售商品

3. 下列哪些选项属于不正当竞争行为？（　　）（2012年司法考试题）

A. 甲灯具厂捏造乙灯具厂偷工减料的事实，私下告诉乙厂的几家重要客户
B. 甲公司发布高薪招聘广告，乙公司数名高管集体辞职前往应聘，甲公司予以聘用
C. 甲电器厂产品具有严重瑕疵，媒体误报道为乙电器厂产品，甲厂未主动澄清
D. 甲厂使用与乙厂知名商品近似的名称、包装和装潢，消费者经仔细辨别方可区别二者差异

4. 欣欣公司为了宣传其新开发的保健品，虚构保健品功效，并委托某广告公司设计了"谁吃谁明白"的广告，聘请大腕明星做代言人，邀请某社会团体向消费者推荐，在报刊和电视上高频率地发布引人误解的不实广告。根据《反不正当竞争法》的规定，下列哪些选项是正确的？（　　）（2008年司法考试题）

A. 欣欣公司不论其主观愿望如何，都必须对虚假广告承担法律责任
B. 广告公司只有在明知保健品功效虚假的情况下才承担法律责任
C. 明星代言人即使对厂商造假不知情，只要蒙骗了消费者，就应承担民事责任
D. 社会团体在虚假广告中向消费者推荐商品，应承担民事连带责任

5. 甲公司为宣传其"股神"股票交易分析软件，高价聘请记者发表文章，称"股神"软件是"股民心中的神灵"，贬称过去的同类软件"让多少股民欲哭无

泪",并称乙公司的软件"简直是垃圾"。根据反不正当竞争法的规定,下列哪些选项是正确的?（　　）(2008 年司法考试题)

  A. 只有乙公司才能起诉甲公司的诋毁商誉行为

  B. 甲公司的行为只有出于故意才能构成诋毁商誉行为

  C. 只有证明记者拿了甲公司的钱财,才能认定其参与诋毁商誉行为

  D. 只有证明甲公司捏造和散布了虚假事实,才能认定其构成不正当竞争

6. 甲公司发现乙公司仿冒其"相国酒"的特有名称和装潢,拟诉请法院认定乙公司的行为构成不正当竞争,责令停止侵权并赔偿损失。关于甲公司应当举证的事项,下列哪些选项是正确的?（　　）(2008 年司法考试题)

  A. 甲公司的"相国酒"在相关市场上具有一定的知名度

  B. "相国酒"是甲公司特有的商品名称,其装潢具有显著特征

  C. 乙公司的"相国酒"名称和装潢与甲公司的混同,导致混淆

  D. 乙公司的仿冒行为给甲公司造成了损害

7. 某市政府所属有关部门的下列哪一行为违反反不正当竞争法的规定?（　　）(2007 年司法考试题)

  A. 市卫生局成立的儿童保健专家组受某生产厂家委托,对其婴儿保健产品提供质量认证标志并收取赞助费

  B. 市工商局和市电视台联合举办消费者信得过产品评选活动,评选中违反公平程序而使当选的前 8 名全部为本市产品

  C. 市交管局规定,全市货运车辆必须在指定的两种品牌中选择安装一款车辆运行记录器,否则不予年检;其指定品牌为本地的"波浪"牌和法国的 NJK 牌

  D. 市政府决定对市酒厂减免地方税以提供财政支持

二、案例分析

1. 某县"大队长酒楼"自创品牌后声名渐隆,妇孺皆知。同县的"牛记酒楼"经暗访发现,"大队长酒楼"的经营特色是:服务员统一着 20 世纪 60 年代服装,播放该年代歌曲,店堂装修、菜名等也具有时代印记。"牛记酒楼"遂改名为"老社长酒楼",服装、歌曲、装修、菜名等一应照搬。(根据 2012 年司法考试题改编)

请问,根据反不正当竞争法的规定,"牛记酒楼"的行为存在什么问题?

2. 邓某系 K 制药公司技术主管。2008 年 2 月,邓某私自接受 Y 制药公司聘请担任其技术顾问。同年 5 月,K 公司得知后质问邓某。邓某表示自愿退出 K 公司,并承诺 5 年内不以任何直接或间接方式在任何一家制药公司任职或提供服务,否则

将向 K 公司支付 50 万元违约金。2009 年，K 公司发现邓某已担任 Y 公司的副总经理，并持有 Y 公司 20% 股份，而且 Y 公司新产品已采用 K 公司研发的配方。（根据 2011 年司法考试题改编）

请问，Y 公司和邓某的行为存在哪些问题？

第6章 消费者权益保护法

【本章学习目标】

通过该章的学习，你应该能够：
- 掌握消费者的九项权利以及经营者的义务
- 了解消费者权益争议的解决和法律责任

【本章引例】

2011年7月，某家具店举行降价促销活动，为了证明自己销售的家具货真价实，特别在商店显眼位置打出了"凡是在本店购买的任何家具，如出现质量问题，一律'假一赔十'"的宣传标语。林某看到广告后，在该家具店购买了价值3 000元的实木家具一套。林某在使用过程中，发现该家具有脱落开裂现象，而且散发出刺鼻气味，遂将该家具送往鉴定机构进行鉴定。经鉴定，该家具并非实木家具，而是由密度板贴三聚氰胺制作而成。林某要求家具店退货，并且履行"假一赔十"的承诺。商家以"假一赔十"显失公平为由拒绝赔偿。协商未果后，林某向区法院提起诉讼，要求商家按照承诺赔偿自己的损失。

请问，商家是否应该按照"假一赔十"的承诺赔偿林某的损失？

6.1 消费者与经营者的界定

6.1.1 消费者的概念

消费者是指为了满足生活消费需要而直接购买、使用商品或接受服务的个人或单位。消费者具有以下特征：

（1）消费者主体主要是指个人消费者。各国消费者立法基本上都把"消费者"定义在"个人"，但我国有些地方性法规将"单位"也列为"消费者"。例如《广东省实施〈中华人民共和国消费者权益保护法〉办法》第2条规定本办法所称消费者，是指为生活消费需要购买、使用商品或者接受服务的个人和单位。

（2）消费范围为生活消费。从日常生活需要来看，生存资料、享受资料（比如奢侈品）、近代交通工具、通信工具以及教育产品等都属于生活消费品范畴。"单位消费"的消费范围也要限制在满足单位成员的生活需要上，如果单位消费用于生产服务，如单位购买固定资产或原材料进行生产加工，则不属于消费者权益保护法的调整范畴。但农民购买或使用直接用于农业生产的生产资料的，参照消费者权益保护法执行。

6.1.2 经营者的范围

经营者为消费者提供其生产、销售商品或提供服务的，适用消费者权益保护法。

根据《广东省实施〈中华人民共和国消费者权益保护法〉办法》，经营者的范围包括：从事美容、美发的经营者，从事汽车旅客运输业的经营者，从事旅游业的经营者，从事有线电视、邮政、电信业、医疗卫生服务业的经营者，从事保管、洗衣业、物流业的经营者，从事照相冲印业的经营者，从事商品房开发或代理的经营者，从事住宅建筑装饰的经营者，从事饮食业的经营者以及从事供电、供水、供气等的经营者。

【例6-1】

〔案情〕孙某在北京某购物中心买了300支派克笔，发票注明产地是美国。但买回后发现是"三无"产品，于是将购物中心告上法院。但北京市第二人民法院认为孙某未能提供证据证明300支派克笔是为生活消费所需，因此属于知假买假，不属于消费者权益保护法保护范畴，因此不予支持。

〔问题〕法院的做法是否正确？

〔分析〕根据消费者权益保护法的规定，经营者只有货真价实的义务，而没有任何售假的理由；经营者售假只能接受惩处，而无权以推测购买者的目的来对抗。法律也没有必要以购买者购物的数量等来推测购买者的目的，更不能作为购买者不受法律保护的理由。因此法院的做法不正确。

【例6-2】

〔案情〕农民赵某的玉米出现了枯黄干死的现象，其到乡农业生产资料销售点购买了某种叶面农用药，赵某按照说明书的使用方法喷洒后，到了说明书所承诺的日期，玉米不但没有任何改善，而且枯死现象更严重。赵某到农业技术鉴定中心鉴定，该农药为假冒产品。赵某要求销售点按照消费者权益保护法的规定赔偿自己的损失，但销售点称消费者权益保护法只适用生活消费行为，赵某购买农药用于农业生产，属生产性消费，不能适用该法。

〔问题〕销售点的辩称是否符合法律规定？

〔分析〕消费者权益保护法规定，消费者为生活消费需要购买、使用商品或者接受服务,其权益受本法保护;本法未作规定的,受其他有关法律、法规保护。由此可见,本法所指的消费限于生活消费,生产性消费不适用。但《消费者权益保护法》第54条规定,农民购买或使用直接用于农业生产的生产资料的,参照本法执行。所以,本案销售点的主张不合法。

6.2 消费者的权利和经营者的义务

6.2.1 消费者的权利

1. 安全保障权

消费者在购买、使用商品和接受服务时享有人身、财产安全不受损害的权利。消费者有权要求经营者提供的商品和服务,符合保障人身、财产安全的要求。

【例6-3】

〔案情〕2012年4月,钱某在某宾馆登记住宿。当晚钱某返回宾馆,在大厅遭到4名男子调戏,钱某怒斥对方,其中一名男子开始对钱某进行殴打,致使钱某腹部以及四肢多处受伤。在殴打过程中,在场的保安人员与服务人员却视而不见,任由事态发展。事后,4名男子离开宾馆。钱某因向宾馆索赔无果,遂向当地人民法院提起诉讼,要求宾馆赔偿其损失。

〔问题〕钱某的外伤不是由宾馆直接造成的,而是由不明身份的他人殴打所致,宾馆需要承担赔偿责任吗?

〔分析〕根据消费者权益保护法的规定,消费者在购买、使用商品和接受服务时享有人身、财产安全不受损害的权利。宾馆作为经营者,应该负有依法保障消费者人身安全的义务。本案中,宾馆的保安人员有条件也有义务制止殴打事件的发生,却没有采取措施,而是采取观望的态度,致使钱某的合法权益受到侵害,宾馆应该承担赔偿责任。

2. 知悉真情权

消费者享有知悉其购买、使用的商品或者接受的服务的真实情况的权利。消费者有权根据商品或者服务的不同情况,要求经营者提供商品的价格、产地、生产者、用途、性能、规格、等级、主要成分、生产日期、有效期限、检验合格证明、使用方法说明书、售后服务,或者服务的内容、规格、费用等有关情况。

【例6-4】

〔案情〕2011年9月初,何某的手机收到一条来自某公司的短信息,说其正在享受该公司的每日娱乐短信预订服务（月费20元）。当时何某并没有在意，随手将这条短信删除了。但现在每月都必须扣缴20元的娱乐短信资费。经服务大厅的工作人员介绍才知道遇到这种情况回复就可以直接取消，如果在几分钟内不回复的话表示默示订阅。现在，何某想要取消此项服务，可苦于征订号码已被删除，找不到退订的方法。

〔问题〕某公司侵犯了消费者哪项权利？

〔分析〕某公司的这一做法构成强迫消费。根据消费者权益保护法，消费者享有知悉其购买、使用的商品或者接受服务的真实情况的权利及自主选择商品或者服务的权利。即消费者选择商品和接受服务的行为必须出于自愿，不受任何外来的压力或干预。由此可见，何某享有对每日娱乐短信预订服务如何征订的知情权，同时还有权选择是否接受和拒绝该项服务。但这两项权利却被某公司剥夺了，该公司在未经消费者同意的前提下先是强行提供服务，接着是随意收费，侵犯了消费者的知情权和自主选择权。

3. 自主选择权

消费者享有自主选择商品或者服务的权利。消费者有权自主选择提供商品或者服务的经营者，自主选择商品品种或者服务方式，自主决定购买或者不购买任何一种商品、接受或者不接受任何一项服务。消费者在自主选择商品或者服务时，有权进行比较、鉴别和挑选。

【例6-5】

〔案情〕2012年7月16日晚，韩某饭后到一家国际电影城看电影。韩某因携带了自带食品而被拒绝进场。电影城的工作人员解释本电影城有明显的店堂公示："禁止顾客自带食品及饮料进场。"韩某认为这是霸王条款，而且电影城的食品价格高得不合理，因此坚持自带食品进场。双方发生纠纷。

〔问题〕电影城能否以告示方式禁止顾客自带食品饮料进场？

〔分析〕消费者权益保护法规定，消费者有自主选择商品或服务的权利。消费者有权自主选择提供商品或者服务的经营者，自主选择商品品种或者服务方式，自主决定购买或者不购买任何一种商品、接受或者不接受任何一项服务。韩某自带食品进场是他作为消费者的个人自由，完全可以按照自己的意愿决定，电影城无权干涉。同时，消费者享有公平交易的权利。消费者在购买商品或者接受服务时，有权获得质量保障、价格合理、计量正确等公平交易条件，有权拒绝经营者的强制交易行为。电影城的店堂公示是对消费者权利的一种限制，是一种带强制性的服务方式，属于强制交易行为，消费者有权拒绝。

4. 公平交易权

消费者享有公平交易的权利。消费者在购买商品或者接受服务时，有权获得质量保障、价格合理、计量正确等公平交易条件，有权拒绝经营者的强制交易行为。

5. 损害求偿权

消费者因购买、使用商品或者接受服务受到人身、财产损害的，享有依法获得赔偿的权利。

6. 依法结社权

消费者享有依法成立维护自身合法权益的社会团体的权利。

7. 获得知识权

消费者享有获得有关消费和消费者权益保护方面的知识的权利。消费者应当努力掌握所需商品或者服务的知识和使用技能，正确使用商品，提高自我保护意识。

8. 受尊重权

消费者在购买、使用商品和接受服务时，享有其人格尊严、民族风俗习惯得到尊重的权利。

9. 监督批评权

消费者享有对商品和服务以及保护消费者权益工作进行监督的权利。消费者有权检举、控告侵害消费者权益的行为和国家机关及其工作人员在保护消费者权益工作中的违法失职行为，有权对保护消费者权益工作提出批评、建议。

6.2.2 经营者的义务

1. 履行法定的或约定的义务

经营者向消费者提供商品或者服务，应当依照《中华人民共和国产品质量法》和其他有关法律、法规的规定履行义务。

经营者和消费者有约定的，应当按照约定履行义务，但双方的约定不得违背法律、法规的规定。

2. 接受监督的义务

经营者应当听取消费者对其提供的商品或者服务的意见，接受消费者的监督。

3. 保证商品和服务安全的义务

经营者应当保证其提供的商品或者服务符合保障人身、财产安全的要求。对可能危及人身、财产安全的商品和服务，应当向消费者作出真实的说明和明确的警示，并说明和标明正确使用商品或者接受服务的方法以及防止危害发生的方法。

经营者发现其提供的商品或者服务存在严重缺陷，即使正确使用商品或者接受服务仍然可能对人身、财产安全造成危害的，应当立即向有关行政部门报告和告知消费者，并采取防止危害发生的措施。

【例6-6】

〔案情〕刘某因为儿子住院做手术，自己一直陪伴儿子身旁照料护理。一天中午，刘某在病区走道上摔倒。她认为，病区走道地面平滑加上当时该处有水，导致自己滑跌在地，造成左臂肱骨粉碎性骨折并移位；现要求医院承担目前原告用去的住院期间的医疗费、营养费、护理费、交通费等人民币 5 902.52 元；要求医院继续为原告治疗和赔偿原告精神损害抚慰金 2 000 元。医院则辩称：刘某由于自己的疏忽大意，不小心跌倒导致骨折，对此后果刘某自己应承担过失责任，医院作为公共场所，对于刘某的跌倒不存在过错。

〔问题〕刘某的诉求是否能得到法律的支持？

〔分析〕经营者的安全保障义务是指从事住宿、餐饮、娱乐等经营活动或者其他社会活动的自然人、法人、其他组织对于进入经营场所或社会活动场所的消费者、活动参与者负有人身、财产安全的保障义务。如果负有安全保障义务的主体未尽合理限度范围内的安全保障义务，致使他人遭受人身损害的，要承担相应的赔偿责任。经营者包括住宿、餐饮、娱乐、银行、商场、网吧、宾馆、酒吧、电影院、游泳馆等一切经营活动的经营者。在经营场所之外，人们也经常参加其他社会活动，比如到美术馆、展览馆看展出，到公园散步，在体育场参加体育活动，到医院看病，到会议中心参加会议，等等。这些场所的管理者、会议的主办单位和会场的提供者等，也是负有安全保障义务的主体。因此，刘某的诉求可以得到法律的支持，医院应对刘某负赔偿责任。

4. 提供真实信息的义务

经营者应当向消费者提供有关商品或者服务的真实信息，不得作引人误解的虚假宣传。经营者对消费者就其提供的商品或者服务的质量和使用方法等问题提出的询问，应当作出真实、明确的答复。商店提供商品应当明码标价。

5. 经营者应当标明其真实名称和标记

租赁他人柜台或者场地的经营者，应当标明其真实名称和标记。

6. 出具凭证或单据的义务

经营者提供商品或者服务，应当按照国家有关规定或者商业惯例向消费者出具购货凭证或者服务单据；消费者索要购货凭证或者服务单据的，经营者必须出具。

【例6-7】

〔案情〕朱某与朋友一起到某饭店就餐，共消费100元。饭后朱某要求服务员提供发票，被拒绝。饭店经理解释，朱某选择的是优惠套餐，所以饭店只能提供收据而不能提供发票。在交涉未果的情况下，朱某向消费者保护协会投诉，要求该饭店开具发票。

〔问题〕某饭店是否应当向朱某开具发票？

〔分析〕根据《消费者权益保护法》第21条的规定，经营者提供商品或者服务，应当按照国家有关规定或者商业惯例向消费者出具购货凭证或者服务单据；消费者索要购货凭证或者服务单据的，经营者必须出具。因此，某饭店应当向消费者开具发票。

7. 保证商品或服务质量的义务

经营者应当保证在正常使用商品或者接受服务的情况下，其提供的商品或者服务应当具有质量、性能、用途和有效期限；但消费者在购买该商品或者接受该服务前已经知道其存在瑕疵的除外。

经营者以广告、产品说明、实物样品或者其他方式表明商品或者服务的质量状况的，应当保证其提供的商品或者服务的实际质量与表明的质量状况相符。

8. 履行"三包"或其他责任的义务

经营者提供的商品或者服务，按照国家规定或者与消费者的约定，承担包修、包换、包退或者其他责任的，应当按照国家规定或者约定履行，不得故意拖延或者无理拒绝。

9. 不得以格式合同等方式排除或限制消费者权利的义务

经营者不得以格式合同、通知、声明、店堂告示等方式作出对消费者不公平、不合理的规定，或者减轻、免除其损害消费者合法权益应当承担的民事责任。

格式合同、通知、声明、店堂告示等含有前款所列内容的，其内容无效。

【例6-8】

〔案情〕2012年3月10日，林某将一卷与妻子举行婚礼的"柯尼卡"牌胶卷交给某彩色扩印服务部进行冲印，并预交了50元冲印费。该冲印部工作人员开出了一张冲印单交给林某。第二天下午，林某去取照片时，该冲印部称胶卷暂时找不到，可能被他人误领，让林某晚上再来。后林某多次索要未果，要求该扩印部双倍赔偿，但扩印部称其已经在营业大厅中张贴启事，告知消费者如胶卷遗失，只愿意按摄影行业协会的规定赔偿胶卷和退还预收费，双方发生纠纷。经查，该市摄影行业协会规定，如遇意外损坏或遗失，只赔偿同类胶卷之损失。

〔问题〕法律是否支持扩印部的主张？

〔分析〕根据消费者权益保护法的规定，经营者不得以格式合同、通知、声明、店堂告示等方式作出对消费者不公平、不合理的规定，或者减轻、免除其损害消费者合法权益应当承担的民事责任。格式合同、通知、声明、店堂告示等含有前款所列内容的，其内容无效。因此，法律不能支持扩印部的主张，其免责条款无效。

10. 不得侵犯消费者人格权的义务

经营者不得对消费者进行侮辱、诽谤，不得搜查消费者的身体及其携带的物品，不得侵犯消费者的人身自由。

6.3 争议解决与法律责任

6.3.1 争议解决

根据消费者权益保护法的规定，消费者与经营者发生争议的，可以通过协商、和解、调解、申诉、仲裁或诉讼等途径解决。一般情况下，赔偿责任主体为销售者或服务者，如果是生产者责任的，销售者或服务者有权追偿。但在特殊情况下，会产生几种连带责任，下面逐一介绍。

（1）生产者、销售者产品缺陷连带责任。因产品缺陷造成人身或财产损害的，受害人可以向产品的生产者求偿，也可以向销售者求偿。一方赔偿后，如果责任属于另一方，其有权向另一方追偿。

【例 6-9】

〔案情〕袁某与好友在某花园酒店聚餐，喝了酒店提供的酒水后发觉喉咙不时有阵阵的刺痛。袁某马上到附近医院就诊，经诊断证明其喉咙被一细铁丝卡住。袁某于当天动了手术，手术费与住院费合计共 5 600 元，于是要求酒店赔偿损失。酒店以酒水免费为由拒绝赔偿。无奈，袁某只好诉至法院，请求法院判决酒店赔偿其损失 5 600 元。

〔问题〕袁某的诉求是否应得到法律支持？

〔分析〕酒店作为经营者应当保证其提供的各种服务（不管是有偿还是无偿）都是有利于消费者，不能危害消费者的人身或财产的安全，否则就得承担赔偿责任。另外，酒水含有瑕疵（酒水中有铁丝），从而造成本案袁某的损害，酒水的生产厂家有过错，同样也要承担损害赔偿责任。作为消费者来讲，袁某有权按照自己的意愿选择索赔对象，既然他选择酒店赔偿，酒店就得承担赔偿责任。当然，该酒店在对袁某作出赔偿后，依照过错责任原则可向酒水的生产厂家进行索赔。

（2）虚假广告的广告主、经营者和发布者连带责任。消费者因经营者利用虚假广告提供商品或者服务，其合法权益受到损害的，可以向经营者要求赔偿。广告的经营者发布虚假广告，消费者可以请求行政主管部门予以惩处。广告的经营者不能提供其真实名称、地址的，应当承担赔偿责任。

（3）社会组织推荐商品使消费者受害的连带责任。任何社会组织推荐的商品，如果存在产品缺陷而使消费者的人身或财产受到伤害的，该社会组织也应承担责任。

（4）营业执照的持有人和租借人之间的连带责任。使用他人营业执照的违法经营者提供商品或者服务，损害消费者合法权益的，消费者可以向其要求赔偿，也可以向营业执照的持有人要求赔偿。

（5）展销会举办者和柜台出租者之间的连带责任。消费者在展销会、租赁柜台购买商品或者接受服务，其合法权益受到损害的，可以向销售者或者服务者要求赔偿。展销会结束或者柜台租赁期满后，也可以向展销会的举办者、柜台的出租者要求赔偿。展销会的举办者、柜台的出租者赔偿后，有权向销售者或者服务者追偿。

【例6-10】

〔案情〕2011年10月1-5日，杭州某文化公司在某展览馆举办"2011年杭州家电博览会"，邀请众多厂家参加，A公司应邀来参会，开展展销活动。但因A公司营业执照丢失，借了B公司的营业执照来参会。10月3日，消费者刘某在A公司的柜台购买了一只飞利浦剃须刀，回家后发现剃须刀没有其包装上说的多层养护功能。

〔问题〕10月5日，刘某可以向谁请求赔偿？

〔分析〕使用他人营业执照的违法经营者提供商品或者服务，损害消费者合法权益的，消费者可以向其要求赔偿，也可以向营业执照的持有人要求赔偿，也就是出借人与借用人之间为连带责任。所以刘某既可以向A公司要求赔偿，也可以向B公司要求赔偿。但因为10月5日属于博览会期间，所以展销会的举办者、展销会场某展览馆无需承担责任。本案属于产品瑕疵责任，根据合同的相对性，刘某不能向飞利浦厂家主张责任。

6.3.2 法律责任

经营者承担的责任包括民事责任、行政责任和刑事责任，但最主要的是民事责任。根据法律规定，经营者提供商品或者服务，造成消费者或者其他受害人人身伤害的，应当支付医疗费、治疗期间的护理费、因误工减少的收入等费用，造成残疾的，还应当支付残疾者生活自助具费、生活补助费、残疾赔偿金以及由其扶养的人所必需的生活费等费用；经营者提供商品或者服务，造成消费者或者其他受害人死亡的，应当支付丧葬费、死亡赔偿金以及由死者生前扶养的人所必需的生活费等费用；经营者侵害消费者的人格尊严或者侵犯消费者人身自由的，应当停止侵害、恢复名誉、消除影响、赔礼道歉,并赔偿损失;经营者提供商品或者服务,造成消费者财产损害的,应当按照消费者的要求,以修理、重做、更换、退货、补足商品数量、退还货款和服务费用或者赔偿损失等方式承担民事责任。

除了以上一般的民事责任之外,消费者权益保护法还规定了一些特殊的民事责任,包括:

(1)"三包"产品的民事责任。对国家规定或者经营者与消费者约定包修、包换、包退的商品,经营者应当负责修理、更换或者退货。在保修期内两次修理仍不能正常使用的,经营者应当负责更换或者退货。

对包修、包换、包退的大件商品,消费者要求经营者修理、更换、退货的,经营者应当承担运输等合理费用。

(2)经营者以邮购方式提供商品的,应当按照约定提供。未按照约定提供的,应当按照消费者的要求履行约定或者退回货款,并应当承担消费者必须支付的合理费用。

(3)经营者以预收款方式提供商品或者服务的,应当按照约定提供。未按照约定提供的,应当按照消费者的要求履行约定或者退回预付款,并应当承担预付款的利息及消费者必须支付的合理费用。

(4)依法经有关行政部门认定为不合格的商品,消费者要求退货的,经营者应当负责退货。

(5)经营者提供商品或者服务有欺诈行为的,应当按照消费者的要求增加赔偿其受到的损失,增加赔偿的金额为消费者购买商品的价款或者接受服务的费用的1倍。

【引例分析提示】

根据《消费者权益保护法》第16条的规定:"经营者向消费者提供商品或者服务,应当依照《中华人民共和国产品质量法》和其他有关法律、法规的规定履行义务。经营者和消费者有约定的,应当按照约定履行义务,但双方的约定不得违背法律、法规的规定。"本案中,家具店售出和王某购进家具的行为完成后,双方即成立买卖合同关系,"假一罚十"则构成合同的一部分。且"假一罚十"是商家自愿作出的真实意思表示,没有受对方的欺诈、胁迫或乘人之危,也没有重大误解、显失公平等情况,更没有违反法律、法规的强制性规定,因此该约定是有效的。该家具店出售假货即是明显的违约行为,应承担违约责任,向王某赔偿违约金3万元。

【课后练习】

一、不定项选择题

1. 农民贾某从某种子站购买了五种农作物良种,正常耕种后有三种农作物分别减产30％、40％、50％。经鉴定，这三种种子部分属于假良种。对此，下列哪一项不正确？（   ）（2004年司法考试题）

A. 贾某可以向消费者协会投诉
B. 贾某只能要求种子站退还购良种款
C. 贾某可以要求种子站赔偿减产损失
D. 贾某可以向当地工商局举报要求对种子站进行罚款

2. 消费者李某在购物中心购买了一台音响设备，依法经有关行政部门认定为不合格商品，李某找到购物中心要求退货。下列何种处理方法是正确的？（   ）（2003年司法考试题）

A. 该购物中心认为可以通过更换使李某得到合格产品，因而拒绝退货
B. 该购物中心认为该产品经过修理能达到合格，因而拒绝退货
C. 该购物中心应按照消费者的要求无条件负责退货
D. 该购物中心可以依法选择修理、更换、退货中的任一方式

3. 某公司生产销售一款新车，该车在有些新设计上不够成熟，导致部分车辆在驾驶中出现故障，甚至因此造成交通事故。事后，该公司拒绝就故障原因作出说明，也拒绝对受害人提供赔偿。该公司的行为侵犯了消费者的哪些权利？（   ）（2007年司法考试题）

A. 安全保障权　　　　　　B. 知悉真情权
C. 公平交易权　　　　　　D. 获得赔偿权

4. 郭某与10岁的儿子到饭馆用餐，如厕时将手提包留在座位上嘱咐儿子看管，回来后发现手提包丢失。郭某要求饭馆赔偿被拒绝，遂提起民事诉讼。根据消费者安全保障权，下列哪一说法是正确的？（   ）（2009年司法考试题）

A. 饭馆应保障顾客在接受服务时的财产安全，并承担顾客随身物品遗失的风险
B. 饭馆应保证其提供的饮食服务符合保障人身、财产安全的要求，但并不承担对顾客随身物品的保管义务，也不承担顾客随身物品遗失的风险
C. 饭馆应对顾客妥善保管随身物品作出明显提示，否则应当对顾客的物品丢失承担赔偿责任
D. 饭馆应确保其服务环境绝对安全，应当对顾客在饭馆内遭受的一切损失承担赔偿责任

5. 经营者的下列哪些行为违反了消费者权益保护法的规定？（   ）（2006年司法考试题）

A. 商家在商场内多处设置监控录像设备，其中包括服装销售区的试衣间
B. 商场的出租柜台更换了承租商户，新商户进场后，未更换原商户设置的名

称标牌

C. 顾客以所购商品的价格高于同城其他商店的同类商品的售价为由要求退货，商家予以拒绝

D. 餐馆规定，顾客用餐结账时，餐费低于5元的不开发票

6. 某大型商场在商场各醒目处张贴海报：本商场正以3折的价格处理一批因火灾而被水浸过的商品。消费者葛某见后，以488元购买了一件原价1 464元的名牌女皮衣。该皮衣穿后不久，表面出现严重的泛碱现象。葛某要求商场退货，被拒绝。下列哪些说法是正确的？（　　）（2006年司法考试题）

A. 商场不承担退货责任

B. 商场应当承担退货责任

C. 商场可以不退货，但应当允许葛某用该皮衣调换一件价值488元的其他商品

D. 商场可以对该皮衣进行修复处理并收取适当的费用

7. 在经营者有下列哪一种行为的情况下，消费者可对经营者请求"退一赔一"？（　　）（2008年司法考试题）

A. 进口的眼镜及说明书没有标注生产厂名和厂址

B. 出售国家明令淘汰的农药

C. 速食品及包装上没有标注生产日期和保质期

D. 中国内地制造的皮鞋标明为意大利原产进口

二、案例分析

赵某从某商场购买了某厂生产的高压锅，烹饪时邻居钱某到其厨房聊天，高压锅爆炸致2人受伤。请问钱某可否依据消费者权益保护法请求赔偿？（根据2012年司法考试题改编）

第7章 产品质量法律制度

【本章学习目标】

通过该章的学习，你应该能够：
- 掌握产品的概念以及区分产品责任与产品瑕疵责任
- 了解违反产品质量法应该承担的法律责任

【本章引例】

2010年7月26日，陈某与林某协商达成买卖地面砖的口头协议，由陈某向林某购买规格为50cm×50cm的地面砖469块，每块2.80元。后来林某派人将上述地面砖送至陈某处，陈某给付了部分货款，但该批地面砖没有具体生产厂名、厂址和产品合格证。同年8月初，陈某将地面砖铺设完毕后向林某支付了其余货款。当日，林某向陈某出具收条一张，载明收到陈某瓷砖款1 312元。同年8月中旬，地面砖开始出现表面剥落和磨损等严重现象，陈某遂向当地消费者协会投诉。此后，消协多次组织双方进行协商，也未能达成一致协议。林某认为陈某所购买的地面砖是最便宜的，当时讲好了"一分钱，一分货"，质量不能保证，出现地面砖表面磨损现象可能是走动太多的原因造成，因此不同意赔偿。

请问，销售者出售的产品价格便宜，是否就不需要对产品承担质量保证的义务？

7.1 产品质量与产品质量法的概念

产品质量，是指产品在正常的使用条件下，为满足合理的使用要求所必须具备的物质、技术、心理和社会特征的总和。[①]

产品质量法是调整产品质量监督管理关系和产品质量责任关系的法律规范的总称。产品质量法调整的法律关系包括产品监督管理关系、产品质量责任关系以及产品质量检验与认证关系这三个方面。我国目前适用的产品质量法是指1993年2月22日第七届人大常委会第三十一次会议通过的《中华人民共和国产品质量法》（以下简称《产品质量法》），该法在2000年7月8日第九届人大常委会第十六次

---

① 陈虎：《经济法律基础》，法律出版社2011年版，第221页。

会议上修订通过。

本法所称的产品,是指经过加工、制作并用于销售的产品。但这里的产品不同于商品,尽管产品与商品都"用于销售",产品的外延比商品更窄。因此,人的身体组织与器官、临床用血和血液制品、无形物(如电、空气)、不动产、初级农产品、建设工程等都不是本法所称的产品,不适用本法。但根据《产品质量法》第2条第3款的规定,建设工程不适用本法规定;但是,建设工程使用的建筑材料、建筑构配件和设备,属于前款规定的产品范围的,适用本法规定。

产品标准是对产品所作的技术规定,是判断产品合格与否的主要依据。可能危及人体健康和人身、财产安全的工业产品,必须符合保障人体健康和人身、财产安全的国家标准、行业标准;未制定国家标准、行业标准的,必须符合保障人体健康和人身、财产安全的要求。

【例7-1】

〔案情〕席春林等505户村民,从某供种站购进"香花一号"稻种,结果水稻的生产情况与资料介绍的差距很大,造成505户村民18万余元的经济损失,于是村民向法院提起诉讼。经法院查明,该供种站的稻种是从湖南省水稻研究所原种场购得,该稻种是区域小面积试种品种,未经湖南省农作物品种审定委员会审定。因此,研究所原种场提供的稻种是造成损失的直接原因,而供种站未严格审查该原种场的资格,应承担次要责任。

〔问题〕农产品是否为产品质量法所称的产品?

〔分析〕根据《产品质量法》第2条的规定,本法所称产品是指经过加工、制作,用于销售的产品。建设工程不适用本法规定;但是,建设工程使用的建筑材料、建筑构配件和设备,属于前款规定的产品范围的,适用本法规定。因此,产品质量法没有对农产品是否为产品质量法中的"产品"作出明确的规定。初级农产品一般未经过加工、制作,不属于"产品",而以农产品为原料加工制作的产品就不再是农产品而是工业产品。专门作为良种进行生产、加工和销售的种子应当认定为产品,因为其生产加工过程具有严格的要求,其储存、运输也有特殊的要求,其生产者的利润高于用于普通消费的农产品。因此本案中的种子应认定为产品。[①]

7.2 产品质量监督管理制度

我国产品质量法规定了下列质量管理措施:

---

① 李东方:《经济法案例教程》,知识产权出版社2006年版,第169页。

7.2.1 内部质量管理措施

根据产品质量法规定，生产者、销售者应当建立健全内部产品质量管理制度，严格实施岗位质量规范、质量责任以及相应的考核办法。生产者应当对其生产的产品质量负责。也即企业对产品质量承担第一责任。①

7.2.2 国家质量计划制度

《产品质量法》第 7 条规定，各级人民政府应当把提高产品质量纳入国民经济和社会发展规划，加强对产品质量工作的统筹规划和组织领导，引导、督促生产者、销售者加强产品质量管理，提高产品质量，组织各有关部门依法采取措施，制止产品生产、销售中违反本法规定的行为，保障本法的施行。因此，政府质量管理是加强产品质量管理的重要保障。②

7.2.3 标准化管理制度

《产品质量法》第 13 条规定，可能危及人体健康和人身、财产安全的工业产品，必须符合保障人体健康和人身、财产安全的国家标准、行业标准；未制定国家标准、行业标准的，必须符合保障人体健康和人身、财产安全的要求。禁止生产、销售不符合保障人体健康和人身、财产安全标准和要求的工业产品。具体管理办法由国务院规定。

7.2.4 工业产品生产许可证制度

生产许可证是国家机关赋予企业生产某项产品的资格凭证，是政府对企业产品质量认可的一种证明文件，也是政府实行的一种市场准入措施。按照 2002 年国家质检总局颁布的《工业产品生产许可管理办法》的规定，国家统一制定并公布《实施工业产品生产许可证制度的产品目录》，未取得生产许可证不得生产该目录中的产品。未取得生产许可证而擅自生产该产品的，视为无证生产。③

7.2.5 强制认证制度

根据《产品质量法》第 14 条的规定，国家应参照国际先进的产品标准和技术

---

① 宋彪：《经济法案例研习教程》，中国人民大学出版社 2008 年版，第 228 页。
② 同上书。
③ 同上书。

要求，推行产品质量认证制度。企业根据自愿原则，可以向国务院产品质量监督部门认可的，或者国务院产品质量监督部门授权的部门认可的认证机构申请产品质量认证。经认证合格的，由认证机构颁发产品质量认证证书，准许企业在其产品或者包装上使用产品质量认证标志。2003年8月1日起，我国开始对涉及人类健康和安全、动植物生命和健康，以及环境保护和公共安全的产品实行强制性认证制度。

【例7-2】

〔案情〕梁某到一家商场购买了一台新款冰箱，回家后发现只有产品质量检验合格报告，没有产品合格证，遂找到商场要求退货。商场表示，其提供的质检报告中对质量已有明确表示，不需要产品合格证，况且梁某还没有使用，怎么就能预见有质量问题，因此不能退货。于是双方成讼。

〔问题〕产品质量检验报告是否可代替产品合格证？

〔分析〕首先，商品必须具有产品合格证。《产品质量法》第15条明确规定："产品或者其包装上的标识应当符合下列要求：（一）有产品质量检验合格证明……"第24条指出："销售者销售的产品的标识应当符合本法第15条的规定。"其次，质量检验报告不能替代合格证。质量检验报告一般来自委托检验，而委托检验不是法定检验，是一种普通的质量检验类别，没有对受检方进行资质审查的规定，委托检验的结果仅对来样负责，目的在于使受检方对送检产品心中有数，不能证明其他同类产品的质量，不具有普遍的法律约束力。

7.2.6 产品抽查制度

《产品质量法》规定，国家对产品质量实行以抽查为主要方式的监督检查制度，对可能危及人体健康和人身、财产安全的产品，影响国计民生的重要工业产品以及消费者、有关组织反映有质量问题的产品进行抽查。抽查的样品应当在市场上或者企业成品仓库内的待销产品中随机抽取。监督抽查工作由国务院产品质量监督部门规划和组织。县级以上地方产品质量监督部门在本行政区域内也可以组织监督抽查。抽查制度应遵循以下原则：① 国家监督抽查的产品，地方不得另行重复抽查；② 上级监督抽查的产品，下级不得另行重复抽查；③ 根据监督抽查的需要，可以对产品进行检验，检验抽取样品的数量不得超过检验的合理需要，并不得向被检查人收取检验费用，监督抽查所需检验费用按照国务院规定列支。生产者、销售者对抽查检验的结果有异议的，可以自收到检验结果之日起15日内向实施监督抽查的产品质量监督部门或者其上级产品质量监督部门申请复检，由受理复检的产品质量监督部门作出复检结论。对依法进行的产品质量监督检查，生产者、销售者不得拒绝。

【例7-3】

〔案情〕某省技术监督局在执法过程中，怀疑该省某市服装公司销售的四种高档毛料西服所使用的面料成分及含量不符合要求。在对现场进行检查并制作笔录之后，技术监督局下达了封存通知书，现场封存了该公司正在销售的这四种毛料西服共93套，并分别从4个品种中各抽取了一套做异地封存，随后又将这4套西服送质量检查机构检验，经质量检查机构出具报告，认为该西服质量应当为合格。

一个月之后，该市政府发起"打假"行动，市质量技术监督局要求对该公司的四种毛料西服再次进行检查，服装公司提出该服装已经经过省级技术监督局检查，结果为合格，不应该再做检查。市质量技术监督局认为，这次"打假"行动是全市性的，各个厂家都要接受检查，同时技术监督局要求该公司缴纳8%的检验费用。

〔问题〕质量监督检查有哪些程序要求？

〔分析〕根据产品质量法的规定，国务院产品质量监督部门主管全国产品质量监督工作。国务院有关部门在各自的职责范围内负责产品质量监督工作。县级以上地方产品质量监督部门主管本行政区域内的产品质量监督工作。县级以上地方人民政府有关部门在各自的职责范围内负责产品质量监督工作。国家监督抽查的产品，地方不得另行重复抽查；上级监督抽查的产品，下级不得另行重复抽查。根据监督抽查的需要，可以对产品进行检验。检验抽取样品的数量不得超过检验的合理需要，并不得向被检查人收取检验费用。监督抽查所需检验费用按照国务院规定列支。

因此，市技术监督局无权对服装公司已经上级检查的产品再行检查，也无权向服装公司收取检验费用。对于市技术监督局的行为，服装公司可以向上级主管部门申请行政复议，或直接向法院提起行政诉讼。[①]

7.2.7 产品召回制度

产品召回制度，是指产品进入流通领域后，如果发现产品存在可能危害消费者健康、安全的缺陷，产品的制造者或经销者应当及时采取有效措施，收回流通的缺陷产品，以消除危害发生的制度。例如，全球最大的玩具生产商美泰公司于2007年8月至9月期间3次宣布召回中国生产的部分玩具，其理由是玩具的涂料中铅含

---

① 李东方：《经济法案例教程》，知识产权出版社2006年版，第171页。

量超标。

7.3 生产者与销售者的产品质量义务

7.3.1 生产者的作为义务与不作为义务

1. 作为义务

（1）明示担保与默示担保义务。《产品质量法》第26条规定："生产者应当对其生产的产品质量负责。产品应该符合在产品或者其包装上注明采用的产品标准，符合以产品说明、实物样品等方式表明的质量状况。"此为明示担保义务。也就是说，产品的生产者一旦对产品的性能、质量作出某种明确的声明或承诺，其产品的质量必须达到产品说明的情形。

生产者承担的默示担保义务主要有两个方面：其一是产品必须不存在危及人身、财产安全的不合理的危险，有保障人体健康和人身、财产安全的国家标准、行业标准的，应当符合该标准；其二是产品质量应当具备产品应具备的使用性能，但是，对产品存在使用性能的瑕疵作出说明的除外。

（2）标注产品标识的义务。对于普通产品，应有产品质量检验合格证明，有中文标明的产品名称、生产厂厂名和厂址；根据产品的特点和使用要求，需要标明产品规格、等级、所含主要成分的名称和含量的，用中文相应予以标明；需要事先让消费者知晓的，应当在外包装上标明，或者预先向消费者提供有关资料；限期使用的产品，应当在显著位置清晰地标明生产日期和安全使用期或者失效日期。

对于特殊产品，如使用不当容易造成产品本身损坏或者可能危及人身、财产安全的产品，应当有警示标志或者中文警示说明；裸装的食品和其他根据产品的特点难以附加标识的裸装产品，可以不附加产品标识。易碎、易燃、易爆、有毒、有腐蚀性、有放射性等危险物品以及储运中不能倒置和其他有特殊要求的产品，其包装质量必须符合相应要求，依照国家有关规定作出警示标志或者中文警示说明，标明储运注意事项。

2. 不作为义务

生产者不得生产国家明令淘汰的产品，不得伪造产地，不得伪造或者冒用他人的厂名、厂址，不得伪造或者冒用认证标志等质量标志；生产产品，不得掺杂、掺假，不得以假充真、以次充好，不得以不合格产品冒充合格产品。

7.3.2 销售者的质量义务

销售者应当建立并执行进货检查验收制度，验明产品合格证明和其他标识；应当采取措施,保持销售产品的质量;不得销售国家明令淘汰并停止销售的产品和失效、变质的产品;销售者销售的产品的标识应当符合《产品质量法》第 27 条的规定;销售者不得伪造产地,不得伪造或者冒用他人的厂名、厂址;不得伪造或者冒用认证标志等质量标志;销售者销售产品,不得掺杂、掺假,不得以假充真、以次充好,不得以不合格产品冒充合格产品。

【例 7-4】

〔案情〕2011 年 5 月,甲向乙购买一台自动洗碗机,购买后甲以该设备无法进行正常洗碗工作为由,要求乙退款,遭拒后诉至法院。甲认为该设备根本不具备乙销售时所说的功能,乙则认为该机器生产厂家为正规厂商,该洗碗机具备洗碗功能,并提供该产品说明书及厂家的生产资质证明。法院委托司法鉴定,但司法鉴定中心回复:现无可对该机器设备进行鉴定的机构,故无法鉴定。后法院又与质量技术监督部门取得联系,但质监部门以该机器设备的参数无国家统一标准为由也表示无法鉴定。该案经合议庭讨论后,判决驳回原告甲的诉讼请求。

〔分析〕根据《产品质量法》第 40 条的规定,售出的产品不具备应当具备的使用性能而事先未作说明的,销售者应当负责修理、更换、退货;给购买产品的消费者造成损失的,销售者应当赔偿损失。由于技术条件的限制,导致对该产品质量无法进行鉴定,而对无法鉴定的法律后果的承担,我国民事诉讼法及证据规则均没有涉及。依据证据规则,当事人对自己提出的诉讼请求所依据的事实或者反驳对方诉讼请求所依据的事实有责任提供证据加以证明。没有证据或者证据不足以证明当事人的事实主张的,由负有举证责任的当事人承担不利后果。而本案在审理中,对乙提交的证据进行审查和质证后,证实其提供的厂家产品生产许可证、专利许可证、说明书均属真实,可以认定该产品是经国家工商部门许可生产的,是符合国家现行法律法规的。因此,法院作出驳回原告甲诉讼请求的判决是合理的。

7.4 产品质量责任制度

7.4.1 产品违约责任与侵权责任

1. 产品缺陷与侵权责任

根据产品质量法的规定,产品缺陷是指产品存在危及人身、他人财产安全的不合理的危险。与产品缺陷相对应的是侵权责任。《产品质量法》第 41 条规定,因产品存在缺陷造成人身、缺陷产品以外的其他财产损害的,生产者应当承担赔偿责任。第 43 条规定,因产品存在缺陷造成人身、他人财产损害的,受害人可以向产品的生产者要求赔偿,也可以向产品的销售者要求赔偿。属于产品生产者的责任,由产品的销售者赔偿的,产品的销售者有权向产品的生产者追偿;属于产品销售者的责任,由产品的生产者赔偿的,产品的生产者有权向产品的销售者追偿。

2. 产品瑕疵与违约责任

与"产品缺陷"相关的就是"产品瑕疵"。按照《产品质量法》第40条的规定,产品瑕疵体现在以下三个方面:

(1) 不具备产品应当具备的使用性能而事先未作说明的。
(2) 不符合在产品或者其包装上注明采用的产品标准的。
(3) 不符合以产品说明、实物样品等方式表明的质量状况的。

根据《产品质量法》第26条的规定,与产品瑕疵相对应的是违约责任,这是一种基于约定所产生的合同责任,其责任追究一般实行过错责任原则。

【例7-5】

〔案情〕王某从某百货公司买到一台冰箱,冰箱附有产品合格证。王某买回后第6天发现冰箱噪音太大,就去找百货公司交涉。百货公司说冰箱一开始使用时有噪音是正常的,过一段时间就会好。没过多长时间,冰箱的制冷器又出现了问题,到后来完全丧失了冷冻食品的功能,成为一个食品储藏柜。王某再去找百货公司,百货公司称冰箱不是他们生产的,冰箱不制冷属于技术问题,此事只有生产厂家才能解决,因此让王某去找生产厂家。王某觉得生产厂家离本市太远,让百货公司去找厂家。遭到百货公司拒绝后,王某向人民法院起诉,要求百货公司对冰箱进行维修,如修理不好,应负责退货。

〔问题〕某百货公司对售出的瑕疵产品是否应负责任?

〔分析〕产品瑕疵担保责任,是指销售者作为出卖人所交付的产品未达到某种质量标准或技术要求,未能出现买受人所期望的质量状况,从而使买受人不能按计划使用产品而产生的责任。这种责任产生的前提是当事人之间有合法的合同关系,还要求销售者不适当地履行合同。《产品质量法》第40条规定,售出的产品有下列情形之一的,销售者应当负责修理、更换、退货;给购买产品的消费者造成损失的,销售者应当赔偿损失:

(1) 不具备产品应当具备的使用性能而事先未作说明的。
(2) 不符合在产品或者其包装上注明采用的产品标准的。
(3) 不符合以产品说明、实物样品等方式表明的质量状况的。

本案中,百货公司销售的冰箱屡屡出现问题,不具备应当具备的使用性能,也不符合产品说明所表明的质量状况。因此,百货公司应当承担瑕疵担保责任。《产品质量法》第40条第2款规定,销售者依照前款规定负责修理、更换、退货、赔偿损失后，属于生产者的责任或者属于向销售者提供产品的其他销售者的责任的，销售者有权向生产者、供货者追偿。因此，百货公司承担产品瑕疵担保责任后，可以向生产者、供货者行使追偿权。①

3. 免责理由

《产品质量法》第41条规定，如果产品责任人能够证明下列情形之一，不承担赔偿责任：

（1）未将产品投入流通的。

（2）产品投入流通时，引起损害的缺陷尚不存在的。

（3）将产品投入流通时的科学技术水平尚不能发现缺陷存在的。

但如果产品责任人能够证明缺陷产品致害是因为受害人的过错或第三人的过错，则可以主张责任的减轻或免除。应当注意的是，此时受害人的过错或第三人的过错通常要求是故意或重大过失，一般过失不发生责任减免。②

7.4.2 产品质量行政责任

根据产品质量法的规定，产品生产者、销售者有以下不法行为的，应承担行政责任，包括责令停止生产、销售，没收违法生产、销售的产品，罚款，没收违法所得和吊销营业执照等。

（1）生产、销售不符合保障人体健康和人身、财产安全的国家标准、行业标准的产品。

（2）在产品中掺杂、掺假，以假充真，以次充好，或者以不合格产品冒充合格产品。

（3）生产国家明令淘汰的产品，销售国家明令淘汰并停止销售的产品。

（4）销售失效、变质的产品。

（5）伪造产品产地，伪造或者冒用他人厂名、厂址，伪造或者冒用认证标志等质量标志。

（6）产品标识不符合法律规定。

7.4.3 产品质量刑事责任

根据刑法的规定，产品生产者、销售者有生产、销售伪劣商品的犯罪行为的，要承担刑事责任并受刑事处罚。

---

① 李东方：《经济法案例教程》，知识产权出版社2006年版，第171页。
② 屈茂辉、郭哲：《经济法律通论》，中国人民大学出版社2010年版，第140页。

【引例分析提示】

销售者对消费者负有产品质量瑕疵担保责任，不能因为产品价格便宜而免责。

【课后练习】

一、不定项选择题

1. 张某到一美容院做美容，美容院使用甲厂生产的"水洁"牌护肤液为其做脸部护理，结果因该护肤液系劣质产品而致张某脸部皮肤严重灼伤，张某为此去医院治疗，花去近5 000元医药费。关于此事例，下列哪些选项是正确的？（　　）（2007年司法考试题）

   A. 张某有权要求美容院赔偿医药费

   B. 张某有权要求甲厂赔偿医药费

   C. 张某若向美容院索赔，可同时请求精神损害赔偿

   D. 美容院若向张某承担了责任，则其可以向甲厂追偿

2. 关于产品缺陷责任，下列哪一项符合产品质量法的规定？（　　）（2008年司法考试题）

   A. 基于产品缺陷的更换、退货等义务属于合同责任，因产品缺陷致人损害的赔偿义务属于侵权责任

   B. 产品缺陷责任主体应当与受害者有合同关系

   C. 产品缺陷责任一律适用过错责任原则

   D. 产品质量缺陷责任医疗适用举证责任倒置

3. 甲公司租赁乙公司大楼举办展销会，向众商户出租展台，消费者李某在其中丙公司的展台购买了一台丁公司生产的家用电暖器，使用中出现质量问题并造成伤害，李某索赔时遇上述公司互相推诿。上述公司的下列哪些主张是错误的？（　　）（2010年司法考试题）

   A. 丙公司认为属于产品质量问题，应找丁公司解决

   B. 乙公司称自己与产品质量问题无关，不应承担责任

   C. 丁公司认为产品已交丙公司包销，自己不再负责

   D. 甲公司称展销会结束后，丙公司已撤离，自己无法负责

4. 甲从国外低价购得一项未获当地政府批准销售的专利产品"近视治疗仪"。甲将产品样品和技术资料提交给我国X市卫生局指定的医疗产品检验机构。该机构未作任何检验，按照甲书写的文稿出具了该产品的检验合格报告。随后，该市退休医师协会的秘书长乙又以该协会的名义出具了该产品的质量保证书。该产品投入市场后，连续造成多起青少年因使用该产品致眼睛严重受损的事件。现除要求追究甲的刑事责任外，受害者还可以采用哪些民事补救方法？（　　）（2006年司法考

试题）
    A. 要求甲承担损害赔偿责任
    B. 要求该卫生局承担连带赔偿责任
    C. 要求该检验机构承担连带赔偿责任
    D. 要求该退休医师协会承担连带赔偿责任

二、案例分析题
　　某美容店向王某推荐一种"雅兰牌"护肤产品。王某对该品牌产品如此便宜表示疑惑，店家解释为店庆优惠。王某买回使用后，面部出现红疹瘙痒，苦不堪言。质检部门认定该产品系假冒伪劣产品，王某遂向美容店索赔。但美容店主张其不知道该产品为假名牌，不应承担全责，而王某对该产品表示疑惑仍接受了服务，因此也应该承担部分责任。请问美容店的主张是否正确？（根据2008年司法考试题改编）

第8章 食品安全法

【本章学习目标】

通过该章的学习,你应该能够:
- 了解食品安全风险监测和评估制度、食品进出口法律制度及食品安全事故处置法律制度
- 重点掌握食品安全标准制度、食品经营法律制度以及法律责任制度

【本章引例】

消费者陈女士于2009年7月1日在上海惠家超市购买了一箱蒙牛牛奶,回家后发现其中一包已经变质,于是赶往超市要求店方赔偿10箱,可是店方只同意赔偿10包。由于双方主张无法达成一致,随后陈女士向消费者委员会投诉,要求调解。①

请问,该超市应该向消费者赔偿10包还是10箱牛奶?

8.1 概述

食品安全是指食品无毒、无害,符合应当有的营养要求,对人体健康不造成任何急性、亚急性或者慢性危害。

8.1.1 食品安全法的适用范围

《中华人民共和国食品安全法》(以下简称《食品安全法》)第2条规定,在中华人民共和国境内从事下列活动,应当遵守本法:

(1) 食品生产和加工(以下称"食品生产"),食品流通和餐饮服务(以下称"食品经营")。

(2) 食品添加剂的生产经营。

(3) 用于食品的包装材料、容器、洗涤剂、消毒剂和用于食品生产和食品经营的工具、设备(以下称"食品相关产品")的生产经营。

(4) 食品生产经营者使用食品添加剂、食品相关产品。

---

① 找法网 http://china.findlaw.cn。

(5) 对食品、食品添加剂和食品相关产品的安全管理。

另外,供食用的源于农业的初级产品的质量安全管理,应遵守《中华人民共和国农产品质量安全法》的规定。但是,制定有关食用农产品的质量安全标准及公布食用农产品安全有关信息,应当遵守本法的有关规定。

【例8-1】

〔案情〕近期,很多小餐馆都向顾客提供"密封消毒餐具",并称这些餐具都是经过专门的"餐具清洗配送企业"严格消毒的,可以放心使用。但据媒体调查,很多"餐具清洗配送企业"根本没有卫生许可证,而卫生部门仅对餐饮经营企业进行餐具的安全监督和管理,对"餐具清洗配送企业"则不介入管理。

〔问题〕餐具清洗配送,需要受食品安全法的约束吗?

〔分析〕根据食品安全法的规定,在我国进行用于食品的包装材料、容器、洗涤剂、消毒剂和用于食品生产经营的工具、设备(以下称"食品相关产品")的生产经营,应当受本法约束。①

8.1.2 食品安全的第一责任人

根据《食品安全法》第3条的规定,食品生产经营者是食品安全的第一责任人,对社会与公众负责,保证食品安全,接受社会监督,承担社会责任。

8.1.3 食品安全的职责分工

(1) 国务院卫生行政部门承担食品安全综合协调职责,负责食品安全风险评估、食品安全标准制定、食品安全信息公布、食品检验机构的资质认定条件和检验规范的制定,组织查处食品安全重大事故。

(2) 国务院质量监督、工商行政管理和国家食品药品监督管理部门依照本法和国务院规定的职责,分别对食品生产、食品流通、餐饮服务活动实施监督管理。

(3) 县级以上地方人民政府统一负责、领导、组织、协调本行政区域的食品安全监督管理工作,建立健全食品安全全程监督管理的工作机制;统一领导、指挥食品安全突发事件应对工作;完善、落实食品安全监督管理责任制,对食品安全监督管理部门进行评议、考核。

(4) 食品行业协会应当加强行业自律,引导食品生产经营者依法生产经营,推动行业诚信建设,宣传、普及食品安全知识。

---

① 《中国人民共和国食品安全法案例应用版》,中国法制出版社2009年版,第3页。

8.2 食品安全风险监测和评估制度

8.2.1 监测制度

国家建立食品安全风险监测制度,对食源性疾病、食品污染以及食品中的有害因素进行监测。

(1) 食源性疾病,是指食品中致病因素进入人体引起的感染性、中毒性等疾病,包括常见的食物中毒、肠道传染病、人畜共患传染病、寄生虫病以及化学性有毒有害物质所引起的疾病。

(2) 食品污染,是指食品及其原料在生产、加工、运输、包装、储存、销售、烹饪等过程中,因农药、废水、污水、各种食品添加剂、病虫害和家畜疫病所引起的污染,以及霉菌毒素引起的食品霉变,运输、包装材料中有毒物质等对食品所造成的污染的总称。

(3) 食品中的有害因素,包括食品污染物(如细菌、病毒等)、食品添加剂、食品中天然存在的有害物质(如大豆中存在的蛋白酶抑制剂)以及食品在加工或保存过程中产生的有害物质等(如酿酒过程中产生的甲醇等物质)。

国务院卫生行政部门会同国务院有关部门制定、实施国家食品安全风险监测计划。省、自治区、直辖市人民政府卫生行政部门根据国家食品安全风险监测计划,结合本行政区域的具体情况,组织制订、实施本行政区域的食品安全风险监测方案。国务院农业行政、质量监督、工商行政管理和国家食品药品监督管理等有关部门获知有关食品安全风险信息后,应当立即向国务院卫生行政部门通报。国务院卫生行政部门会同有关部门对信息核实后,应当及时调整食品安全风险监测计划。

8.2.2 风险评估制度

国家建立食品安全风险评估制度,对食品、食品添加剂中的生物性、化学性和物理性危害进行风险评估。食品安全风险评估应当运用科学方法,根据食品安全风险监测信息、科学数据以及其他有关信息进行。

国务院卫生行政部门负责组织食品安全风险评估工作,成立由医学、农业、食品、营养等方面的专家组成的食品安全风险评估专家委员会进行食品安全风险评估。对农药、肥料、生长调节剂、兽药、饲料和饲料添加剂等的安全性评估,应当有食品安全风险评估专家委员会的专家参与。

8.3 食品安全标准法律制度

8.3.1 宗旨

制定食品安全标准，应当以保障公众身体健康为宗旨，做到科学合理、安全可靠。

8.3.2 食品安全标准的内容

（1）食品、食品相关产品中的致病性微生物、农药残留、兽药残留、重金属、污染物质以及其他危害人体健康物质的限量规定。

（2）食品添加剂的品种、使用范围、用量。

（3）专供婴幼儿和其他特定人群的主辅食品的营养成分要求。

（4）对与食品安全、营养有关的标签、标识、说明书的要求。

（5）食品生产经营过程的卫生要求。

（6）与食品安全有关的质量要求。

（7）食品的检验方法与规程。

（8）其他需要制定为食品安全标准的内容。

8.3.3 食品安全标准的强制性

食品安全标准是强制执行的标准。除食品安全标准外，不得制定其他食品强制性标准。

8.3.4 食品安全标准的制定权限

食品安全国家标准由国务院卫生行政部门负责制定、公布，国务院标准化行政部门提供国家标准编号。没有食品安全国家标准的，可以制定食品安全地方标准（应当报国务院卫生行政部门备案）。另外，企业标准应当报省级卫生行政部门备案，在本企业内部适用。

【例8-2】

〔案情〕质量技术监督局对某乳业有限公司生产与销售的山羊奶片产品进行监督检查。经检验，该产品蛋白质含量不符合产品质量明示值（≥12%），被检验为不合格。为此，某市区质量技术监督局以某乳业有限公司生产销售的山羊奶片是以次充好为由，责令该乳业有限公司停止生产、销售该以次充好的山羊奶片，并处

292 500 元罚款。该乳业有限公司不服,认为其生产销售的山羊奶片的蛋白质含量虽然没有达到包装盒上标明的≥12%,但已达到企业标准蛋白质含量≥10%,遂申请行政复议,复议机关作出了维持原判的决定。

〔问题〕某乳业有限公司生产销售的山羊奶片符合企业标准蛋白质含量≥10%,就不应被认定为"以次充好"吗?

〔分析〕由于山羊奶片这类产品目前没有食品安全国家标准和地方标准,而某乳业公司也没有提供过备案的企业标准,因此,该乳业公司在其产品包装上标注明示值作为质量检验的依据是符合相关法律法规规定的。但根据《关于实施〈中华人民共和国产品质量法〉若干问题的意见》的规定,以次充好认定的依据在于是否以某种形式将低档次、低等级的产品冒充为高档次、高等级的产品,或以旧产品冒充新产品,而与低档次、低等级或旧产品是否符合相关标准无关。本案中,某乳业公司生产销售的山羊奶片蛋白质含量为≥10%,而其包装上却标注蛋白质≥12%,这一行为应认定为"以次充好"。山羊奶片产品是否符合相关食品安全标准,与本案无关。[1]

8.4 食品安全控制

根据食品安全法的规定,食品生产经营应当符合食品安全标准,并符合下列要求:① 食品生产经营场所要安全;② 生产经营设备或者设施要安全;③ 有专门的安全技术人员和规章;④ 要有合理的设备布局和工艺流程;⑤ 食品的容器要安全;⑥ 贮存、运输和装卸要安全;⑦ 直接入口的食品应当有小包装或者使用无毒、清洁的包装材料、餐具;⑧ 食品生产经营人员要卫生安全;⑨ 用水应当符合国家规定的生活饮用水卫生标准;⑩ 使用的洗涤剂、消毒剂应当对人体安全、无害;⑪ 符合其他法律、法规的规定。

食品生产者与经营者禁止生产经营下列食品:① 非食品原料生产或非法添加剂;② 危害物质超标;③ 营养成分不符合标准的婴幼食品;④ 腐败变质等异常食品;⑤ 非正常死亡的动物肉类;⑥ 未检疫或检疫不合格的肉类;⑦ 包装、容器污染;⑧ 超过保质期;⑨ 无标签的预包装食品;⑩ 国家为防病等特殊需要明令禁止生产经营的食品;⑪ 其他不符合食品安全标准或者要求的食品。

8.4.1 食品生产经营许可制度

从事食品生产、食品流通、餐饮服务,应当依法取得食品生产许可、食品流通

---

[1] 聂国财:《食品安全法律政策解答与典型案例》,中国法制出版社2009年版,第105页。

许可、餐饮服务许可。

取得食品生产许可的食品生产者在其生产场所销售其生产的食品,不需要取得食品流通的许可;取得餐饮服务许可的餐饮服务提供者在其餐饮服务场所出售其制作加工的食品,不需要取得食品生产和流通的许可;农民个人销售其自产的食用农产品,不需要取得食品流通的许可。

集中交易市场的开办者、柜台出租者和展销会举办者,应当审查入场食品经营者的许可证,明确入场食品经营者的食品安全管理责任,定期对入场食品经营者的经营环境和条件进行检查,发现食品经营者有违反本法规定行为的,应当及时制止并立即报告所在地县级工商行政管理部门或者食品药品监督管理部门。

集中交易市场的开办者、柜台出租者和展销会举办者未履行前款规定义务,本市场发生食品安全事故的,应当承担连带责任。

【例8-3】

2009年1月8日,会宁县工商局宴门川工商所根据群众举报线索,对会宁县车站某经销部进行检查,发现当事人经销的"天牌"纯牛奶、早餐奶没有该批次产品的质检报告。经查实,当事人于2007年11月8日代理平凉市崆峒区天天乳制品厂产品以来,分别以每箱进价13元的价格购进平凉市天天乳制品厂生产的"天牌"纯牛奶80箱,早餐奶30箱,购货款为1 430元。购进后当事人在没有该产品质检报告的情况下以每箱15元的价格销售纯牛奶及早餐奶95箱,获违法所得190元。当事人在没有该产品质检报告的情况下擅自销售奶制品的行为,违反了《国务院关于加强食品等产品安全监督管理的特别规定》的有关规定,属销售不能提供质检报告商品的行为。该局依法对当事人作出没收违法所得190元,没收"天牌"纯牛奶12箱,早餐奶3箱,处以罚款4 950元的行政处罚。[①]

8.4.2 食品添加剂生产许可制度

申请食品添加剂生产许可的条件、程序,按照国家有关工业产品生产许可证管理的规定执行。

申请利用新的食品原料从事食品生产或者从事食品添加剂新品种、食品相关产品新品种生产活动的单位或者个人,应当向国务院卫生行政部门提交相关产品的安全性评估材料。国务院卫生行政部门应当自收到申请之日起60日内组织对相关产品的安全性评估材料进行审查。对符合食品安全要求的,依法决定准予许可并予以

---

① 案情及其分析均源自 http://china.findlaw.cn/xfwq/shipinanquan/aqal/1366.html。

公布；对不符合食品安全要求的，决定不予许可并书面说明理由。

食品和食品添加剂的标签、说明书，不得含有虚假、夸大的内容，不得涉及疾病预防、治疗功能。生产者对标签、说明书上所载明的内容负责。

食品和食品添加剂的标签、说明书应当清楚、明显，容易辨识。

食品和食品添加剂与其标签、说明书所载明的内容不符的，不得上市销售。

8.4.3 从业人员健康管理制度

根据《食品安全法》第34条的规定，患有痢疾、伤寒、病毒性肝炎等消化道传染病的人员，以及患有活动性肺结核、化脓性或者渗出性皮肤病等有碍食品安全的疾病的人员，不得从事接触直接入口食品的工作。

8.4.4 食品召回制度

食品生产者如发现其生产的食品不符合食品安全标准，应当立即停止生产，召回已经上市销售的食品，通知相关生产经营者和消费者，并记录召回和通知情况。

食品生产者应当对召回的食品采取补救、无害化处理、销毁等措施，并将食品召回和处理情况向县级以上质量监督部门报告。

食品经营者如发现其经营的食品不符合食品安全标准，应当立即停止经营，通知相关生产经营者和消费者，并记录停止经营和通知情况。食品生产者认为应当召回的，应当立即召回。

食品生产经营者未依照本条规定召回或者停止经营不符合食品安全标准的食品的，县级以上质量监督、工商行政管理、食品药品监督管理部门可以责令其召回或者停止经营。

【例8-4】

〔案情〕2008年6月15日，兰溪市消保委接到消费者赵某投诉称：她13个月大的小孩于当天中午在某酒店就餐时，喝了一瓶伊利纯牛奶，喝到一半时发现牛奶有沉淀结块现象，怀疑有质量问题。接诉后，消委会和工商局12315举报申诉中心工作人员立即与伊利牛奶兰溪销售员以及经销商章某取得联系，并了解该牛奶为2008年1月7日生产，在保质期内出现沉淀结块。经召集双方调解，达成一致意见：由经销商赔偿500元作为小孩的检查费、医药费。6月18日，消委会再次接到赵某投诉，称她购买的同批次的两箱牛奶，又出现同样的质量问题，孩子喝后出现腹泻现象。经双方协调，商家同意再赔偿赵某医药费等人民币1 000元，并更换了两箱新批次的牛奶。因食品安全直接涉及人身健康，消委会工作人员一方面依法责令销售商召回该批次牛奶，同时通过媒体告知消费者，并开展调查、送检，又发现 2008 年 1 月 9 日生产的 2 500 箱纯牛奶也有类似问题,也一同被列为召回范围。消费者得知消息后,纷纷找经销商更换新批次的牛奶。经检测,2008 年 1 月 7 日生产的牛奶质量不合格,兰溪市工商局依法对销售商处以罚款 38 000 元。

〔分析〕食品质量直接涉及人身健康。根据《食品召回管理规定》的规定:"发现食品生产者生产的食品存在安全隐患,可能对人体健康和生命安全造成损害的","应当责令召回不安全食品,并可以发布有关食品安全信息和消费警示信息,或采取其他避免危害发生的措施"。本案中,兰溪市消委会、工商部门责令销售商对受侵害的消费者给予赔偿,同时召回有质量问题的牛奶,发布消费提示,并依法查处,是符合法律规定的。[①]

8.4.5 食品进出口制度

进口的食品、食品添加剂以及食品相关产品应当符合我国食品安全国家标准。进口的食品应当经出入境检验检疫机构检验合格后,海关凭出入境检验检疫机构签发的通关证明放行。

进口尚无食品安全国家标准的食品,或者首次进口食品添加剂新品种、食品相关产品新品种,进口商应当向国务院卫生行政部门(不是海关或出入境检验检疫机构)提出申请并提交相关的安全性评估材料。

境外发生的食品安全事件可能对我国境内造成影响,或者在进口食品中发现严重食品安全问题的,国家出入境检验检疫部门应当及时采取风险预警或者控制措施,并向国务院卫生行政、农业行政、工商行政管理和国家食品药品监督管理部门通报。接到通报的部门应当及时采取相应措施。

进口的预包装食品应当有中文标签、中文说明书。

8.5 食品检验制度

食品检验机构按照国家有关认证认可的规定取得资质认定后,方可从事食品检验活动。

食品安全监督管理部门对食品不得实施免检。县级以上质量监督、工商行政管理、食品药品监督管理部门应当对食品进行定期或者不定期的抽样检验。进行抽样检验时,应当购买抽取的样品,不得收取检验费和其他任何费用。

食品行业协会等组织或消费者需要委托食品检验机构对食品进行检验的,应当委托符合本法规定的食品检验机构进行检验。

---

① 案情以及分析均源自 http://china.findlaw.cn/xfwq/shipinanquan/aqal/1305_4.html。

8.6 食品安全事故处置机制

8.6.1 紧急预案制度

国务院组织制定国家食品安全事故应急预案，县级以上地方人民政府应当根据有关法律、法规的规定和上级人民政府的食品安全事故应急预案以及本地区的实际情况，制定本行政区域的食品安全事故应急预案，并报上一级人民政府备案。

8.6.2 报告、处置程序

（1）发生食品安全事故的单位应当立即予以处置，防止事故扩大。事故发生单位和接收病人进行治疗的单位应当及时向事故发生地县级卫生行政部门报告。

（2）农业行政、质量监督、工商行政管理、食品药品监督管理部门在日常监督管理中发现食品安全事故，或者接到有关食品安全事故的举报，应当立即向卫生行政部门通报。

（3）县级以上卫生行政部门接到食品安全事故的报告后，应当立即会同有关农业行政、质量监督、工商行政管理、食品药品监督管理部门进行调查处理，并采取措施（展开救援、封存、检验、清洗消毒、信息发布），防止或者减轻社会危害。

（4）发生重大事故的，县级以上人民政府应当立即成立食品安全事故处置指挥机构，启动应急预案。设区的市级以上人民政府卫生行政部门应当立即会同有关部门进行事故责任调查，督促有关部门履行职责，向本级人民政府提出事故责任调查处理报告。重大食品安全事故涉及两个以上省、自治区、直辖市的，由国务院卫生行政部门组织事故责任调查。

8.7 法律责任

8.7.1 吊销许可证

由于食品生产经营实行许可证制度，因而在违法行为情节严重或造成严重后果的情况下都可以吊销相应的许可证，只有《食品安全法》第92条第2款规定的情况不强调情节严重或后果严重，即食品生产经营者聘用不得从事食品生产经营管理工作的人员从事管理工作的，由原发证部门吊销许可证。

另外，被吊销食品生产、流通或者餐饮服务许可证的单位，其直接负责的主管人员自处罚决定作出之日起5年内不得从事食品生产经营管理工作。

8.7.2 行政责任

根据《食品安全法》第95条的规定，违反本法规定，县级以上地方人民政府在食品安全监督管理中未履行职责，本行政区域出现重大食品安全事故、造成严重社会影响的，依法对直接负责的主管人员和其他直接责任人员给予记大过、降级、撤职或者开除的处分。违反本法规定，县级以上卫生行政、农业行政、质量监督、工商行政管理、食品药品监督管理部门或者其他有关行政部门不履行本法规定的职责或者滥用职权、玩忽职守、徇私舞弊的，最低的处罚也是记大过，并且其主要负责人应当引咎辞职。上述规定对于违法向消费者推荐食品的食品安全监督管理部门或者承担食品检验职责的机构、食品行业协会、消费者协会的主管人员和其他直接责任人员也适用。

8.7.3 10倍赔偿制度

根据《食品安全法》第96条的规定，生产不符合食品安全标准的食品或者销售明知是不符合食品安全标准的食品，消费者除要求赔偿损失外，还可以向生产者或者销售者要求支付价款10倍的赔偿金。

【例8-5】

〔案情〕2011年1月26日，阎某在长宁区红宝石路某地下超市买了一盒价格为270元的"利可塔芝士"。该商品的外包装上注明生产日期为2010年12月22日，保质期至2011年1月25日。阎某购买后发现该商品已超过保质期，没有食用。7月11日，阎某向长宁区法院起诉，要求某超市退还购物款270元，赔偿10倍货款共计2 700元。某超市表示，原告阎某购买的"利可塔芝士"确实是自己出售的，因为超市刚开张，工作上存在疏忽，贴错了标签，愿意退还270元。但是原告购买的食品过期才1天，而且原告之前在法院有多起针对该超市的相关诉讼。因此，原告阎某并不是普通的消费者，而是以此营利的职业打假人，因此某超市不同意原告阎某的诉讼请求。

〔分析〕首先，我国食品安全法规定禁止生产经营超过保质期的食品，违反法律规定，造成人身、财产或者其他损害的，依法承担赔偿责任；销售明知是不符合食品安全标准的食品，消费者除要求赔偿损失外，还可以向销售者要求支付价款10倍的赔偿金。

其次，法律关于惩罚性赔偿的规定，基本出发点在于制约生产者、经营者侵犯消费者身体健康和人身安全的非法行为，而非限制职业打假人的打假动机和打假行为，即使本案原告存在职业打假的动机和行为，只要他没有将所购商品再进行转让和出售,就应当归于消费者的范畴,同样应当获得相关法律的保护。①

【引例分析提示】

《中华人民共和国食品安全法》第 96 条规定:生产不符合食品安全标准的食品或者销售明知是不符合食品安全标准的食品,消费者除要求赔偿损失外,还可以向生产者或者销售者要求支付价款 10 倍的赔偿金。由此我们认为应当是按照 10 箱的价款赔偿,理由是条款已经明确指出是价款的 10 倍,消费者购买的价款就是一箱的价款。

【课后练习】

一、不定项选择题

1. 关于国家食品安全风险监测制度,下列哪些表述是正确的?(　　)(2009 年司法考试题)

    A. 食品安全风险监测制度以食源性疾病、食品污染以及食品中的有害因素为监测对象

    B. 食品安全风险监测计划由国务院卫生行政部门会同有关部门制定、实施

    C. 通过食品安全风险监测发现食品安全隐患时,国务院卫生行政部门应当立即进行检验和食品安全风险评估

    D. 食品安全风险监测信息是制定、修订食品安全标准和对食品安全实施监督管理的科学依据

2. 关于食品添加剂管制,下列哪一说法符合食品安全法的规定?(　　)(2011 年司法考试题)

    A. 向食品生产者供应新型食品添加剂,必须持有省级卫生行政部门发放的特别许可证

    B. 未获得食品添加剂销售许可的企业,不得销售含有食品添加剂的食品

    C. 生产含有食品添加剂的食品的,必须给产品包装加上载有"食品添加剂"字样的标签

    D. 销售含有食品添加剂的食品的,必须在销售场所设置载明"食品添加剂"字样的专柜

---

① 案情以及分析均源自 http://www.110.com/ziliao/article-263062.html。

二、案例分析题

某企业明知其产品不符合食品安全标准,仍予以销售,造成消费者损害。请问该企业应承担何种法律责任?(根据2010年司法考试题改编)

第9章 广告法律制度

【本章学习目标】

通过该章的学习，你应该能够：
- 了解我国广告法律制度下的广告发布准则和审查制度
- 了解违反广告法的行为表现形式及应该承担的法律责任

【本章引例】

2012年3月，某市电视台密集播发了一则"增高"治疗器的电视购物广告。广告声称该产品对增高具有特别疗效，并经中国科学院及有关专家鉴定，符合科学及医学原理，特别适合14～25岁的青年男女使用，使用一个月后便可有不同程度的长高，并留下了该产品的生产厂家、咨询电话和联系方式。市民刘某一直苦于身材矮小，此前试行过多种增高方式，但都未见明显成效，于是决定购买这种"增高"治疗器。使用了3个月后，刘某仍未见任何增高效果，遂向电视台发出质疑，询问了该产品和商家的有关情况。电视台也紧急叫停该广告，向有关行政部门提供商家的联系方式并进行调查。后经调查核实，所谓的"增高"治疗器根本没有增高的功效。刘某认为电视台发布虚假广告，应对其造成的损失承担赔偿责任。

请问，电视台是否需要对消费者的损失承担责任？

9.1 广告的概念及特征

9.1.1 广告的概念

广告是为了某种特定的需要，通过一定形式的媒体，公开而广泛地向公众传递信息的宣传手段。广告有广义和狭义之分，广义广告包括非商业广告和商业广告。非商业广告是指不以营利为目的的广告，又称效应广告，如政府行政部门、社会事业单位的各种"政府通告"、"聚会通知"乃至个人的"征婚启事"等一些与经济无关的广告，主要目的是推广，主要体现为公益广告、政治广告等；狭义广告仅指商业广告，是指以营利为目的的广告，通常是商品生产者、经营者和消费者之间沟通信息的重要手段，或企业占领市场、推销产品、提供劳务的重要形式，主要目的是扩大经济效益。

《中华人民共和国广告法》第2条规定："本法所称广告，是指商品经营者或者服务提供者承担费用，通过一定媒介和形式直接或者间接地介绍自己所推销的商品或者所提供的服务的商业广告。"由此可知，广告法所调整规范的对象是商业广告，非商业广告不受该法限制。非商业广告应该要符合民法通则或是合同法的相关内容。

9.1.2 商业广告的特点

（1）商业广告必然以营利为目的。广告主希望通过广告活动让消费者对广告产品以及品牌产生良好印象，进而去购买广告宣传的产品或服务，从而提高产品销售量。

（2）商业广告是在传播商业信息。商业广告向人们传递有关商品、服务、企业等经济、科技、文化诸方面的信息，甚至是一些价值观念或生活方式，希望能借此影响到消费者的消费选择。

（3）商业广告需要支付广告费用。广告费用，是指企业通过各种媒体宣传或发放赠品等方式，激发消费者对其产品或劳务的购买欲望，以达到促销的目的所支付的费用。

（4）商业广告需要通过一定的媒介或形式。主要包括通过报刊、广播、电视、电影、路牌、橱窗、印刷品、霓虹灯等媒介或者形式刊播、设置、张贴广告。

9.1.3 特殊的广告形式界定

在现实生活中，商家或是相关主体经常会推出一些性质比较模糊的广告，在界定是否属于商业广告的时候需要特别注意。

1. 以公益广告的方式进行商业宣传

判断一则广告是否属于商业广告，一个重要的依据是看其是否以营利为目的，以公益广告的形式进行商品宣传也应当由广告法调整。

2. 征婚广告

广告法中所称的广告，是指商品经营者或者服务提供者承担费用，通过一定媒介介绍自己所推销的商品或服务的商业广告。征婚是指符合结婚条件的男女以择偶为目的，通过某种公开的形式介绍自身基本情况，希望吸引社会不特定人士与其交往的行为，但这种交往并非促成一定结果，而取决于征婚双方的意志。因此，征婚不是商业行为，征婚广告亦不是商业广告。

3. 在包装物上宣传、介绍产品

根据《中华人民共和国广告法》第2条的规定，在包装物上直接或间接地宣传、介绍产品,是广告的一种形式;对含有宣传、介绍内容的包装物,应认定为广告宣传品。

4. 产品简介

国家工商总局广告司明确指出:附着在商品包装内的产品简介,符合广告法中广告的特征,应依照广告法进行监督管理。①

5. 在产品展览、展示会上的宣传品

广告的内容广泛、形式多样,并在不断发展,但只要是为介绍产品或服务、传递信息、树立形象、提出意见或建议等进行的自我宣传,都应认定为广告。在产品展览、展示会上的宣传品也应纳入广告管理。

6. 商品的标签以及附着于商品上的包装、装潢

依照《反不正当竞争法》第5条第(四)项的规定,被认定为"商品上"的表示,不属于广告;该法第9条还规定了广告以外的"其他方法",如说明书,在经营场所雇佣他人进行的诱导,在经营场所对商品所作的文字标注、说明、解释以及新闻媒体的新闻报道等,这些与广告法上所说的广告也有所不同。

9.2 广告法律制度

9.2.1 广告法体系

在我国,广告法规起步较晚,广告法规的建立健全则是近十几年的事情。1982年6月,国务院颁布《广告管理暂行条例》。1987年10月26日,国务院正式颁布了《广告管理条例》,于1987年12月1日起施行。根据《广告管理条例》,1988年1月9日,国家工商行政管理局发布了《广告管理条例施行细则》。直到1994年,经中华人民共和国第八届全国人民代表大会第十次会议审议通过了《中华人民共和国广告法》(以下简称《广告法》),并于1995年2月1日起施行,从而使我国的广告业走上了法制化轨道。

关于广告法的概念,通说认为广告法有广义和狭义之分,狭义的广告法,是指国家立法机关依照一定的法律程序所制定的专门调整广告活动的法律,即广告法典,特指《中华人民共和国广告法》这部法典。广义的广告法,是指用来调整广告管理、广告活动的强制性行为规范的总称。随着社会主义市场经济的发展,中国广告法制建设也日趋完善,基本建立起了多层次、多方位、多角度的广告法制体

---

① 国家工商总局广告司给宁夏回族自治区工商局《关于"产品简介是否属于广告的请示"的答复》。

系。广义的广告法除了《中华人民共和国广告法》以外，还包括国务院及有关主管部门制定和颁布的广告管理的行政法规和规章，以及地方性法规、规章等。具体包括：《广告管理条例施行细则》（2000 年），《医疗器械广告审查办法》（2009 年），《酒类广告管理办法》（1995 年），《房地产广告发布暂行规定》（1998 年），《食品广告发布暂行规定》（1998 年），《医疗广告管理办法》（1993 年），《广告行业公平竞争自律守则》（1999 年），《印刷品广告管理办法》（2000 年），《广播电视广告播出管理办法》（2010 年），《大众传播媒介广告发布审查规定》（2012 年），等等。

9.2.2 广告法的基本原则

1. 真实、合法的原则

《广告法》第 3 条规定："广告应当真实、合法，符合社会主义精神文明建设的要求。"广告的真实性是指，一方面要求广告主在广告中提出的任何主张和陈述都是客观真实的，其所依据的数据、资料都是可以证实的，其所援引的依据和证据都是合法有效的；另一方面，任何广告不得通过直接或者间接说明的方法，或者通过省略、含糊或夸大的方法误导消费者，也不得利用过时的研究成果或者滥用科技资料，让广告受众误认为其广告的主张或者说明是真实的。广告的合法性，是指广告的形式和内容都必须遵守法律和行政法规的规定，不得违反公序良俗或者损害他人利益。广告的合法性，又可分为广告内容的合法性和广告形式的合法性。

2. 保护消费者权益的原则

根据《消费者权益保护法》的规定："消费者对商品和服务享有知情权，经营者必须提供商品和服务的真实信息，不得作引人误解的虚假宣传。"这就要求广告作为消费者的导购指南，必须从保护消费者的合法权益出发，要求广告的内容必须清晰、明白，不能用模糊不清的语言，使消费者误购；更不能夸大或是欺骗，侵犯消费者在使用商品或是接受服务时的安全权。

3. 守法、公平、诚实信用原则

《广告法》第 5 条规定："广告主、广告经营者、广告发布者从事广告活动，应当遵守诚实信用原则。"这项原则要求广告行为主体在广告活动中应保持善意、诚实，恪守信用，反对任何形式的误导和欺骗。任何广告在设计时不得滥用消费者的信任或者利用消费者缺乏经验或者知识欠缺，弄虚作假、欺骗误导。更不得利用广告这种具有广泛影响力和说服力的宣传形式，诋毁、贬损其他经营者。凡参与广告市场竞争的广告行为主体，都应当依照同一规则从事广告活动，严禁广告行为主体利用其优势，采用任何非正当的或者不道德的手段进行不公平竞争。诸如利用回扣、贿赂等手段承揽广告业务，或者利用自身优势垄断广告市场，阻碍他人参与广告市场的公平竞争,等等。

9.3 广告准则

广告准则又称广告标准,是指发布广告的一般原则与限制,是判断广告是否合法的依据,是广告法律、法规规定的广告内容与形式应符合的要求。

9.3.1 广告准则的作用

(1) 规范广告活动行为。广告经营者应当依据国家有关规定查验有关证明,核实广告内容是否符合广告标准。

(2) 广告发布者在发布广告时审查广告内容和形式的依据。广告发布者在发布广告之前应当依照法律、法规的规定,审查证明广告内容真实性的文件,审查广告内容和形式是否符合广告准则,以决定是否发布某一广告。

(3) 广告审查机关进行广告审查的依据。对于一些涉及人体健康和人民财产、生产安全的特殊商品广告,发布前应当进行事先审查。广告审查机关必须在发布前依照广告准则以及法律、法规和其他有关规定,对广告内容进行审查,未经审查或者审查不符合有关规定的,不得发布。

(4) 判断违法广告的重要依据。广告监督管理机关对已发布的广告有事后监督的责任和权力,广告监督管理机关应当依据广告准则及其他规定,对已发布的广告进行监督,查处违法广告。

(5) 在有关广告的诉讼中,广告准则也是司法审判的重要依据。

9.3.2 广告的一般准则

《广告法》第7条至第13条规定了广告的一般准则,所有商业广告都必须遵守。

1. 广告内容应当有利于人民的身心健康

广告内容应当有利于人民的身心健康,促进商品和服务质量的提高,保护消费者的合法权益,遵守社会公德和职业道德,维护国家的尊严和利益。具体体现为广告不得有下列情形:① 使用中华人民共和国国旗、国徽、国歌;② 使用国家机关和国家机关工作人员的名义;③ 使用"国家级"、"最高级"、"最佳"等用语;④ 妨碍社会安定和危害人身、财产安全,损害社会公共利益;⑤ 妨碍社会公共秩序和违背社会良好风尚;⑥ 含有淫秽、迷信、恐怖、暴力、丑恶的内容;⑦ 含有民族、种族、宗教、性别歧视的内容;⑧ 妨碍环境和自然资源保护;⑨ 法律、行政法规规定禁止的其他情形。

2. 广告不得损害未成年人和残疾人的身心健康

未成年人是指未满18周岁的公民。广告不得损害未成年人和残疾人的身心健康，主要包括以下方面的内容：① 在制作、发布广告时要尊重他们的权利，维护他们的尊严；② 广告语言、文字、画面不得含有歧视、侮辱未成年人和残疾人的内容；③ 有关未成年人和残疾人的饮食品、用具、器械等商品的广告，应当真实、明白、容易理解，真实反映产品质量，明白无误地说明产品的性能、用途及使用方法，不得损害残疾人的身体健康。

【例9-1】

〔案情〕2009年，某白酒企业曾推出过一则白酒广告，广告中女老师提问："小朋友，谁知道什么是绿色的？"小朋友一："小草是绿色的"；小朋友二："树叶是绿色的"；小朋友三："老师，我爸爸说了，'某某'白酒是绿色的，喝了不上头。"

2012年，另一白酒集团推出一则白酒的海报，在小区电梯间广泛张贴。该海报以浓咖啡色为底色，图案包括2个红色灯笼、3瓶老郎酒以及一老一小祖孙俩，其中老人一手拿着一把绘有脸谱的扇子，另一手拿着毛笔微笑地看着小孙子，而小孩一只手却握着一瓶"老郎酒"。海报配有几行文字："老郎酒，懂得传承。我总是无法忘记。记忆中的那些傍晚。我总是想知道，爷爷陶醉而安详的表情，是不是因为那个瓶子里飘出来的味道。"

〔问题〕这两则广告存在什么不妥之处？

〔分析〕《广告法》第7条第5款规定，不得出现"妨碍社会公共秩序和违背社会良好风尚"的内容；《广告法》第8条规定，"广告不得损害未成年人和残疾人的身心健康"。而且，这些广告已经涉嫌违反了国家工商总局制定的《酒类广告管理办法》。《酒类广告管理办法》规定，为了保护未成年人的成长，烈性白酒尤其是酒类饮料的广告中"不得出现未成年人形象"。中国广告协会也曾专门印发了《传播文明高尚广告，关爱少年儿童身心健康倡议书》（以下简称《倡议书》）。《倡议书》明确提出，"药品、医疗、医疗器械、酒类、烟草等广告中不应出现青少年儿童的形象，或者使用青少年儿童的名义做宣传"。

这两则广告都已违反了这些广告法律制度的相关规定，利用儿童形象，附带煽情文字，让孩子来促销酒，对青少年成长非常不利。儿童大脑发育比较缓慢，摄入过多的酒精会影响大脑的发育，严重损害其记忆力，用儿童做白酒广告，违背了社会道德。

3. 广告内容必须清晰、明白

广告中对商品的性能、产地、用途、质量、价格、生产者、有效期限、允许或者对服务的内容、形式、质量、价格、允诺有表示的，应当清楚、明白。广告中表明推销商品、提供服务附带赠送礼品的，就当标明赠送的品种和数量。

第9章 广告法律制度

4. 广告使用数据、统计资料、调查结果、文摘、引用语,应当真实、准确,并标明出处

【例9-2】

〔案情〕"某某牌降压表"的手表在媒体及网上叫卖,称"高血压患者,只要戴上降压表,就可不打针、不吃药,血压便可降到正常值"。这款号称荣获第21届瑞士日内瓦国际新发明博览会金奖的手表,其适应症范围说明书长达200多字,涵盖了高血压、心梗和脑梗等在内的所有心脑血管疾病,连老年痴呆、半身不遂、内分泌失调、Ⅱ型糖尿病,甚至恶性肿瘤都能治,售价为298元。但是,不少消费者反映佩戴降压手表之后高血压丝毫没有好转,该产品已经被多次曝光为欺骗消费者的"魔表"。

〔分析〕经调查,广告中数据统计资料、调查结果等不准确,构成违法广告。而且这种手表既然在说明书中提及具有治疗高血压的功效,实际上就把自己归到了医疗器械产品上,这就必须具备医疗器械注册证。在其出示的产品说明书中,医疗器械注册证是1994年颁发的。按照规定,医疗器械注册证的有效期只有4年,这是一个早在1998年就过期的医疗器械注册证。还有,该种手表的生产地在天津,而产品的注册地却是在上海。种种事实表明,生产和销售该降压表的公司已经严重违反了广告法的规定。

5. 广告中应有明显的专利号或专利种类

广告中涉及专利产品或者专利方法的,应当标明专利号和专利种类。未取得专利权的,不得在广告中谎称取得专利权。禁止使用未授予专利权的专利申请和已经终止、撤销、无效的专利广告。

6. 广告不得贬低其他生产经营者的商品或者服务

广告中直接含有贬损其他企业产品和服务的内容,或是以诋毁的方法给竞争产品或服务不公正的评价;进行不全面的比较,抬高自己,贬损他人;侵害竞争产品或服务的声誉,损害了竞争对手的合法权益等,均属于不正当竞争行为。

7. 广告应当具有可识别性

大众传播媒介不得以新闻报道形式发布广告。特别是利用电视、广播、杂志、报纸等大众传播媒体发布广告时,必须与其他非广告信息相区别,不得使消费者产生误解。

【例9-3】

〔案情〕读者经常可以在《北京青年报》头版、国际版或其他各个版面的国内外新闻中见到大篇幅的报道,诸如《9米巨幅"毛泽东黄金卷"震撼发行》、《北京发现"圆明园全景"黄金卷》、《"首都古钱币大全"圆满结束发行》、《整套中国历代纸币惹火京城投资人》、《"08奥运金盘"首都配额发行告急》。该报还在12版以"专题"的名义刊登新闻形式的广告,例如《香港回归宝鼎热销断货》、《祝贺第四届世界养生大会平邑论坛暨新闻发布会在京隆重召开》等等。

〔问题〕这种类型的广告存在什么不妥之处?

〔分析〕这些"新闻"的特点都是在介绍所谓的收藏品,而且在文章的最后都留下了联系方式或咨询方式,属于广告,是以客观真实的"新闻"外衣来伪装的商业广告;即便有一些在某个角落有标明"广告"字样,但是都很小,不容易被发现。

1997年1月15日,《中宣部、广播电影电视部、新闻出版署、中华全国新闻工作者协会关于禁止有偿新闻的若干规定》发布实施,其中第8条规定:"新闻报道与广告必须严格区分,新闻报道不得收取任何费用,不得以新闻报道形式为企业或产品做广告。凡收取费用的专版、专刊、专页、专栏、节目等,均属广告,必须有广告标识,与其他广告信息相区别。"2001年国家工商行政管理局、国家广播电视总局、新闻出版总署《关于进一步加强对大众传播媒介广告宣传管理的通知》第7条也明确规定:"不得以任何新闻报道形式刊播或变相刊播广告,……各类大众传播媒介有关人物专访、企业专题等报道中不得含有地址、电话、联系办法等广告宣传内容。"

以新闻报道形式发布的广告,属于欺骗和误导消费者的商业欺诈行为,常见的形式有:一是在广告版面不标明"广告"标记,而使用"专版"、"专题"、"企业形象"等非广告标记;二是以通讯、评论、消息、人物专访、专家访谈、纪实报道、报告文学、专家咨询、科普宣传等形式发布广告;三是在新闻报道中标明企业(事业)单位的详细地址、邮编、电话、电子信箱等联系方式。

针对这种现象,多个省市的工商部门都发出了要求,广告经营单位发布收藏品广告应当做到"五个不得"。其中包括不得以新闻报道形式发布收藏品广告,如使用"热点追踪"等标题误导消费者;不得对升值趋势作无根据的判断或承诺,如必将一路飙涨、升值潜力无限、市值很可能一跃千里等。

9.3.3 药品、医疗器械广告的特别准则

关于药品、医疗器械的广告,根据《广告法》、《药品管理法》、《反不正当竞争法》、《药品广告审查发布标准》、《药品广告审查办法》、《医疗器械广告审查发布标准》、《医疗器械广告审查办法》、《保健食品广告审查暂行规定》等相关法律法规,主要的审核准则为以下几点:

1. 药品、医疗器械的规定

药品、医疗器械广告不得有下列内容：① 含有不科学的表示功效的断言或者保证的；② 说明治愈率或者有效率的；③ 与其他药品、医疗器械的功效和安全性比较的；④ 利用医药科研单位、学术机构、医疗机构或者专家、医生、患者的名义和形象作证明的；⑤ 含有"安全无毒副作用"、"毒副作用小"等内容的；⑥ 含有明示或者暗示中成药为"天然"药品，因而安全性有保证等内容的；⑦ 含有明示或者暗示该药品为正常生活和治疗病症所必需等内容的；⑧ 含有明示或暗示服用该药能应付现代紧张生活和升学、考试等需要，能够帮助提高成绩、使精力旺盛、增强竞争力、增高、益智等内容的；⑨ 含有其他不科学用语或者表示，如"最新技术"、"最高科学"、"最先进制法"等的；⑩ 含有医疗机构的名称、地址、联系办法、诊疗项目、诊疗方法以及有关义诊、医疗（热线）咨询、开设特约门诊等医疗服务内容的。

【例9-4】

〔案情〕武汉某生物医药科技有限责任公司研发并推出一款名为某某牌倍合颗粒的保健食品。根据法律规定，该公司原申报并审批通过的广告内容为："经动物功能试验证明具有改善睡眠的保健功能。适宜于睡眠状况不佳者使用。"但是之后该公司在多家报纸媒体上刊登广告宣称："仅用3天，睡眠时间明显延长，连服一个月，轻松入睡，一觉睡足8小时，头痛、抑郁、记忆力减退等全都消失"；"多数患者服用当日即可明显感觉睡眠质量提高，2个疗程告别失眠，极少反复"；等等。

〔分析〕该公司实际播放的广告宣传中含有不科学地表示功效的断言和保证，既无法举证证明确实有如此疗效，也无法证明对每一个使用者都能达到如此效果，容易构成对消费者的误导。而且擅自篡改审批的内容，违反了广告法等法律法规的规定，所以受到了工商局的处罚。[①]

2. 处方药的特殊规定

处方药就是必须凭执业医师或执业助理医师处方才可调配、购买和使用的药品，非处方药则不需要凭医师处方即可自行判断、购买和使用的药品。

处方药可以在卫生部和国家食品药品监督管理局共同指定的医学、药学专业刊物上发布广告，但不得在大众传播媒介发布广告或者以其他方式进行以公众为对象的广告宣传，不得以赠送医学、药学专业刊物等形式向公众发布处方药广告。处方

---

① 宁夏市食品药品监督管理局：《2011年第五期违法药品、医疗器械、保健食品广告公告》。

药名称与该药品的商标、生产企业字号相同的，不得使用该商标、企业字号在医学、药学专业刊物以外的媒介变相发布广告。不得以处方药名称或者以处方药名称注册的商标以及企业字号为各种活动冠名。

3. 药品名称的规定

药品广告中必须标明药品的通用名称、忠告语、药品广告批准文号、药品生产批准文号；以非处方药商品名称为各种活动冠名的，可以只发布药品商品名称。药品广告必须标明药品生产企业或者药品经营企业名称，不得单独出现"咨询热线"、"咨询电话"等内容。非处方药广告必须同时标明非处方药专用标识（OTC）。药品广告中不得以产品注册商标代替药品名称进行宣传，但经批准作为药品商品名称使用的文字型注册商标除外。

4. 药品广告的规定

药品广告应当宣传和引导合理用药，不得直接或者间接怂恿任意、过量地购买和使用药品，不得含有以下内容：① 含有不科学的表述或者使用不恰当的表现形式，引起公众对所处健康状况和所患疾病产生不必要的担忧和恐惧，或者使公众误解不使用该药品会患某种疾病或加重病情的；② 含有免费治疗、免费赠送、有奖销售、以药品作为礼品或者奖品等促销药品内容的；③ 含有"家庭必备"或者类似内容的；④ 含有"无效退款"、"保险公司保险"等保证内容的；⑤ 含有评比、排序、推荐、指定、选用、获奖等综合性评价内容的；⑥ 含有涉及公共信息、公共事件或其他与公共利益相关联内容的，如各类疾病信息、经济社会发展成果或医药科学以外的科技成果等。

药品广告的内容必须以国务院卫生行政部门或者省、自治区、直辖市卫生行政部门批准的说明书为准。国家规定的应当在医生指导下使用的治疗药品广告中，必须注明"按医生处方购买和使用"。

麻醉药品、精神药品、毒性药品、放射性药品等特殊药品，不得做广告。

9.3.4 农药广告的准则

农药广告不得有下列内容：① 使用无毒、无害等表明安全性的绝对化断言的，如"无害"、"无毒"、"无残留"、"保证高产"等；② 含有不科学的表示功效的断言或者保证的；③ 含有违反农药安全使用规程的文字、语言或者画面的；④ 含有农药科研、植保单位、学术机构或者以专家、用户的名义或形象作证明的；⑤ 农药广告中不得使用直接或者暗示的方法，以及模棱两可、言过其实的用语，使人在产品的安全性、适用性或者政府批准等方面产生错觉；⑥ 农药广告中不得滥用未经国家认可的研究成果或者不科学的词句、术语；⑦ 农药广告中不得含有"无效退款、保险公司保险"等承诺；⑧ 农药广告中不得出现违反农药安全使用规定的用语、画面,如在防护不符合要求情况下的操作,农药靠近食品、饲料、儿童等。

农药广告的批准文号应当列为广告内容同时发布。

9.3.5 烟草广告的准则

《广告法》第18条和1996年修订后的《烟草广告管理暂行办法》对烟草广告有着专门规定:

(1)禁止利用广播、电影、电视、报纸、期刊发布烟草广告。禁止在各类等候室、影剧院、会议厅堂、体育比赛场馆等公共场所设置烟草广告。禁止利用广播、电视、电影节目以及报纸、期刊的文章变相发布烟草广告。在国家禁止范围以外的媒介或者场所发布烟草广告,必须经省级以上广告监督管理机关或者其授权的省辖市广告监督管理机关批准。烟草经营者或者其被委托人直接向商业、服务业的销售点和居民住所发送广告品,须经所在地县级以上广告监督管理机关批准。

(2)在各类临时性广告经营活动中,凡利用烟草经营者名称、烟草制品商标为活动冠名、冠杯的,不得通过广播、电视、电影、报纸、期刊发布带有冠名、冠杯内容的赛事、演出等广告。

(3)烟草经营者利用广播、电视、电影、报纸、期刊发布下列广告时,不得出现烟草制品名称、商标、包装、装潢,出现的企业名称与烟草商标名称相同时,不得以特殊设计的办法突出企业名称:① 社会公益广告;② 迁址、换房、更名等启事广告;③ 招工、招聘、寻求合作、寻求服务等企业经营广告;④ 广播、电影、电视节目首尾处出现的鸣谢单位或者赞助单位名称;⑤ 报纸、期刊报花或栏头上标明的协办单位名称。

(4)其他商品、服务的商标名称及服务项目名称与烟草制品商标名称相同的,该商品、服务的广告,必须以易于辨认的方式,明确表示商品名称、服务种类,并不得含有该商品、服务与烟草制品有关的表示。

(5)烟草广告中必须标明"吸烟有害健康"的忠告语。忠告语必须清晰、易于辨认,所占面积不得少于全部广告面积的10%。

【例9-5】

〔案情〕"鹤舞白沙我心飞翔"是人们熟悉的一句电视广告语,因属于烟草广告语,出现这句话的电视广告已被各地工商局责令各媒体予以停播。

〔分析〕《广告法》第18条明确规定:禁止利用广播、电影、电视、报纸、期刊发布烟草广告。广告主或者广告经营者在广告中使用他人名义、形象的,应当事先取得他人的书面同意。第25条规定:烟草广告既包括含有烟草制品的名称、商标、包装装潢、标识等内容的直接的烟草广告,也包括只表现烟草企业形象,宣传企业名称,以及为提高企业知名度或声誉的各种特约播映、协办栏目等形式的间接烟草广告。

"鹤舞白沙我心飞翔"这类广告语无疑是在打烟草广告的"擦边球"。按照广告法规定,禁止利用广播、电影、电视、报纸、期刊发布烟草广告,但这一规定并没有细化,导致许多变相烟草广告泛滥,借宣传企业文化来做烟草广告。这类广告实际上经常可见,除了"鹤舞白沙我心飞翔",还有"爱我中华"、"传递价值,成就你我"、"一品黄山,天高云淡"等,消费者一看便知是烟草广告,不管广告里是否出现了实际的烟草产品,它都已客观上起到了宣传烟草的广告作用。

这些变相烟草广告,以隐晦的语言鼓励人们吸烟,而这些广告都属于中国早已批准生效4年多的《烟草控制框架公约》中所明确禁止的"直接或间接鼓励他人吸烟"的烟草广告范畴。

9.3.6 食品、酒类、化妆品广告的准则

《广告法》第19条规定:"食品、酒类、化妆品广告的内容必须符合卫生许可的事项,并不得使用医疗用语或者易与药品混淆的用语。"除此之外,行政法规规章还规定:

1. 发布食品广告必须遵守的准则

食品广告内容必须真实、健康、科学、准确,不得以任何形式欺骗和误导消费者。禁止发布下列食品的广告:① 食品卫生法禁止生产经营的食品;② 宣传疗效的食品;③ 母乳代用品。食品广告中不得出现医疗术语、易与药品混淆的用语以及无法用客观指标评价的用语。

2. 酒类广告中的禁止性内容

酒类广告中不得出现以下内容:① 鼓动、倡导、引诱人们饮酒或者宣传无节制饮酒;② 饮酒的动作;③ 未成年人的形象;④ 表现驾驶车、船、飞机等具有潜在危险的活动;⑤ 诸如可以"消除焦虑"、"增强体力"等不科学的明示或者暗示;⑥ 把个人、商业、社会、体育、性生活或者其他方面的成功归因于饮酒的明示或暗示;⑦ 关于酒类商品的各种评优、评奖、评名牌、推荐等评比结果;⑧ 不符合社会主义精神文明建设的要求,违背社会良好风尚和不科学、不真实的其他内容。

3. 化妆品广告中的禁止性内容

化妆品广告禁止出现下列内容:① 化妆品名称、制法、成分、效用或者性能有虚假夸大的;② 使用他人名义保证或者以暗示方法使人误解其效用的;③ 宣传

医疗使用或者使用医疗术语的；④ 有贬低同类产品内容的；⑤ 使用"最新创造"、"最新发明"、"纯天然制品"、"无副作用"等绝对化语言的；⑥ 有涉及化妆品性能或者功能、销量等方面数据的；⑦ 违反其他法律、法规规定的。

【例9-6】

〔案情〕2011年，在国家工商总局公布的第二季度全国10个违法情节严重的广告中，有一个名为"浪漫香榭丽"的化妆品，该产品所发布的广告存在着多处违规内容。

〔分析〕"浪漫香榭丽"的广告宣传把产品吹嘘得神乎其神："彻底祛除色斑"，"香榭丽分斑分治，当天倍感清爽"，"7天色斑边缘变浅"，"15天色斑淡化"，"30天彻底祛除色斑、肌肤饱满、白皙细嫩"，等等，不仅使用绝对化语言，还宣传其效用和性能，这已经违反了国家相关法律。"浪漫香榭丽"的产品分1、2、3号，分别对应着祛除晒斑、电脑辐射斑等，广告称该产品是"卫生部唯一批准把晒斑、黄褐斑、雀斑分开治疗的祛斑产品；获得中国人民保险公司百万质量承保以及'3·15'消费者最信赖的祛斑品牌"。但这些所谓的头衔却没有相关的证据来证明。仅有该公司提供的一份《国家食品药品监督管理局国家特殊用途化妆品卫生许可批件》，确认了"该产品符合《化妆品卫生监督条例》的有关规定"，在备注栏特地注明"国家食品药品管理局未组织对产品所称功效进行审核，本批件不作为对产品所称功效的认可"。这就意味着，所谓"浪漫香榭丽1、2、3号产品的分类和认定"，完全是"浪漫香榭丽"的自说自话。

另外，该广告还用消费者和明星来为自己的祛斑产品作证明，并在宣传中摆出了消费者使用前后的对比照片，用绝对化的语言宣传祛斑的神奇效果。1993年的《化妆品广告管理办法》在第8条"化妆品广告禁止出现的内容"中提到，化妆品广告禁止使用他人名义保证或者以暗示方法使人误解其效用。

这些情节都显示了"浪漫香榭丽"广告内容存在违规。[①]

9.4 广告活动的管理

9.4.1 广告管理机关及其职责

国家工商行政管理局作为国务院的直属机构，是全国广告管理的最高机关。除此之外，地方各级工商部门、互联网信息内容主管部门、通信管理部门、卫生行

---

① 国家工商行政管理总局，违法广告公告（工商广公字〔2011〕4号）。

政、中医药管理部、广播影视行政部门、食品药品监管部门、城市建设部门、环境保护部门、公安机关、监察机关分工合作，共同负责广告发布各个环节的监管。具体职责有：

（1）立法和法规解释职能。国家工商行政管理局代国务院和国家立法机关起草广告法律、法规，单独或会同有关部门制定广告管理部门规章，并负责解释。地方工商行政管理部门可以依照立法程序和权限的有关规定，代有关部门起草地方性广告管理法规。

（2）控制职能。一是根据社会经济发展的情况，适当控制广告经营单位的数量和比例；二是通过审批和注册登记来确定广告经营单位的合法权益。

（3）监督职能。监察广告主体的广告经营活动，督促其在合法范围内依法从事经营活动，禁止有损国家、社会利益及消费者利益的行为或不正当竞争。

（4）检查职能。审查广告经营者的经营活动，了解、掌握其发展动向，及时发现并处理问题。检查分经常性检查和随时检查两种：前者如对广告经营单位进行的年检制度；后者是随机抽查，如对违法、违章、虚假广告，一经发现或接到报案，马上进行查处解决。

（5）指导职能。这是对广告经营单位的宣传和经营活动进行帮助、扶持和指导，使其具有既符合发展行业需要，又符合自身条件的经营特色，从而促进行业个体和整体的发展；另外还包括对广告行业组织——广告协会的工作进行指导和扶持。

（6）服务职能。及时向广告主、广告经营者或其他各界提供广告信息、法规、政策等方面的咨询服务，有效组织广告从业人员的培训等，促进地区广告工作的开展。

9.4.2 对广告主及广告合同的管理

广告主、广告经营者、广告发布者之间在广告活动中应当依法订立书面合同，明确各方的权利和义务。广告主、广告经营者、广告发布者不得在广告活动中进行任何形式的不正当竞争。

广告主自行或者委托他人设计、制作、发布广告，所推销的商品或所提供的服务应当符合广告主的经营范围。广告主委托设计、制作、发布广告，应当委托具有合法经营资格的广告经营者、广告发布者。广告主自行或者委托他人设计、制作、发布广告，应当具有或者提供真实、合法、有效的下列证明文件：① 营业执照以及其他生产、经营资格的证明文件；② 质量检验机构对广告中有关商品质量内容出具的证明文件；③ 确认广告内容真实性的其他证明文件。

依照《广告法》第34条的规定，发布广告需要经有关行政主管部门审查的，还应当提供有关批准文件。

广告主或者广告经营者在广告中使用他人名义、形象的，应当事先取得他人的书面同意；使用无民事行为能力人、限制民事行为能力人名义、形象的，应当事先取得其监护人的书面同意。

9.4.3 对广告经营者、发布者的管理

（1）从事广告经营的，应当具有必要的专业技术人员及制作设备，并依法办理公司或者广告经营登记后方可从事广告活动。广播电台、电视台及报刊出版单位的广告业务，应当由其专门从事广告业务的机构办理，并依法办理兼营广告的登记。

（2）广告经营者、广告发布者依据法律、行政法规查验有关证明文件，核实广告内容。对内容不实或者证明文件不全的广告，广告经营者不得提供设计、制作、代理服务，广告发布者不得发布。

（3）广告经营者、广告发布者按照国家有关规定，建立、健全广告业务的承接登记、审核及档案管理制度。

（4）广告收费应当合理、公开，收费标准和收费办法应当向物价和工商行政管理部门备案。广告经营者、广告发布者应当公布其收费标准和收费办法。

（5）广告发布者向广告主、广告经营者提供的媒介覆盖率、收视率、发行量等资料应当真实。

（6）法律、行政法规规定禁止生产、销售的商品或者提供的服务，以及禁止发布广告的商品或者服务，不得设计、制作、发布广告。

有下列情形之一的，不得设置户外广告：① 利用交通安全设施、交通标志的；② 影响市政公共设施、交通安全设施、交通标志使用的；③ 妨碍生产或者人民生活，损害市容市貌的；④ 国家机关、文物保护单位和名胜风景点的建筑控制地带；⑤ 当地县级以上地方人民政府禁止设置户外广告的区域。

9.5 广告的审查

广告审查，是指广告经营者、广告发布者在承办广告业务中依据广告管理法规的规定，在广告发布之前检查、核对广告是否真实合法，并将检查、核对情况和检查结论、意见记录在案，以备查验的活动。

广告审查是广告经营者和发布者在工商行政管理机关的监督指导下进行的。但由于广告涉及面非常广，加之受到商品自身检测条件的限制，一些涉及技术、性能、质量标准的广告和一些专业性非常强的广告，广告的经营者和发布者是难以进

行实际审查的。

《广告法》第 34 条规定:"利用广播、电影、电视、报纸、期刊以及其他媒介发布药品、医疗器械、农药、兽药等商品的广告和法律、行政法规规定应当进行审查的其他广告,必须在发布前依照相关法律、行政法规,由有关行政主管部门对广告内容进行审查,未经审查,不得发布。"《食品广告管理办法》第 5 条规定:"申请发布食品广告,必须持有食品监督机构出具的《食品广告证明》,没有该证明不得发布广告。"广告审查既是广告经营者、广告发布者的权利,也是必须履行的法定义务。《广告法》第 27 条规定:"广告经营者、广告发布者依据法律、行政法规查验有关证明文件,核实广告内容。要按照国家有关规定建立、健全广告业务的审查制度,要有熟悉广告法的管理人员和编审人员。对内容不实或证明文件不全的广告主,广告经营者不得提供设计、制作、代理服务,广告发布者不得发布。"

2012 年国务院 12 个部委联合发出《大众传播媒介广告发布审查规定》(以下简称《规定》),明确了大众传播媒介广告审查员的职责及审查程序。包括:① 查验各类广告证明文件的真实性、合法性、有效性,对证明文件不全的,要求补充证明文件;② 审核广告内容是否真实、合法,是否符合社会主义精神文明建设的要求;③ 检查广告表现形式和使用的语言文字是否符合有关规定;④ 审查广告整体效果,确认其不致引起消费者的误解;⑤ 提出对该广告同意、不同意或者要求修改的书面意见。

《规定》明确要求广告审查员应当主动登录相关政府网站,查询了解相关部门公布的广告批准文件、违法广告公告、广告监测监管等信息;明确规定大众传播媒介应当依法建立广告业务档案管理制度,广告审查的书面意见应当与广告档案一同保存备查。

大众传播媒介的行政主管部门对不执行《规定》,造成恶劣社会影响及后果的大众传播媒介,依照有关规定追究主管领导和相关责任人的责任。

9.6 违反广告法的法律责任

无论是广告主、广告经营者、广告发布者或是广告的监督机关,只要违背了我国广告法律法规的规定,就要受到法律的制裁,承担相应的法律责任。

利用广告对商品或者服务做虚假宣传的,由广告监督管理机关责令广告主停止发布,并以等额广告费用在相应范围内公开更正,消除影响,并处广告费用 1 倍以上 5 倍以下的罚款;对负有责任的广告经营者、广告发布者没收广告费用,并处广告费用 1 倍以上 5 倍以下的罚款;情节严重的,依法停止其广告业务;构成犯罪的,依法追究其刑事责任。

第9章 广告法律制度

【例9-7】

〔案情〕2010年5月，公民黄某投诉举报某报社发布虚假的"九圣灵芝草本润黑露"化妆品广告损害其权益，要求湖南省工商行政管理局进行查处，湖南省工商行政管理局负责人批准立案，由该局商标广告处负责对某报社发布违法广告行为进行调查。

〔分析〕经调查，发现2010年3月某报社有如下事实：

第一，在其出版发行的报刊上发布如下违法保健用品广告："益视明"保健用品广告，收取广告费用2 900元；"美国威酷"保健用品广告，收取广告费用1 400元；"同仁眼清"保健用品广告，收取广告费用1 050元。上述保健用品广告中均含有"非药品涉及药品宣传，不科学的表示功效的断言或保证，利用医疗机构、消费者的名义和形象作证明"的内容。

第二，在其出版发行的报刊上发布如下违法保健食品广告："安泰降压宝"保健食品广告，收取广告费2 250元；"全松茶"保健食品广告，收取广告费1 400元；"智友牌力加力胶囊"保健食品广告，收取广告费1 400元；"双奇胶囊"保健食品广告，收取广告费780元。上述保健食品广告中均含有"与药品相混淆的用语，直接或间接地宣传治疗作用；不科学的表示功效的断言或保证，利用专家、消费者的名义或者形象作证明"的内容。

第三，在其出版发行的报刊上违法发布"康羲痔疮磁化膏"医疗器械广告，收取广告费3 700元。广告中含有"不科学的表示功效的断言或保证，利用医疗机构、专家、患者的名义和形象作证明"的内容。

第四，在其出版发行的报刊上违法发布"九圣灵芝草本润黑露"化妆品广告，收取广告费1 400元。广告中含有"宣传医疗作用或者使用医疗用语"的内容。

某报社违法事实成立，发布以上违法保健用品、保健食品、医疗器械、化妆品广告，共收取广告费用16 280元。2010年8月，经湖南省工商行政管理局决定，对某报社作出如下行政处罚：① 责令某报社立即停止发布上述违法广告；② 没收某报社广告费16 280元，并处广告费用的2.5倍罚款40 700元。罚没款合计为56 980元。①

发布虚假广告，欺骗和误导消费者，使购买商品或者接受服务的消费者的合法权益受到损害的，由广告主依法承担民事责任；广告经营者、广告发布者明知或者应知广告虚假仍设计、制作、发布的，应当承担连带责任。广告主提供虚假证明文件的，由广告监督管理机关处以1万元以上10万元以下的罚款。

---

① 湖南省工商行政管理，某报社发布违法广告行政处罚案，HNPC〔2011〕第2号。

伪造、变造或者转让广告审查决定文件的，由广告监督管理机关没收违法所得，并处以 1 万元以上 10 万元以下的罚款。构成犯罪的，依法追究刑事责任。

广告主、广告经营者、广告发布者有下列侵权之一的，依法承担民事责任：① 在广告中损害未成年人或者残疾人身心健康的；② 假冒他人专利的；③ 贬低其他生产经营者的商品或者服务的；④ 广告中未经同意使用他人名义、形象的；⑤ 其他侵犯他人合法民事权益的。

违反广告法的规定，利用广告对商品或者服务作虚假宣传的，由广告监督管理机关责令广告主停止发布，并以等额广告费用在相应范围内公开更正，消除影响，并处广告费用 1 倍以上 5 倍以下的罚款；对负有责任的广告经营者、广告发布者没收广告费用，并处广告费用 1 倍以上 5 倍以下的罚款；情节严重的，依法追究刑事责任。

违反广告法的规定，发布虚假广告，欺骗和误导消费者，使购买商品或者接受服务的消费者的合法权益受到损害的，由广告主依法承担民事责任；广告经营者、广告发布者明知或者应知广告虚假仍设计、制作、发布的，依法承担连带责任。广告经营者、广告发布者不能提供广告主的真实名称、地址的，应当承担全部民事责任。社会团体或者其他组织，在虚假广告中向消费者推荐商品或者服务，使消费者的合法权益受到损害的，应当依法承担连带责任。

违反广告法的规定，发布的广告中有使用中华人民共和国国旗、国徽、国歌，使用国家机关和国家机关工作人员的名义，使用"国家级"、"最高级"、"最佳"等用语；妨碍社会安定和危害人身、财产安全，损害社会公共利益，妨碍社会公共秩序和违背社会良好风尚；含有淫秽、迷信、恐怖、暴力、丑恶的内容，含有民族、种族、宗教、性别歧视的内容；妨碍环境和自然资源保护；出现法律、行政法规规定禁止的其他情形的，由广告监督管理机关责令负有责任的广告主、广告经营者、广告发布者停止发布、公开更正，没收广告费用，并处广告费用 1 倍以上 5 倍以下的罚款；情节严重的，依法停止其广告业务；构成犯罪的，依法追究刑事责任。

违反《广告法》第 9 条至第 12 条的规定，即关于广告中对商品的性能、产地、用途、质量、价格、生产者、有效期限、允诺或者对服务的内容、形式、质量、价格、允诺有表示的，应当清楚、明白；广告中表明推销商品、提供服务附带赠送礼品的，应当标明赠送的品种和数量；广告使用数据、统计资料、调查结果、文摘、引用语的，应当真实、准确，并标明出处；广告中涉及专利产品或者专利方法的，应当标明专利号和专利种类；未取得专利权的，不得在广告中谎称取得专利权；禁止使用未授予专利权的专利申请和已经终止、撤销、无效的专利作广告；广告不得贬低其他生产经营者的商品或者服务。违反以上规定的，由广告监督管理机关责令负有责任的广告主、广告经营者、广告发布者停止发布、公开更正，没收广告费用，可以并处广告费用1倍以上5倍以下的罚款。

违反《广告法》第13条的规定，即广告应当具有可识别性，能够使消费者辨明其为广告；大众传播媒介不得以新闻报道形式发布广告；通过大众媒介发布的广告应当有广告标记，与其他非广告信息相区别，不得使消费者产生误解。违反以上规定的，由广告监督管理机关责令广告发布者改正，处以1 000元以上1万元以下的罚款。

违反《广告法》第14至第17条、第19条、第31条的规定，即药品、医疗器械广告不得有下列内容：含有不科学的表示功效的断言或者保证的；说明治愈率或者有效率的；与其他药品、医疗器械的功效和安全性比较的；利用医药科研单位、学术机构、医疗机构或者专家、医生、患者的名义和形象作证明的；法律、行政法规规定禁止的其他内容。药品广告的内容必须以国务院卫生行政部门或者省、自治区、直辖市卫生行政部门批准的说明书为准。国家规定应当在医生指导下使用的治疗性药品的广告中，必须标明"按医生处方购买和使用"。麻醉药品、精神药品、毒性药品、放射性药品等特殊药品，不得做广告。农药广告不得有下列内容：使用无毒、无害等表明安全性的绝对化断言的；含有不科学的表示功效的断言或者保证的；含有违反农药安全使用规定的文字、语言或者画面的；法律、行政法规规定禁止的其他内容。食品、酒类、化妆品广告的内容必须符合卫生许可事项，并不得使用医疗用语或者易与药品混淆的用语。

广告审查机关对违法的广告内容作出审查批准决定的，对直接负责的主管人员和其他直接责任人员，由其所在单位、上级机关、行政监察部门依法给予行政处分。

广告审查中，对未查验证明、核实内容的广告经营者、广告发布者，视其情节予以通报批评，没收非法所得，处以3 000元以下罚款；由此造成虚假广告的，必须负责发布更正广告；给用户和消费者造成损害的，承担连带赔偿责任。

【引例分析提示】

广告法律法规规定了大众传播媒介的审查义务，如果大众传播媒介因审查把关不严，对播出违法违规电视购物短片广告的机构，广播影视行政部门应依法给予行政处理，对消费者造成损害的，大众传播媒介须承担相应的法律责任。

消费者权益保护法也规定，如果消费者因为虚假广告，合法利益受到侵犯时，广告发布者不能提供广告主真实名称、地址的，应当承担赔偿责任。

所以，对这个问题的回答，关键是要看该电视台有没有尽到审查义务。

【课后练习】

案例分析题

1. 欣欣公司为了宣传其新开发的保健品,虚构保健品功效,并委托某广告公司设计了"谁吃谁明白"的广告,聘请大腕明星做代言人,邀请某社会团体向消费者推荐,在报刊和电视上高频率地发布引人误解的不实广告。(根据2007年司法考试题改编)

请问有哪些主体有可能需要对该虚假广告承担法律责任?

2. 喜好网球和游泳的赵某从宏大公司购买某小区商品房一套。交房时赵某发现宏大公司售楼部所展示的该小区模型中的网球场和游泳池并不存在。经查,该小区设计中并无网球场和游泳池。(根据2007年司法考试题改编)

请问,赵某可否要求宏大公司承担虚假广告的责任?可否要求退房?

第 10 章 商 标 法

【本章学习目标】

通过该章的学习，你应该能够：
- 掌握商标的基本概念和功能，了解商标和其他商业标识的异同点
- 明白商标注册过程及原则要求，知道注册商标的保护及商标侵权的法律责任

【本章引例】

有一家果汁型饮料公司推出的新产品柠檬汁很特别，外包装就是柠檬的形状，很是新颖。该公司想把柠檬形状的外包装和"Lemon"字样分别注册成为商标，申请在第32类："啤酒；矿泉水和汽水以及其他不含酒精的饮料；水果饮料及果汁；糖浆及其他制饮料用的制剂上使用。"

请问，这些申请是否合法？将会带来什么影响？

10.1 商标法概述

10.1.1 商标的概念

商标是商品的生产者、经营者在其生产、制造、加工、拣选或者经销的商品上，或者服务的提供者在其提供的服务上采用的，用于区别商品或服务来源的，由文字、图形、字母、数字、三维标志、颜色组合，或上述要素的组合，具有显著特征的标志。当消费者看到该标志能够联想到具体的商品或商家，或是有识别作用时，该标志就能起到商标的作用。

就商业领域而言，文字、图形、字母、数字、三维标志和颜色组合，以及上述要素的组合，均可作为商标申请注册。经国家核准注册的商标为"注册商标"，包括商品商标、服务商标和集体商标、证明商标；商标注册人享有商标专用权，受法律保护。商标通过确保商标注册人享有用以标明商品或服务，或者许可他人使用以获取报酬的专用权，从而使商标注册人受到保护。

10.1.2 商标法

商标法是确认商标专用权，规定商标注册、使用、转让、保护和管理的法律规

范的总称。它的作用主要是加强商标管理,保护商标专用权,促进商品的生产者和经营者保证商品和服务的质量,维护商标的信誉,以保证消费者的利益,促进社会主义市场经济的发展。

我国于1982年8月23日在第五届全国人大常委会通过了《中华人民共和国商标法》(以下简称《商标法》),自1983年3月1日正式实施。后在1993年和2001年进行了两次修订。

10.1.3 商标的种类

按照不同的分类标准,可以将商标分为不同的种类:

(1)按照构成元素的不同,可分为文字商标、图形商标、立体商标和组合商标,分别由文字、图形、字母、数字、三维标志和颜色组合构成。

(2)按照使用的商品类型不同,可分为产品商标和服务商标。

(3)按照功能的不同,可分为集体商标、证明商标及等级商标。

集体商标,是指以团体、协会或者其他组织名义注册,供该组织成员在商事活动中使用,以表明使用者在该组织中的成员资格的标志。例如,英国的维珍集团在全球有200多家公司共同使用"Virgin"这一商标。

证明商标,是指由对某种商品或者服务具有监督能力的组织所控制,而由该组织以外的单位或者个人使用于其商品或者服务,用以证明该商品或者服务的原产地、原料、制造方法、质量或者其他特定品质的标志,如绿色食品标志、真皮标志、全羊毛标志等等。

等级商标,是指同一企业在同类商品上使用的表明商品不同特点和质量的系列商标。这种商标的目的在于区别该系列商品的质量、规格的等级和档次,便于消费者根据自己的经济能力、消费习惯等作出选择。例如,一些烟草制品和汽车公司就经常在统一的商标之下又采用不同的商标作为名字。

(4)按是否注册,可分为注册商标和未注册商标。在我国,商标的注册采用的是自愿注册原则。即使没有到商标局注册的商标一般也是可以使用的,只不过不享有专有权,无法排斥他人在同种或类似的商品上使用相同或近似的商标。也就是说法律仅保护注册商标,但驰名商标例外。

(5)还有两类特殊的商标,即联合商标和防御商标,这两类商标在我国的商标法中都没有明文规定,但是通过特殊的注册方式,事实上保护了驰名商标和知名商品。

【例10-1】

〔案情〕杭州的娃哈哈儿童营养食品公司除了"娃哈哈"是其注册的驰名商标

之外，还向商标局申请在食品饮料类型的产品上注册"哈哈娃"、"哈娃娃"、"娃娃哈"等为商标。

还有全球最大的社交网络服务网站 Facebook，也先后在中国申请注册了 THEFACEBOOK、FACEBOOK、脸谱、面书、飞书博、飞思簿、费司布克、菲丝博克等 61 个不同商标，其中部分已获得通过。

〔分析〕这两家公司的商标战略的一个共同特点就是，为了更有效地防止他人在同类型的商品上注册或使用与自己类似的商标，主动将与自己主商标音、义、形等相似的多个商标注册在同种类型的商品之上。而这些音、义、形相似的多个商标就形成了联合商标。

联合商标的注册，目的不是为了自己的企业使用所注册的每一个商标，而是在主商标周围建起一道防火墙，起到积极的主动防卫作用，阻止他人注册和使用近似商标，使动机不纯者无隙可乘。同时，这些商标又能起到商标的储备作用，一旦市场需要，可以主动方便地调整商标策略，推出备用商标。

娃哈哈公司除了注册了"哈哈娃"、"哈娃娃"、"娃娃哈"等联合商标之外，还将主商标"娃哈哈"注册在 45 个商品类型上，进行全类保护，最广范围地抵制了商标搭顺风车的投机行为，保证了"娃哈哈"品牌独一无二的排他性，这就是防御商标的战略。

联合商标是多个商标，但是只涵盖了一种或是少数几种商品种类，它的排他效力和法律保护也仅限于这些商品种类之上。防御商标是指驰名商标的所有人将自己的商标图案注册在我国全部 45 种商品类型上，目的是为防止他人在其他类别的产品或服务上注册使用相同的商标。原商标为主商标，其余为防御商标。

防御商标的排他性很强，一旦注册成功，其他人不得在任何商品上使用这一标志作为商标。所以，娃哈哈公司在确保独家享用"娃哈哈"品牌的前提下，同时还可以展开其他所有相关行业的经营或商标授权许可。诸如"娃哈哈儿童乐园"、"娃哈哈童装世界"、"娃哈哈早教研究院"、"娃哈哈儿童发展基金"等。

防御商标的注册制度，各国都采取比较谨慎的态度。即便允许注册，也必须满足以下两个条件：第一，必须是驰名商标；第二，商标本身还必须具备非常显著的特征。

另外，不管是联合商标还是防御商标，在我国还需要注意一个问题。《商标法》第 44 条第（四）项规定，"连续 3 年停止使用的"商标有面临被撤销的可能。

10.2 商标权

商标权，是指商标主管机关依法授予商标所有人对其商标所享有的受国家法律保护的专有使用权。商标注册人依法支配其注册商标并禁止他人侵害的权利，包括商标注册人对其注册商标的排他使用权、收益权、处分权、续展权和禁止他人侵害的权利。

10.2.1 商标权的主体

自然人、法人或者其他组织对其生产、制造、加工、拣选或者经销的商品，需要取得商标专用权的，应当向商标局申请商品商标注册。自然人、法人或者其他组织对其提供的服务项目，需要取得商标专用权的，应当向商标局申请服务商标注册。

此外，两个以上的自然人、法人或者其他组织可以共同向商标局申请注册同一商标，共同享有和行使该商标专用权。

【例10-2】

〔案情〕2002年11月，自然人周军向国家工商总局商标局申请注册"中超"商标，此后经初步审定并公告，指定用于第33类"果酒（含酒精）"等商品。中国足球协会以"中超"是该协会独创并具有显著性与突出识别性的知名标志为由提出了异议申请，但商标局以证据不足为由裁定被异议商标予以核准注册。此后，中国足球协会又向商评委提出商标异议复审申请。2010年6月，商评委亦裁定被异议商标予以核准注册。为此，中国足球协会向北京一中院提起行政诉讼，请求撤销国家商评委的裁定。

〔分析〕一中院经审理后，支持了中国足球协会的请求，于2011年7月判令商评委重新对异议商标作出复审裁定。商评委不服，遂提起上诉。北京高院经过审理认为："中超"是中国足球协会创办的"中国足球协会超级联赛"的简称，具有极高的社会知名度和商业价值。因此，在第33类"果酒（含酒精）"等商品上注册"中超"商标，易使相关公众认为其商品来源于中国足球协会或者与中国足球协会有关，从而导致对商品的来源产生误认，进而产生不良影响。2011年10月，北京高院作出了驳回上诉、维持一审判决的宣判。

2001年《商标法》修改之后，允许自然人申请注册商标。随后几年，自然人申请注册商标的数量大幅度上升，以个人名义进行商标注册逐渐在私企老板和私营业主中风行起来。以个人名义注册商标意味着商标这一无形资产的所有权属于个人，更有利于个人对商标的控制和运作，同时个人拥有商标也是私有财富的一种彰显。但其中不少的申请背后是以抢注、炒卖商标为目的，因而一定程度上也造成了注册混乱的现象。

于是，在2007年2月，国家工商总局商标局对自然人注册商标作了新的规定。

按原规定,自然人办理商标注册申请,只需提供身份证。现在办理商标注册申请的个人,必须为《营业执照》载明的企业负责人,或个人合伙企业的全体合伙人,或农村承包经营的承包合同签约人,以及其他依法获准从事经营活动的自然人等。自然人还须以营业执照或有关登记文件核准的经营范围为限,或者以其自营的农副产品为限,提出商标注册申请。这个政策的出台,将有效遏止自然人抢注商标、炒卖商标的行为。

10.2.2 商标权的客体

商标权的客体即商标。任何能够将自然人、法人或者其他组织的商品与他人的商品区别开的可视性标志,包括文字、图形、字母、数字、三维标志和颜色组合,以及上述要素的组合,均可以作为商标申请注册。

商标申请的条件:

(1) 显著性。申请注册的商标,应当有显著特征,便于识别,并不得与他人在先取得的合法权利相冲突。下列标志会因缺乏显著性而不得作为商标注册:① 仅有本商品的通用名称、图形、型号的,如录音机牌录音机,普洱牌普洱;② 仅仅直接表示商品的质量、主要原料、功能、用途、重量、数量及其他特点的,如苹果牌苹果汁、纯棉牌服装等;③ 缺乏显著特征的,如以地理名称来命名,可能会因显著性不足而被禁止。县级以上行政区划的地名或者公众知晓的外国地名,不得作为商标。但是,地名具有其他含义,作为集体商标、证明商标组成部分的除外,已经注册的使用地名的商标继续有效。

但上述标志经过长期使用,在消费者中获得一定商品声誉或商业信誉,建立起显著特征并便于消费者识别的,也可以作为商标注册。比如联想、7-Eleven 都是属于通过使用获得强显著性的例子。

(2) 符合公共秩序善良风俗原则。

第一,不得以中华人民共和国的国家名称、国旗、国徽、军旗、勋章相同或者近似的,以及中央国家机关所在地特定地点的名称或者标志性建筑物的名称、图形相同的商标;不得以外国的国家名称、国旗、国徽、军旗相同或者近似的作商标,但该国政府同意的除外;不得以政府间国际组织的名称、旗帜、徽记、"红十字"、"红新月"的名称、标志相同或者近似的作商标,但经该组织同意或者不易误导公众的除外。

【例 10-3】

有个体商家想以"PRC"作为商标注册,理由为该 3 个字母是他名字的缩写。

但是,这样的申请是不会通过的,因为"PRC"是中华人民共和国 People's Republic of China 的缩写。商标法规定不得以中华人民共和国的国家名称作为商标使用。

第二,不得以与表明实施控制、予以保证的官方标志、检验印记相同或者近似的作商标,但经授权的除外。

第三,不得以带有民族歧视性的作商标。

第四,不得以夸大宣传并带有欺骗性的作商标。

【例10-4】

〔案情〕因为为肥皂注册的"水立方"商标被撤销,商标请求人周某把国家工商行政治理总局商标评审委员会告到市一中院。周某诉称,2003年8月13日,其向国家工商行政治理总局商标局(以下简称商标局)提出"水立方SHUILIFANG"商标的注册请求。商标局搜检后以为该商标契合司法规则,于2005年11月7日予以核准注册,审定运用商品为"肥皂、洗发液、化妆品"等。但2009年1月,商评委以该商标具有不良影响为由,裁定吊销该注册商标。周某以为,争议商标并未违背商标法,要求法院判令吊销商评委的裁定。

〔分析〕"水立方"是2008年北京奥运会标志性修建物国家游泳中心的称号,这一现实已为中国消费者广为知晓。周某请求"水立方"为商标,轻易误导消费者以为商品与奥运场馆或国家游泳中心有关,甚至以为该商品为奥运会指定商品。所以,商标评审委员会的裁定是符合法律规定的。

第五,不得以有害于社会主义道德风尚或者有其他不良影响的作商标。

【例10-5】

〔案情〕贵州省仁怀市一家白酒企业用"遵义会议"注册酒商标,并将产品投放市场销售,成为人们街谈巷议的话题。记者日前从国家工商总局商标局网站上看到,商标局专门发布消息,明确表态驳回此注册申请。

〔分析〕我国《商标法》第10条第1款第(八)项明确规定"有害于社会主义道德风尚或者有其他不良影响的"标志不得作为商标使用。商标局权威人士指出,遵义会议是1935年中国共产党在贵州遵义举行的中央政治局扩大会议,将其作为商标注册和使用,具有不良影响,违反了该项规定,应依法予以制止。

【例10-6】

〔案情〕韩国玛希玛柔公司想将自己在中国家喻户晓的商品"MASHIMARO"的中文名"流氓兔"注册成为商标。一开始遭商标局拒绝,提出复议后又被商标评审委员会驳回，最后把商评委告上法院依然败诉。

〔分析〕 "流氓兔"的创作者金在仁，授权玛希玛柔公司申请和使用"MASHIMARO"动画形象的中文名称，该形象在中国消费者心目中已具有相当的知名度。但商评委认为，"流氓兔"商标中的"流氓"，是指放刁、撒泼、施展下流手段等恶劣行为，"流氓兔"一词就表面含义理解是具有恶习的兔子。考虑到大众对"流氓"一词的反感，以"流氓兔"作商标会产生不良影响。

同样，法院认为"流氓"一词具有两种含义，分别指"不务正业、为非作歹的人"及"放刁、撒泼、施展下流手段等恶劣行为"。法院因此一审判决维持了商评委作出的关于"流氓兔"商标的驳回复审决定。

10.2.3 商标权的内容

1. 商标注册人的权利

我国商标法规定，经商标局核准注册的商标为注册商标，商标注册人对该注册商标享有商标专用权，受法律保护。商标专用权应当包括：

（1）使用权。商标注册人有权在其注册商标核准使用的商品和服务上使用该商标，在相关商业活动中使用该商标。

（2）许可使用权。商标注册人有权依照法律规定，通过签订商标使用许可合同的形式，许可他人使用其注册商标。

（3）独占权。商标注册人对其注册商标享有排他性的独占权利，其他任何人不得在相同或类似的商品或服务上擅自使用与注册商标相同或近似的商标。

（4）禁止权。对他人在相同或者类似的商品或者服务上擅自使用与其注册商标相同或者近似的商标的行为，商标注册人有权予以制止。

（5）投资权。商标注册人有权根据法律规定，依照法定程序将其注册商标作为无形资产进行投资。

（6）转让权。商标注册人有权通过法定程序将其注册商标有偿或者无偿转让给他人。

（7）继承权。商标作为无形财产，可以依照财产继承顺序由其继承人继承。

2. 商标注册人的义务

（1）商标注册人应当对其使用注册商标的商品或服务的质量负责。许可他人使用其注册商标时，应当监督被许可人使用其注册商标的商品或者服务的质量。

（2）商标注册人应当严格按照商标法律的有关规定正确使用其注册商标。

另外，商标注册人在商标使用中应注意以下问题：

（1）注册商标应严格按照《商标注册证》上核准注册的商标和核定使用的商

品或服务使用。

（2）商标注册人不得自行改变注册商标的方案、图形或者其组合，不得自行改变注册商标的注册人名称、地址或者其他注册事项。

（3）商标注册人超过《商标注册证》核定使用的商品或服务范围使用其注册商标，并标明注册标志的，是冒充注册商标的违法行为。

（4）商标注册人不得自行转让注册商标。

（5）商标注册人有使用注册商标的义务。如果注册商标自核准之日连续3年停止使用，该商标将可能被依法撤销。

（6）商标注册人许可他人使用其注册商标，必须签订商标使用许可合同。许可人应当自许可合同签订之日起3个月内，将合同副本报送商标局办理商标使用许可合同备案。

【例10-7】

〔案情〕自1987年3月起，广东省南海县平洲电冰箱厂（以下简称平洲电冰箱厂）使用注册商标"RIZHI"和未注册商标"日芝"生产组装27 044台电冰箱，其中有23 939台未经法定质量检验部门检验就出厂销售（占88.5%），质量得不到保证，收到消费者反映质量问题的投诉信件655封。并且，该厂于1987年11月至1988年8月期间，先后与15家企业签订了组装18.9万台"RIZHI"冰箱的商标使用许可合同，实际组装11.45万台，收取商标使用许可费355.70万元。被许可人经该厂同意委托18家企业组装电冰箱，其中17家属于非国家定点冰箱组装厂。平洲电冰箱厂滥施许可，不履行监督商品质量的责任，致使大量劣质"RIZHI"（"日芝"）电冰箱进入市场。

〔分析〕国家工商行政管理局商标局认为，平洲电冰箱厂的行为违反了《商标法》第26条的规定，严重地损害了消费者的利益，扰乱了社会经济秩序，在全国造成很坏影响。商标局于1989年4月6日作出以下决定，撤销该厂第298164号"RIZHI"注册商标。

10.3 商标的注册

10.3.1 商标注册的原则

1. 自愿注册与强制注册相结合原则

所谓自愿注册原则，是指商标所有人根据自己的需要和意愿，自行决定是否申请商标注册。通过申请并经国家工商行政管理局商标局核准注册的商标为注册商标。注册人对该注册商标享有专用权，受法律保护；未经注册的商标也能使用，但使用人不享有商标专用权，不得与他人的商标相冲突。

所谓强制注册原则，是指国家对生产经营者在某些商品或服务上所使用的全部商标，规定必须经依法注册才能使用的强制性规定。《商标法》第6条规定："国家规定必须使用注册商标的商品，必须申请商标注册，未经核准注册的，不得在市场销售。"目前，我国规定强制性注册的商标只有人用药品（西药、针剂和中成药）和烟草制品（卷烟、雪茄烟和有包装的烟丝）。[①]

2．国家统一注册原则

我国的商标注册工作必须由国家商标主管部门统一审核批准注册。《商标法》第2条予以了明确的规定："国务院工商行政管理部门商标局主管全国商标注册和管理的工作。"

3．申请在先原则和使用在先原则

所谓申请在先原则，是指《商标法》第29条规定："两个或者两个以上的申请人，在同一种商品或者类似的商品上，以相同或者近似的商标申请注册的，初步审定并公告申请在先的商标；同一天申请的，初步审定并公告使用在先的商标，驳回其他人的申请，不予公告。"

在无法确认申请（注册）在先的情况下，采用最先使用者取得商标注册的原则。《商标法》第29条规定："两个或者两个以上的商标注册申请人，在同一种商品或者类似商品上，以相同或者近似的商标申请注册的，初步审定并公告申请在先的商标；同一天申请的，初步审定并公告使用在先的商标，驳回其他人的申请，不予公告。"

4．优先权原则

商标注册申请人自其商标在外国第一次提出商标注册申请之日起6个月内，又在中国就相同商品以同一商标提出商标注册申请的，依照该外国同中国签订的协议或者共同参加的国际条约，或者按照相互承认优先权的原则，可以享有优先权。

商标在中国政府主办的或者承认的国际展览会展出的商品上首次使用的，自该商品展出之日起6个月内，该商标的注册申请人可以享有优先权。

10.3.2 商标注册的程序

1．商标审查

商标审查分形式审查和实质审查。

[①] 国家工商行政管理局1988年1月4日《关于公布必须使用注册商标的商品的通知》。

(1) 形式审查（3～4个月）。确立申请日十分重要。由于我国商标注册采用申请在先原则，申请日的先后就成为确定商标权的法律依据。商标注册的申请日以商标局收到申请书的日期为准，商标局收到商标申请书后，对于符合形式要件的申请书发放受理通知书。

(2) 实质审查（12个月）。商标实质审查是商标注册主管机关对商标注册申请是否合乎商标法的规定所进行的检查，包括资料检索、分析对比、调查研究并决定给予初步审定或驳回申请等一系列活动。

2．初审公告

商标的审定，是指商标注册申请经审查后，对符合商标法有关规定的，允许其注册的决定，并在商标公告中予以公告。初步审定的商标自刊登初步审定公告之日起3个月内没有人提出异议的，该商标予以注册，同时刊登注册公告。3个月内没有人提出异议或提出异议经裁定不成立的，该商标即注册生效，发放注册证。

3．商标注册特别程序

商标注册特别程序，是指在商标注册过程中发生矛盾、冲突或其他原因时采用的补救程序。该程序并不是必经的程序，主要包括商标驳回复审、商标异议复审、商标争议等3个程序。

10.3.3 注册商标的有效期和续展

注册商标的有效期，是指商标自获得注册之日起至该注册期满之日的期限。根据本条的规定，商标一旦注册，其有效期为10年。该规定与世界上大多数国家的规定相同，也是与商标国际注册马德里系统一致的。

注册商标有效期的起始日为商标局注册商标的当日。由于注册商标有效期的起始日同时也是商标专用权有效期的起始日，而且是《商标法》第34条第3款规定的商标专用有效期起始初步审定公告3个月期满之日。因此，注册商标有效期的起始日应当同商标专用权有效期的起始日一样，从商标初步审定公告的3个月期限届满之日，即商标注册之日起算。

注册商标有效期满，需要继续使用的，应当在期满前6个月内申请续展注册；在此期间未能提出申请的，可以给予6个月的宽展期。宽展期满仍未提出申请的，注销其注册商标。每次续展注册的有效期为10年。

10.4 注册商标的保护

10.4.1 侵权行为的界定

具备下述四项构成要件的，即构成销售假冒注册商标商品的侵权行为：

（1）必须有违法行为存在。指行为人实施了销售假冒注册商标商品的行为。

（2）必须有损害事实发生。指行为人实施的销售假冒商标商品的行为造成了商标权人的损害后果。销售假冒他人注册商标的商品会给权利人造成严重的财产损失，同时也会给享有注册商标权的单位等带来商誉损害。无论是财产损失还是商誉损害都属损害事实。

（3）违法行为人主观上具有过错。指行为人对所销售的商品属假冒注册商标商品的事实系已经知道或者应当知道。

（4）违法行为与损害后果之间必须有因果关系。指不法行为人的销售行为与造成商标权人的损害结果存在前因后果的关系。

10.4.2 商标侵权行为的种类

《商标法》第52条规定了五种侵犯注册商标专用权：

（1）未经商标注册人的许可，在同一种商品或者类似商品上使用与其注册商标相同或者近似商标的。

（2）销售侵犯注册商标专用权的商品的。

（3）伪造、擅自制造他人注册商标标识或者销售伪造、擅自制造注册商标标识的。

（4）未经商标注册人同意，更换其注册商标并将该更换商标的商品又投入市场的。这种行为又称为"反向假冒"。

（5）给他人的注册商标专用权造成其他损害的。比如：① 将与他人注册商标相同或者相近似的文字作为企业的字号在相同或者类似商品上突出使用，容易使相关公众产生误认的；② 复制、摹仿、翻译他人注册的驰名商标或其主要部分，在不相同或者不相似商品上作为商标使用，误导公众，致使该驰名商标注册人的利益可能受到损害的；③ 将与他人注册商标相同或者相近似的文字注册为域名，并且通过该域名进行相关商品交易的电子商务，容易使相关公众产生误认的。

10.4.3 认定商标侵权的重点、难点

1. 准确认定近似商标

近似商标或标识的认定，是商标侵权判定不可或缺的重要环节。只有同时具备"商标或标识构成近似"和"在同一或类似商品上使用"两个条件，侵权才能成立。近似商标与相同商标有所不同，在视觉上虽有一定差异，但在如发音、含义等其他方面与注册商标近似，并足以造成消费者的误认或混淆。考察两个商标是否属近似商标，一般应从以下几个方面考虑：

（1）商标外观。即对两个商标的文字、图形或其组合的视觉形象从普通消费者的角度进行观察，看是否能引起误认或混淆。例如，正牌美国加州牛肉面大王，依次用红蓝白三色装饰，而仿冒者用红白蓝装饰，普通消费者很容易将两者混淆；又如"周住牌"洗衣粉，字体和结构设计得和"雕牌"洗衣粉一样，消费者更是难以辨认了。

（2）商标读音。从人们的听觉出发，判断两商标是否因读音近似而导致混淆。例如，Hennessy 与 Hanlissy，IPad 与 EPad，结构可能不同，但是读音相似。

（3）商标含义。分析两个商标是否含义相同或近似并导致消费者对商品来源产生混淆。如"BLUE SKY"与"蓝天"中文含义一样，很容易使人误解生产厂商与特定商品之间的关系，误认为标注"蓝天"的商品系"BLUE SKY"的系列产品。

【例 10-8】

〔案情〕法国的"L'OREAL"中文译名为莱雅公司或欧莱雅公司，1963年3月1日在法国登记成立。从1981年起至2001年，莱雅公司经中国国家商标局核准，先后注册了"L'OREAL"、"莱雅"、"L'OREAL 欧莱雅"及"欧莱雅"等系列商标，核定使用在商品国际分类第3类，即化妆品、美容剂、香水等商品上。

杭州欧莱雅公司成立于2004年6月15日，与上海美莲妮公司共同生产销售化妆品。2005年1月，上海美莲妮化妆品有限公司在其生产销售的化妆品包装上使用了英文及中文组合标识"L'OIYIR 莱雅"，被上海市工商行政管理局认为与莱雅公司的"莱雅"商标构成近似，侵犯了莱雅公司的注册商标专用权，罚款40万元。

杭州欧莱雅公司、上海美莲妮公司辩称，法国莱雅公司的"欧莱雅/L'OREAL"是中文和法文字母的组合商标，采用法文书写方式，"L'OREAL"中的"O"有加大书写的特征。而他们产品上使用的"L'OIYIR"由英文字母组成，与"L'OREAL"有一半以上字母不同，有根本区别，不构成近似，且杭州欧莱雅公司企业名称中的"欧莱雅"非商标使用，该企业名称经合法登记，拥有合法的企业名称权，不构成对法国莱雅公司商标权的侵犯，请求驳回莱雅公司的诉请。

〔分析〕法院一审审理认为，上海美莲妮化妆品有限公司、杭州欧莱雅化妆品有限公司使用的"L'OIYIR"商标在字母数量、部分字母的排列顺序及书写方式以及读音上与法国莱雅公司的注册商标"L'OREAL"构成近似，容易使普通消费者将被控产品误认为来自于法国莱雅公司或与莱雅公司存在关联。因此两公司共同销售"L'OIYIR"系列化妆品的行为构成了商标侵权。

2. 正确判断类似商品

正确判断同一或类似商品的标准，是对两种商品进行比对的关键。国家商标局虽然编发了《类似商品区分表》，但由于技术上的原因很难解决实践中类似的问题，因此《类似商品区分表》和《商标注册用商品和服务国际分类表》并不是划分类似商品的依据，只能作为认定类似商品的参考。根据两种商品在功能、用途、原料、生产企业、消费对象、销售渠道等方面是否类似，且这种类似是否易使消费者对商品的来源产生误解等方面来进行判断，是实务中唯一可行的选择。应当特别指出的是，并非不同类、不同组就等于不相类似，应当具体问题具体分析。

如名为"某某矿泉冰"的饮料和矿泉水属于第32类商品，而雪糕、冰棍等属于第30类商品，两者不属同一类别。但因原料、用途、销售途径、消费群体等基本相同，生产工艺近似，应认定为类似商品。而且类似商品的标准随着时代的发展也在不断地发展变化，一些原先不相类似的商品可能因新材料、新工艺、新形式的出现，以及功能、用途、销售渠道等的变化而成为类似商品。在使用与注册商标相同或者近似商标的情况下，与注册商标核定使用的商品在功能、用途、原料、生产企业、消费对象、销售渠道等方面近似，易使消费者对商品的来源产生误认的商品，应认定为"类似商品"。

判断是否属"类似商品"，前提是判定商品之间的关系，并考虑商品和商标之间的关系。商品的功能、用途相同，并且具有共同的消费对象及销售渠道的，一般认定为类似商品，但商品的原料、生产企业等因素能够明显表明商品的来源，不会使消费者产生混淆的，不应认定为类似商品。如果商品与服务之间存在着特定的联系，使用相同或者近似商标易使消费者认为是同一企业提供的商品或者服务的，该商品与服务应认定为类似。

【例10-9】

〔案情〕2009年3月12日，美国ZIPPO公司发现网上在公开销售由唐峰厂生产的"ZIPPO"怀炉产品，宣称不用电，没有明火，24小时保持50度恒温，更有与"ZIPPO"打火机相似的时尚外形。美国ZIPPO公司便以商标侵权及不正当竞争为由将唐峰厂诉至法院。

〔问题〕打火机和怀炉是否属于类似商品？唐峰厂的行为是否构成侵犯美国ZIPPO公司的商标权？

〔分析〕根据我国国家工商行政管理局商标局颁布的《类似商品和服务区分表》，怀炉商品分属第11类下的小型取暖器，而打火机分属第34类下的吸烟用打火机，浙江高院二审审理认为两者在功能、用途、销售渠道和消费对象上存在差异，不属于类似商品。

但是，ZIPPO 公司创始于 1932 年，是世界著名的打火机制造商。"ZIPPO"及商标分别于 1989 年和 2003 年经国家商标局在我国注册，并持续使用至今。"ZIPPO"打火机在中国内地市场的占有率在同行业中占有优势地位，在消费者中享有很高的知名度和行业影响力。早在 2000 年，国家商标局将"ZIPPO"商标列入全国重点商标保护名录。同时，涉案的商标"ZIPPO"在中国境内有受法院、行政部门以及仲裁委员会保护的记录。其品牌价值已为公众所认同，已经达到驰名程度，应认定在第 34 类打火机、灯火石产品上为驰名商标。

2006 年以来，唐峰厂先后申请在第 11 类怀炉等商品上注册"ZIPPO"商标、带有"ZIPPO"字样及打火机外形名称为"包装盒"的外观设计专利、带有"ZIPPO"字样的通用网址和域名，分别被国家商标局、北京市第一中级人民法院和中国国际经济贸易仲裁委员会域名争议解决中心否决后，唐峰厂仍在其生产的怀炉商品、包装袋、包装盒及相关产品说明书上均使用"ZIPPO"标识，与 ZIPPO 公司的注册商标完全相同，其在公司网站上均使用"ZIPPO 怀炉"字样，主观恶意十分明显。客观上，其行为足以误导公众认为其与 ZIPPO 公司的驰名商标具有相当程度的联系，或者误认为被诉侵权商品系 ZIPPO 公司生产，或者认为其使用驰名商标获得许可。这一误导行为势必会减弱 ZIPPO 公司驰名商标的显著性，贬损驰名商标的声誉，淡化驰名商标的驰名程度，从而造成实质性损害。

最终，浙江高院依法认定"ZIPPO"为驰名商标，唐峰厂对"ZIPPO"标识的使用行为侵犯了 ZIPPO 公司商标专用权，依法应停止侵权行为、消除影响，并赔偿经济损失 50 万元。①

10.4.4 驰名商标的特殊保护

1. 驰名商标的认定

驰名商标，是指经过有权机关依照法律程序认定为"驰名商标"的商标。这里的认定包括商标局和商标评审委员会行政机关的主动认定及与人民法院通过司法途径的被动认定。驰名商标是在中国为相关公众广为知晓并享有较高声誉的商标，其中"相关公众"，是指与商标所标识的某类商品或者服务有关的消费者和与前述商品或者服务的营销有密切关系的其他经营者及经销渠道中所涉及的销售者和相关人员等。

只有那些具备较高知名度及商业信誉的商标才可能成为驰名商标，受到特殊的保护。商标的驰名与否作为一种状态也是会变化的。一个商标过去驰名，现在及将

---

① 《人民法院报》，2012.11.21，03 版。

来未必一定驰名，因为驰名商标的认定仅在一定期限内有效。

认定驰名商标应当考虑下列因素：

（1）证明相关公众对该商标知晓程度的有关材料。

（2）证明该商标使用持续时间的有关材料。包括该商标使用、注册的历史和范围的有关材料。

（3）证明该商标的任何宣传工作的持续时间、程度和地理范围的有关材料。包括广告宣传和促销活动的方式、地域范围、宣传媒体的种类以及广告投放量等有关材料。

（4）证明该商标作为驰名商标受保护记录的有关材料。包括该商标曾在中国或者其他国家和地区作为驰名商标受保护的有关材料。

（5）证明该商标驰名的其他证据材料。包括使用该商标的主要商品近3年的产量、销售量、销售收入、利税、销售区域等有关材料。

【例 10-10】

〔案情〕2005年12月，广东好太太有限公司（以下简称广东"好太太"）以宁波江东好太太家居展示中心（以下简称宁波"好太太"）在门面和广告宣传中故意突出使用"好太太"字样、不规范使用其全称、将"Goodwife"与"好太太"故意放在一起突出使用为由，具有明显搭便车的意图，涉嫌商标侵权并构成不正当竞争，将宁波"好太太"诉至宁波市中级人民法院。广东"好太太"诉称，其拥有专用权的第1407896号"好太太"注册商标经过长期使用，已具备客观驰名事实。

对于广东"好太太"的指控，宁波"好太太"则认为，"好太太"系其于2001年4月合法注册的企业字号，且在产品上使用的商标为其拥有专用权的"Goodwife"注册商标，而且双方的主营业务并不一致，一家生产家具，一家生产晾衣架，因此并未对广东"好太太"利益构成伤害，故并未侵犯广东"好太太"的注册商标专用权。

〔问题〕宁波"好太太"的行为是否构成侵犯广东"好太太"的商标权？

〔分析〕这个案件的关键是要界定广东"好太太"是否属于驰名商标，才能确定宁波"好太太"在家具类型的商品上使用"Goodwife"作为商标的行为是否属于侵权。

在庭审过程中，广东"好太太"提供了大量相关材料：

自1999年以来，广东"好太太"生产的"好太太"晾衣架产品销售范围覆盖全国30个地区，设立了3 132个销售网点，其产品的市场占有率为同行业第一位。

自1999年开始，"好太太"商标权人一直在多家中央电视台和地方电视台发布广告；同时在多家全国性的知名报纸杂志进行广告及宣传报道；并以墙体广告等形式在哈尔滨、沈阳、成都、深圳、广州等地进行广告宣传；还聘请了影视明星林心如、蒋雯丽等作为产品代言人进行广泛宣传。"好太太"商标广告宣传持续的时间长达5年，宣传的范围覆盖全国，投入的广告费、产品代言人出场费等合计5 000余万元。"好太太"商标在全国范围内享有较高的知名度与美誉度。2000年至2003年广告投放效果评估表显示：在全国范围近19.6亿人次观看了广告。在GOOGLE、百度、雅虎三大搜索网站输入"好太太晾衣架"主题词，分别获得59 100、20 900、52 000项相关信息，远远高于同行业其他品牌的搜索结果。

"好太太"晾衣架，1999年被中国工程建设标准化协会评定为工程建设推荐产品，2000年2月被中国社会调查事务所评为"中国公认名牌产品"，2000年7月被中国质量学会、中国商品学会评为"同行业第一品牌"，2002年好太太公司入选中国质量技术监督杂志社颁发的"重质量、讲诚信、创名牌——产品质量连续多年稳定合格企业光荣榜"，1999年8月、2003年3月由中国保护消费者基金会颁发授予《荣誉证书》和《消费者喜爱的知名品牌产品证书》。

为打击侵权，好太太公司还积极通过行政及司法保护等方式维护权益，并注册了大量防御性商标。2000年至2004年，多家省市的质检部门在执法活动中，查处"好太太"商标侵权案件10余起。2005年7月，湖北省武汉市中级人民法院曾将"好太太"商标认定为驰名商标。

最终，经过21个月的博弈，浙江省高院二审认定，宁波"好太太"在其生产、销售的种种商事行为中，突出使用"好太太"和"Goodwife"字样的事实清楚。由于广东"好太太"的"好太太"注册商标应该属于驰名商标，原被告主营产品在商品类型上虽然有所不同，但是都属于家居范畴，在消费群体上有一定重合，因此，宁波"好太太"的行为构成商标侵权。根据诚实信用原则、在先权利原则、禁止混淆原则，宁波中院一审判定宁波"好太太"使用"好太太"商号的行为构成对"好太太"驰名商标的侵犯，并无不当，原审判令宁波"好太太"停止在企业名称中使用"好太太"字号，有事实和法律依据，应予维持。并且，该案再一次认定广东"好太太"为驰名商标。

2. 驰名商标的特殊保护

《商标法》第13条规定："就相同或者类似商品申请注册的商标是复制、摹仿或者翻译他人未在中国注册的驰名商标，容易导致混淆的，不予注册并禁止使用。就不相同或者不相类似商品申请注册的商标是复制、摹仿或者翻译他人已经在中国注册的驰名商标，误导公众，致使该驰名商标注册人的利益可能受到损害的，不予注册并禁止使用。"

《保护工业产权巴黎公约》（以下简称《巴黎公约》）也从三个方面来要求各国要给予驰名商标特殊的保护：第一，商标主管机关可以应有关当事人请求，依法拒绝或取消与驰名商标图案相同或者相似的商标注册申请，并禁止使用；第二，至少在商标注册之日起 5 年内允许相关当事人就与驰名商标图案相同或者相似的商标注册提出撤销的请求；第三，对于以不诚实手段，欺诈或恶意抢注等方式取得注册或者使用的商标，可无时间限制地提出取消注册或是禁止使用的请求。

WTO 下的《与贸易有关的知识产权协议》第 16 条第 3 款规定了《巴黎公约》中关于驰名商标的规定也应当适用于当商标使用的商品属于不同门类或者不相近似的情况，只要这种使用方式可能致使消费者误以为两种商品的生产者间存在联系即可。

关于驰名商标的保护，有的国家规定了防御注册制度，我国的商标法虽没有明文规定防御商标，但是事实上允许进行 45 种商品全类型注册，达到了防御注册的效果。但前提条件之一，也必须是驰名商标才可以。

从这些规定可以看出，驰名商标比普通商标的保护效力要大，驰名商标不受是否注册的限制，事先没有注册的商标也有可能被认定为驰名商标；驰名商标也在一定程度上不受注册在先原则的限制，在一定期限内可以请求撤销那些与驰名商标相同或者相似商标的注册；另外，驰名商标的保护范围也不受申请核准的商品种类限制，扩大为不同门类或不相近似的使用，只要证明能够致使消费者误认即可。

【例 10-11】

1999 年，小肥羊餐饮公司多次向国家工商行政管理总局商标局申请"小肥羊"在第 42 类作为注册商标。该申请被驳回，理由是："小肥羊"作为商标用在所报服务项目上，仅仅直接表示了服务的内容和特点。国家商标局于 2004 年 11 月 12 日作出商标驰字〔2004〕第 92 号批复，认定小肥羊餐饮公司使用在第 43 类餐厅、饭店服务上的"小肥羊 LITTLE SHEEP 及图"商标为驰名商标，这也是国家行政认定的首例未注册驰名商标。2004 年，小肥羊餐饮公司以不正当竞争及注册商标侵权纠纷不服一审判决，于河北高法上诉河北汇特小肥羊餐饮连锁有限公司（以下简称汇特公司），最终胜诉，成为餐饮业知识产权典范案例。

从未注册商标到被认定为驰名商标，再到经历北京市第一中级人民法院和北京市高级人民法院的司法诉讼，直至国家工商总局商标评审委员会作出核准"小肥羊"商标注册的裁定，"小肥羊"经历了坎坷的过程，最终取得商标权，成为家喻户晓的驰名商标。这个过程既是"小肥羊"品牌不断发展壮大的过程，也是小肥羊公司与假冒侵权行为不断斗争的过程。

10.5 侵犯商标权的法律责任

因侵犯注册商标专用权引起纠纷的，由当事人协商解决；不愿协商或者协商不成的，商标注册人或者利害关系人可以向人民法院起诉，也可以请求工商行政管理部门处理。工商行政管理部门处理时，认定侵权行为成立的，责令立即停止侵权行为，没收、销毁侵权商品和专门用于制造侵权商品、伪造注册商标标识的工具，并可处以罚款。

根据侵权行为后果的严重程度不同、处理侵权行为的机关不同，侵犯商标权的法律责任可以分为三类：

第一类，民事责任。《商标法》第 53 条、第 57 条、第 58 条规定："注册商标专用权人的合法权益受到侵犯时，可直接向人民法院起诉，要求侵权人停止侵权，消除影响，赔偿损失，并可向法院申请财产保全措施和保全证据。"第 56 条规定："侵犯商标专用权的赔偿数额，为侵权人在侵权期间因侵权所获得的利益，或者被侵权人在被侵权期间因被侵权所受到的损失，包括被侵权人为制止侵权行为所支付的合理开支。前款所称侵权所得利益，或者被侵权人因被侵权所受损失难以确定的，由人民法院根据侵权行为的情节判决给予 50 万元以下的赔偿。"由此可见，侵犯他人注册商标专用权的行为，应当受到民事法律的制裁。

第二类，行政责任。《商标法》第 53 条规定了对侵犯注册商标专用权的行为给予责令停止侵权行为，没收侵权商品、工具和罚款等行政处罚方式。责令停止侵权行为只是一种行政处罚方式的称谓，具体内容或形式可以根据个案情况进行具体化。"没收、销毁侵权商品和专门用于制造侵权商品、伪造注册商标标识的工具"都是责令停止侵权行为的具体措施。罚款也是制止侵犯商标专用权行为的有效方式，罚款不是必须使用，是否适用以及罚款多少，应根据侵犯商标专用权的情节来决定。

《商标法实施条例》第 52 条规定："对侵犯注册商标专用权的行为，罚款数额为非法经营额 3 倍以下；非法经营额无法计算的，罚款数额为 10 万元以下。"

第三类，刑事责任。《刑法》第 213 条规定："未经注册商标所有人许可，在同一种商品上使用与其注册商标相同的商标，情节严重的，处 3 年以下有期徒刑，并处或者单处罚金；情节特别严重的，处 3 年以上 7 年以下有期徒刑，并处罚金。"

第 214 条规定："销售明知是假冒注册商标的商品，销售金额数额较大的，处 3 年以下有期徒刑或者拘役，并处或者单处罚金；销售金额数额巨大的，处 3 年以上 7 年以下有期徒刑，并处罚金。"

第 215 条规定："伪造、擅自制造他人注册商标标识或者销售伪造、擅自制造的注册商标标识，情节严重的，处 3 年以下有期徒刑、拘役或者管制，并处或者单处罚金;情节特别严重的,处 3 年以上 7 年以下有期徒刑,并处罚金。"

【引例分析提示】

我国现行商标法不仅保护由文字、图形构成的平面商标,也允许三维结构的立体商标申请注册。因此,引例中的柠檬造型的外包装,只要具备商标法规定的相关条件就可以通过申请商标注册的方式获得商标法的保护,在核定使用的商品类型之上拥有专有排他的权利。而文字商标"Lemon"中文含义就是柠檬,仅仅直接表示了商品主要原料,商品的区别作用不大,会因显著性不足而被驳回申请。且如果允许"Lemon"注册,会影响到同类商品或类似商品的正常使用。

【课后练习】

一、不定项选择题

1. 甲公司将其生产的白酒独创性地取名为"逍遥乐",并在该酒的包装、装潢和广告中突出宣传酒名,致"逍遥乐"被消费者熟知,声誉良好。乙公司知道甲公司没有注册"逍遥乐"后,将其作为自己所产白酒的商标使用并抢先注册。该商标注册申请经商标局初步审定并公告。下列哪些说法是错误的?(　　)(2012 年司法考试题)

　　A. 甲公司有权在异议期内向商标局提出异议,反对核准乙公司的注册申请

　　B. 如"逍遥乐"被核准注册,甲公司有权主张先用权

　　C. 如"逍遥乐"被核准注册,甲公司有权向商标局请求撤销该商标

　　D. 甲公司有权向法院起诉请求乙公司停止使用并赔偿损失

2. 甲公司通过签订商标普通许可使用合同许可乙公司使用其注册商标"童声",核定使用的商品为儿童服装。合同约定发现侵权行为后乙公司可以其名义起诉。后乙公司发现个体户萧某销售假冒"童声"商标的儿童服装,萧某不能举证证明该批服装的合法来源。下列哪些说法是正确的?(　　)(2011 年司法考试题)

　　A. 乙公司必须在"童声"儿童服装上标明乙公司的名称和产地

　　B. 该商标使用许可合同自备案后生效

　　C. 乙公司不能以其名义起诉,因为诉权不得约定转移

　　D. 萧某应当承担停止销售和赔偿损失的法律责任

3. 甲公司为其牛奶产品注册了"润语"商标后,通过签订排他许可合同许可乙公司使用。丙公司在其酸奶产品上使用"润雨"商标,甲公司遂起诉丙公司停止侵害并赔偿损失,法院判决支持了甲公司的请求。在该判决执行完毕后,"润语"注册商标因侵犯丁公司的著作权被依法撤销。下列哪些选项是错误的?(　　)(2008 年司法考试题)

A. 甲公司和乙公司可以作为共同原告起诉丙公司
B. 甲公司与乙公司的许可合同应当认定为无效合同，乙公司应当申请返还许可费
C. 甲公司获得的侵权赔偿费构成不当得利，应当返还给丙公司
D. 甲公司获得的侵权赔偿费应当转付给丁公司

二、案例分析题

甲公司于2000年2月开始使用"乐翻天"作为其儿童玩具的商品名称，其注册商标为"熊猫"。在玩具包装和广告宣传中，均突出宣传"乐翻天"，致使消费者熟知"乐翻天"而不熟悉其注册商标。2004年3月，当地的乙公司对本公司的儿童玩具申请注册为"乐翻天"，3年后取得了商标注册证。（根据2007年司法考试题改编）

请问，乙公司是否侵犯了甲公司的商标权？甲公司可以通过什么途径维护自己的权利？

第11章 证券法律制度

【本章学习目标】

通过该章的学习,你应该能够:
- 了解我国的证券体系和证券机构体系
- 掌握证券发行与上市的条件
- 掌握证券交易过程中禁止的交易行为

【本章引例】

2011年上半年,面对日益扩大的市场规模和日趋复杂的市场环境,中国证监会进一步加大稽查执法力度,查处违法违规行为。从案件数量上看,上半年共受理案件线索124起;新增案件调查83起(含非正式调查47起),其中内幕交易案45起,市场操纵案7起,信息披露违规案7起,其他类型案件24起;完成案件调查105起(含非正式调查57起),移送公安机关案件7起;收缴罚款4 691万元,完成跨境执法协作案件12起。从执法效果上看,经过持续不断的查处和打击,上半年新增案件数量同比下降了25.9%,尤其是内幕交易案件数量明显下降。上半年新增内幕交易案件45起,同比下降26.2%,环比下降42.3%,内幕交易多发势头得到遏制。

请问,上述资料中涉及了哪些证券法知识?[①]

11.1 证券与证券法

11.1.1 证券

证券是用来证明持有人享有的某种特定权益的凭证。证券按其性质不同,可以分为有价证券和无价证券两大类。无价证券又称凭证证券,是指单纯证明某一特定事实的书面凭证或者表明证券持有人具有行使一定权利资格的书面凭证,如存款单、借据、收据和机票、车船票、电影票等。无价证券是法律和政府规定的不能够通过流通来增值的凭证,在经济上缺乏实际的投资价值。

---

① 该资料来源于中国证券监督管理机构网站。

有价证券，是指标有票面金额，证明持有人有权按期取得一定收入并可自由转让和买卖的所有权或债权凭证。有价证券是虚拟资本的一种形式，它本身没价值但有价格。有价证券按其所表明的财产权利的不同性质，可分为商品证券、货币证券及资本证券三类。商品证券是证明持券人拥有商品所有权或使用权的凭证，取得这种证券就等于取得这种商品的所有权，持券人对这种证券所代表的商品所有权受法律保护，例如提货单、运货单、仓单等；货币证券是指本身能使持券人或第三者取得货币索取权的有价证券，例如汇票、本票、支票等；资本证券是指由金融投资或与金融投资有直接联系的活动而产生的，持券人对证券发行人有一定的收益请求权的证券，它包括股票、债券及其衍生品种如基金证券、可转换证券等，资本证券是主要的有价证券。

股票是股份有限责任公司依法向股东签发的证明其股东权利的有价证券；公司债券是公司为募集资金，依法向投资者发行的、承诺到期还本付息的有价证券；基金证券是基金管理人公开发售基金份额来募集证券投资资金，这些资金由基金管理人管理，基金托管人托管，为基金份额持有人的利益，以资产组合方式进行证券投资活动。

11.1.2 证券法

证券法是调整证券发行、交易过程和国家对证券市场进行宏观调控过程中发生的法律关系的法律规范的总称。广义的证券法，是指所有调整证券法律关系的法律规范的总称，其中，《中华人民共和国证券法》、《中华人民共和国证券投资基金法》(以下简称《证券投资基金法》) 是调整证券交易的特别法，《中华人民共和国公司法》对股份及公司债券转让也规定有原则性规则，《中华人民共和国合同法》作为调整交易关系的一般法律规范，同样适用于对证券交易关系的调整。其他法律法规，如《中华人民共和国民法通则》、《中华人民共和国商业银行法》、《中华人民共和国保险法》和《中华人民共和国刑法》也直接或间接地调整着证券交易关系。除上述法律外，国务院颁布的调整证券法律关系的行政法规、最高人民法院发布的证券方面的司法解释和证券监督管理机构发布的相关行政规章等也属于广义上的证券法。需要特别指出的是，依法成立的证券交易所颁布的自律性规范，也具有法律约束力。

狭义的证券法仅指由我国立法机关制定的《中华人民共和国证券法》。我国于1998年颁布《中华人民共和国证券法》(以下简称《证券法》)，2005年全国人大常委会对《证券法》进行修改，修改后的《证券法》于2006年1月1日起实施。

根据《证券法》第2条的规定，我国证券法中的证券仅指资本证券，证券市场上的证券种类有股票、公司债券、政府债券、证券投资基金份额、国务院依法认定的其他证券和证券衍生品种。《证券法》仅对股票和公司债券这两种主要的资本证券进行了规定，《证券投资基金法》则对基金进行了详细的规定。

11.2 证券发行

11.2.1 证券发行概述

1. 证券发行的概念与种类

证券发行，是指政府、金融机构、工商企业等以募集资金为目的向投资者出售代表一定权利的有价证券的活动。根据不同的标准，证券发行可以划分为不同种类：

（1）根据发行价格和票面面额的关系，可以将证券发行分为溢价发行、平价发行和折价发行三种形式。溢价发行，是指证券的发行价格高于票面价格的发行方式；平价发行，是指证券的发行价格等于票面价格的发行方式；折价发行，是指发行价格低于票面价格的发行方式。根据我国证券法律法规的规定，我国证券发行可以采用溢价发行和平价发行，不得采用折价发行。

（2）根据证券发行的对象不同，可以将证券发行分为公开发行和非公开发行。公开发行即公募发行，是指发行人向不特定的社会公众投资者或者向累计超过200人的特定对象发行证券。非公开发行证券也称私募发行，是指证券发行者只针对特定少数人进行股票发售，而不采取公开的劝募行为的发行方式。

2. 证券发行的原则

《证券法》第10条规定，公开发行证券，必须符合法律、行政法规规定的条件，并依法报经国务院证券监督管理机构或者国务院授权的部门核准；未经依法核准，任何单位和个人不得公开发行证券。从这一规定可以看出，我国对证券发行采取的是核准制，即任何证券发行都应经过证券主管部门批准，未经批准擅自发行证券的属于违法行为，情节严重构成犯罪的，追究其刑事责任。

《证券法》第3条规定，证券的发行、交易活动，必须实行公开、公平、公正原则，这一规定即证券发行交易的"三公"原则。公开原则，是指证券的发行、交易信息要公开披露。证券发行人在发行证券时要披露发行人的基本信息，经营、财务、管理等情况，让投资者在了解真实情况的基础上作出决策；发行后，还要按规定定时或及时公开信息。公开信息必须真实、准确、完整，不得有虚假陈述、重大遗漏或者误导性陈述。公平原则，是指证券市场的各个参与者在法律上享有平等地位，不受歧视，在证券交易中有平等的机会，公平参加竞争。公正原则，是指在证券监管中，监管部门应按照统一的规则，公正对待市场参与者，同样保护他们的合法权益,让他们同等享受权利和承担责任。"三公"原则中,公开原则是证券市场的基础,只有信息公开,投资者才愿意投资,才敢投资;公平原则是证券市场的生命,没有公平,就没有证券市场的发展;公正原则是公开、公平原则的体现,公开、公平原则是公正原则的基础。

11.2.2 证券发行的条件

1. 股票的公开发行

股票是股份有限责任公司签发的、证明股东权利的凭证。根据证券法的规定,公司公开发行新股,应当符合下列条件:① 具备健全且运行良好的组织机构;② 具有持续营利能力,财务状况良好;③ 最近3年财务会计文件无虚假记载,无其他重大违法行为;④ 经国务院批准的国务院证券监督管理机构规定的其他条件。

上市公司非公开发行新股,应当符合经国务院批准的国务院证券监督管理机构规定的条件,并报国务院证券监督管理机构核准。

股份有限公司公开发行股票,需要做以下准备工作:

(1) 公司必须公告招股说明书,并制作认股书。招股说明书和认股书应符合法律规定的内容。招股说明书应当附有发起人制定的公司章程,并载明下列事项:① 发起人认购的股份数;② 每股的票面金额和发行价格;③ 无记名股票的发行总数;④ 募集资金的用途;⑤ 认股人的权利、义务;⑥ 本次募股的起止期限及逾期未募足时认股人可以撤回所认股份的说明。

招股说明书中所列明的公开发行股票所募集资金的用途,必须按照说明使用。如果改变招股说明书所列资金用途,必须经股东大会作出决议;擅自改变用途而未作纠正的,或者未经股东大会认可的,不得公开发行新股。

(2) 发起人向社会公开募集股份,应当由依法设立的证券公司承销,签订承销协议。证券承销,是指证券发行人委托具有证券承销资格的证券承销商,按照承销协议由证券承销商向投资者募集资本并交付证券的行为和制度。

根据证券经营机构在承销过程中承担的责任和风险的不同,承销又可分为代销和包销两种形式。代销又称代理发行,是指证券公司代发行人发售证券,在承销期结束时,将未售出的证券全部退还给发行人的承销方式;包销,是指证券公司将发行人的证券按照协议全部购入或者在承销期结束时将剩余证券全部自行购入的承销方式,包销又分为全额包销和余额包销两种形式。

证券公司承销证券,应当对公开发行募集文件的真实性、准确性、完整性进行核查;发现有虚假记载、误导性陈述或者重大遗漏的,不得进行销售活动;已经销售的,必须立即停止销售活动,并采取纠正措施。

向不特定对象发行的证券票面总值超过人民币5 000万元的,应当由承销团承销。承销团应当由主承销和参与承销的证券公司组成。

证券的代销、包销期限最长不得超过 90 日。证券公司在代销、包销期内，对所代销、包销的证券应当保证先行出售给认购人，证券公司不得为本公司预留所代销的证券和预先购入并留存所包销的证券。

股票发行采用代销方式，代销期限届满，向投资者出售的股票数量未达到拟公开发行股票数量70%的，为发行失败。发行人应当按照发行价并加算银行同期存款利息返还股票认购人。

（3）发起人向社会公开募集股份，应当同银行签订代收股款协议。代收股款的银行应当按照协议代收和保存股款，向缴纳股款的认股人出具收款单据，并负有向有关部门出具收款证明的义务。

（4）发行人申请公开发行股票或可转换为股票的公司债券，依法采取承销方式的，或者公开发行法律、行政法规规定实行保荐制度的其他证券的，应当聘请具有保荐资格的机构担任保荐人。新股发行的"保荐人制度"指由保荐人（券商）负责发行人的上市推荐和辅导，核实公司发行文件与上市文件中所载资料是否真实、准确、完整，协助发行人建立严格的信息披露制度，并承担风险防范责任。保荐机构及其保荐代表人履行保荐职责，但也不能减轻或者免除发行人及其高管人员、中介机构及其签名人员的责任。

保荐人应当遵守业务规则和行业规范，诚实守信，勤勉尽责，对发行人的申请文件和信息披露资料进行审慎核查，督导发行人规范运作。

国务院证券监督管理机构设发行审核委员会，依法审核股票发行申请。参与审核和核准股票发行申请的人员，不得与发行申请人有利害关系，不得直接或者间接接受发行申请人的馈赠，不得持有所核准的发行申请的股票，不得私下与发行申请人进行接触。

股票发行价格可以按票面金额，也可以超过票面金额，但不得低于票面金额。公司发行的股票，可以为记名股票，也可以为无记名股票。公司向发起人、法人发行的股票，应当为记名股票，并应当记载该发起人、法人的名称或者姓名，不得另立户名或者以代表人姓名记名。

2. 公司债券的发行

公司债券是公司经过证券主管部门批准后，向社会发行的约定到期还本付息的有价证券。

根据是否能转换为公司股票，债券可以分为可转换债券和不可转换债券。可转换债券，是指在特定时期内可以按某一固定的比例转换成普通股的债券，它具有债务与权益双重属性，属于一种混合型筹资方式。根据公司法的规定，发行可转换债券应由国务院证券管理部门批准，发行公司应同时具备发行债券和股票的条件。不可转换债券，是指不能转换为普通股的债券，又称为普通债券。由于其没有赋予债券持有人将来成为公司股东的权利，所以利率一般高于可转换债券。

根据证券法的规定，公开发行公司债券，应当符合下列条件：

（1）股份有限公司的净资产不低于人民币 3 000 万元，有限责任公司的净资产不低于人民币 6 000 万元。

（2）累计债券余额不超过公司净资产的 40%。

（3）最近 3 年平均可分配利润足以支付公司债券 1 年的利息。

（4）筹集的资金投向符合国家产业政策。

（5）债券的利率不超过国务院限定的利率水平。

（6）国务院规定的其他条件。

债券筹集资金必须按照核准的用途，用于本企业的生产经营，不得擅自挪作他用。不得用于弥补亏损和非生产性支出，也不得用于房地产买卖、股票买卖以及期货等高风险投资。

上市公司发行可转换为股票的公司债券，除应当符合上述条件外，还应当符合本法关于公开发行股票的条件，并报国务院证券监督管理机构核准。

3. 股票和债券的关系

债券与股票都是公司筹集资金的方法，都是有价证券，都可以在证券市场上流通、转让。两者的区别在于：

（1）两者体现的法律关系不同。股票是股份有限责任公司签发给股东的证明其权利的有价证券，体现的是股权关系，股票持有者作为公司股东，有权参与公司的经营管理。公司债券是公司签发的，承诺自己到期还本付息的有价证券，体现的是债权关系，债券持有人是公司的债权人。

（2）两者的收益不同。股票持有人从公司利润中分取股利，分取的多少与盈利多少成正比。债券持有人按固定的利率分取利息，并且债券到期日，公司要归还本金。

（3）持有人承担的风险不同。股票持有人作为公司股东，其购买的股票只能转让，不能从公司退出，股东只享有按照股权分红的权利，购买股票的资金归公司所有。因此，只有公司盈利的情况下，股票持有人才有收益，如果公司经营状况不佳，股东不仅无股利可分，其投入的购买股票的资金也可能无法收回。而债券的持有人是公司债权人，无论公司是否盈利，公司都要按固定的利率支付债券持有人利息，并且到期要归还本金，公司解散清算时，债券也先于股票得到清偿。因此，债券是一种风险较小的投资。

11.3 证券交易

11.3.1 证券交易概述

证券交易,是指证券持有者依照交易规则,依法将证券转让给其他投资者的行为。证券交易是资本市场上重要的资本流通方式,其交易除遵守证券法的规定外,还应遵守公司法、合同法等法律法规的规定。根据不同的标准,可以将证券交易进行不同的分类:

1. 按交易场所划分

根据交易场所的不同,证券交易可以分为上市交易与上柜交易。《证券法》第39条规定,依法公开发行的股票、公司债券及其他证券,应当在依法设立的证券交易所上市交易或者在国务院批准的其他证券交易场所转让。上市交易,是指证券在证券交易所集中交易,挂牌买卖。经批准在证券交易所内登记买卖的证券称为上市证券;其证券能在证券交易所上市交易的公司,称为上市公司。上柜交易,是指公开发行但未达上市标准的证券在证券柜台交易市场买卖。不是所有公开发行的证券都可以上市或者上柜交易,只有符合法定条件,经过法定程序审批的证券才可以在指定交易所或柜台进行交易。

2. 按交易方式划分

根据交易方式的不同,可以将证券交易分为现货交易、期货交易与信用交易。现货交易,是指证券交易双方在成交后即时清算交割证券和价款的交易方式。现货交易有助于减少交易风险,是一种较安全的证券交易形式,也是目前场内交易和场外交易中广泛采用的证券交易形式。

期货交易,是指采用公开的集中交易方式或者国务院期货监督管理机构批准的其他方式进行的以期货合约或者期权合约为交易标的的交易活动。期货合约,是指期货交易场所统一制定的、规定在将来某一特定时间和地点交割一定数量标的物的标准化合约。期货合约包括商品期货合约和金融期货合约及其他期货合约。期权合约,是指期货交易场所统一制定的、规定买方有权在将来某一时间以特定价格买入或者卖出约定标的物(包括期货合约)的标准化合约。

信用交易又称保证金交易,是指证券交易的当事人在买卖证券时,只向证券公司交付一定的保证金,或者只向证券公司交付一定的证券,由证券公司提供融资或者融券进行交易。

11.3.2 证券交易的一般规定

允许交易的证券,必须是依法发行并交付的证券。所谓依法发行并交付,是指证券的发行完全按照有关法律的规定进行，符合法律规定的条件和程序，具有法律依据，并且已经通过发行程序并将证券交付给购买者。也就是说，进行证券交易的当事人必须是该交易证券的合法持有者。没有按照法律规定的条件和程序发行的证券，不得买卖。

经依法核准的上市交易的证券在证券交易所挂牌交易，必须采用公开的集中竞价的交易方式。公开的集中竞价，是指所有购买、销售该证券的买主和卖主集中在一个市场内公开申报、竞价交易，每当买卖出价相吻合就构成一笔买卖，交易以买卖组形式连续进行，每笔买卖形成的价格不同。公开的集中竞价具有过程公开性、时间连续性、价格合理性和对快速变化的适应性等特点。

证券交易的集中竞价实行价格优先、时间优先的原则。即出价高的买方优先于出价低的买方，出价低的卖方优先于出价高的卖方，多数卖方中出价最低的与多数买方中出价最高的优先成交；以此类推，连续竞价，并在出价相同时，由最先出价者优先成交。

11.3.3 特定主体在证券交易中的限制

证券交易涉及资本市场的稳定，因此证券交易必须依照法律规定按照法定程序进行。一般情况下，投资者可在证券市场上自由买卖证券，但对于特殊主体，为保证证券交易的公平和公正，法律明确规定此类主体在证券交易中受到一定限制。

1. 证券机构工作人员在证券交易中的限制

证券交易所、证券公司、证券登记结算机构从业人员，证券监督管理机构工作人员和法律、行政法规禁止参与股票交易的其他人员，在任期或者法定期限内，不得直接或者以化名或借他人名义持有、买卖股票，也不得收受他人赠送的股票。任何人在成为上列人员时，其原已持有的股票必须依法转让。

2. 中介机构工作人员在证券交易中的限制

为股票发行出具审计报告、资产评估报告或者法律意见书等文件的专业机构和人员，在该股票承销期内和期满后6个月内，不得买卖该种股票。此外，为上市公司出具审计报告、资产评估报告或者法律意见书等文件的专业机构和人员，自接受上市公司委托之日起至上述文件公开后5日内，不得买卖该种股票。

3. 上市公司董事、监事、高管、较大股东在证券交易中的限制

上市公司董事、监事、高级管理人员、持有上市公司5%以上股份的股东，将其所持有的股票在买入后6个月内卖出，或者在卖出后6个月内又买入的，由此所得收益归该公司所有，公司董事会应当收回该股东所得收益。公司董事会不按照前述规定执行的，股东有权要求董事会在30日内执行。公司董事会未在上述期限内执行的，股东有权为了公司的利益以自己的名义直接向人民法院提起诉讼。如董事会不执行,以致公司利益遭受损害的,负有责任的董事依法承担连带赔偿责任。但是,证券公司从事证券包销业务,因购入售后剩余股票而持有5%以上股份的,卖出该部分股票时不受6个月时间的限制,即可以在6个月之内将该部分股票卖出。

11.3.4 证券上市

证券上市,是指证券发行人的股票、债券等有价证券按照法定条件和程序,在依法设立的证券交易所公开挂牌交易的行为。证券上市对于投资者和上市公司而言,都具有十分重要的意义。对投资者来说,证券上市方便投资者进行证券投资,更好地进行投资决策,而且有利于减少投资风险,降低投资成本。对于上市公司而言,证券上市有利于提高上市公司的信誉和知名度,促进上市公司改善经营管理,增强上市公司的筹资能力。当然,证券上市也有利于证券监督管理机构对上市公司的监管,以保障广大投资者的合法权益,促进证券市场的健康发展。

在我国,上市交易的证券种类有股票(A股、B股、境外上市股)、基金、债券(含可转换债券)三种。从市值和市场份额角度来比较,股票是市场上的核心证券,基金与债券的比重甚低。

1. 股票上市

股份有限公司申请股票上市,应当符合下列条件:① 股票经国务院证券监督管理机构核准已公开发行;② 公司股本总额不少于人民币3 000万元;③ 公开发行的股份达到公司股份总数的25%以上;④ 公司股本总额超过人民币4亿元的,公开发行股份的比例为10%以上;⑤ 公司最近3年无重大违法行为,财务会计报告无虚假记载。

证券交易所可以制定高于上述规定的上市条件,并报国务院证券监督管理机构批准。国家鼓励符合产业政策并具备上市条件的公司股票上市交易。

申请股票上市交易,应当向证券交易所报送下列文件:① 上市报告书;② 申请股票上市的股东大会决议;③ 公司章程;④ 公司营业执照;⑤ 依法经会计师事务所审计的公司最近3年的财务会计报告;⑥ 法律意见书和上市保荐书;⑦ 最近一次的招股说明书;⑧ 证券交易所上市规则规定的其他文件。

上市公司有下列情形之一的,由证券交易所决定暂停其股票上市交易:① 公司股本总额、股权分布等发生变化不再具备上市条件;② 公司不按照规定公开其财务状况,或者对财务会计报告作虚假记载,可能误导投资者;③ 公司有重大违法行为;④ 公司最近3年连续亏损;⑤ 证券交易所上市规则规定的其他情形。

上市公司有下列情形之一的,由证券交易所决定终止其股票上市交易:① 公司股本总额、股权分布等发生变化,不再具备上市条件,在证券交易所规定的期限内仍不能达到上市条件;② 公司不按照规定公开其财务状况,或者对财务会计报告作虚假记载,且拒绝纠正;③ 公司最近 3 年连续亏损,在其后一个年度内未能恢复盈利;④ 公司解散或者被宣告破产;⑤ 证券交易所上市规则规定的其他情形。

上市公司对证券交易所作出的股票不予上市、暂停上市、终止上市决定不服的,可以向证券交易所设立的复核机构申请复核。

2. 公司债券上市

公司申请公司债券上市交易,应当符合下列条件:① 公司债券的期限为 1 年以上;② 公司债券实际发行额不少于人民币 5 000 万元;③ 公司申请债券上市时应符合法定的公司债券发行条件。

申请公司债券上市交易,应当向证券交易所报送下列文件:① 上市报告书;② 申请公司债券上市的董事长决议;③ 公司章程;④ 公司营业执照;⑤ 公司债券募集办法;⑥ 公司债券的实际发行数额;⑦ 证券交易所上市规则规定的其他文件。申请可转换为股票的公司债券上市交易,还应当报送保荐人出具的上市保荐书。

公司债券上市交易后,公司有下列情形之一的,由证券交易所决定暂停其公司债券上市交易:① 公司有重大违法行为;② 公司情况发生重大变化不再符合公司债券上市条件;③ 发行公司债券所募集的资金不按照核准的用途使用;④ 未按照公司债券募集办法履行义务;⑤ 公司最近两年连续亏损。

公司有上述第①项、第④项所列情形之一,经查实后果严重的,或者有前条第②项、第③项、第⑤项所列情形之一,在限期内未能消除的,由证券交易所决定终止其公司债券上市交易。公司解散或者被宣告破产的,由证券交易所终止其公司债券上市交易。

上市公司对证券交易所作出的公司债券不予上市、暂停上市、终止上市决定不服的,可以向证券交易所设立的复核机构申请复核。

11.4 证券交易制度与上市公司收购

【例 11-1】

〔案情〕近日,中国证监会经过调查与审理,依法对四川金顶(集团)股份有限公司(以下简称四川金顶)违反证券法律法规案和华伦集团有限公司(以下简称华伦集团)违反证券法律法规案作出行政处罚决定,对相关公司和责任人员进行行政处罚。

一、四川金顶违反证券法律法规案

经查,四川金顶存在以下违法事实:

（一）四川金顶未按规定及时披露2009年1月7日发生的4 000万元对外担保信息。具体为：四川金顶为富阳市鹳山电缆电线有限公司向浙江元泰典当有限责任公司借款2 000万元提供担保，为浙江大地纸业集团有限公司向浙江香溢德旗典当有限责任公司借款1 000万元提供担保，为大股东华伦集团向浙江香溢德旗典当有限责任公司借款1 000万元提供担保。

（二）四川金顶2008年年度报告未按规定披露借款信息。具体为：四川金顶全资子公司仁寿水泥厂2008年向非金融机构和自然人借款4 919万元，四川金顶2008年向非金融机构和自然人借款1 300万元。

中国证监会认定，四川金顶的上述行为违反了《证券法》第63条、第66条和第67条的规定，应按照《证券法》第193条予以处罚。对上述行为直接负责的主管人员为四川金顶时任董事长陈建龙，部分行为的其他直接责任人员为公司时任执行总经理成志红、副总经理袁平和财务总监杜受华。

中国证监会决定，对四川金顶给予警告，并处以30万元罚款；对陈建龙给予警告，并处以15万元罚款；对成志红、袁平、杜受华给予警告，并分别处以3万元罚款。

二、华伦集团违反证券法律法规案

经查，2008年8月29日，华伦集团累计卖出"四川金顶"1 827.32万股，占公司股份总额的5.23%，减持超过5%。华伦集团未按规定及时披露，直接负责的主管人员为华伦集团时任董事长陈建龙。

中国证监会认定，华伦集团的上述行为违反了《证券法》第86条的规定，应按照《证券法》第193条予以处罚。中国证监会决定，对陈建龙给予警告，并处以5万元罚款。因华伦集团破产重整，不再对其实施行政处罚。

〔问题〕上述违法行为人有哪些违法行为？

〔分析〕证券法明确要求上市公司披露信息必须真实、准确、完整，不得有虚假记载、误导性陈述或者重大遗漏；发生重大事件时，上市公司应当立即报告并予公告；持股超过5%以上的股东，每增减持股比例达到5%，应进行报告和公告。违反上述规定，信息披露义务人和相关责任人员将受到法律的制裁。①

11.4.1 证券信息披露制度

信息披露制度，也称公示制度、公开披露制度，是法律为保障投资者的合法权益，通过立法的方式要求上市公司接受社会公众的监督，依法将其自身的财务变

---

① 该资料来源于中国证券监督管理机构网站。

化、经营状况等信息和资料向证券管理部门和证券交易所报告,并向社会公开或公告,以便投资者充分了解情况的制度。

证券市场是对信息高度依赖的市场,信息充分披露制度是确保证券市场"公开、公平、公正"的重要基石。信息披露制度是法律对股票或债券上市公司作出的强制性规定,公司应当依法履行信息披露义务。信息披露制度包括证券发行的信息披露和证券信息的持续公开。

1. 证券发行的信息披露

证券发行的信息披露,是指证券公开发行时发行人应将涉及发行人、拟发行的证券以及与发行证券有关的信息进行披露。该类信息披露文件主要有招股说明书、募集说明书及上市公告书等。

发行人向国务院证券监督管理机构或者国务院授权的部门报送的证券发行申请文件,必须真实、准确、完整,不得有虚假记载、误导性陈述或者重大遗漏。

发行人应当按照中国证券监督管理机构的有关规定编制和披露招股说明书。招股说明书内容与格式准则是信息披露的最低要求。不论准则是否有明确规定,凡是对投资者作出投资决策有重大影响的信息,均应当予以披露。发行人及其全体董事、监事和高级管理人员应当在招股说明书上签字、盖章,保证招股说明书的内容真实、准确、完整。

保荐人及其保荐代表人应当对招股说明书的真实性、准确性、完整性进行核查,并在核查意见上签字、盖章。保荐人及其保荐代表人应当遵循勤勉尽责、诚实守信的原则,认真履行审慎核查和辅导义务,并对其所出具的发行保荐书的真实性、准确性、完整性负责。

证券公司承销证券,应当对公开发行募集文件的真实性、准确性、完整性进行核查;发现有虚假记载、误导性陈述或者重大遗漏的,不得进行销售活动;已经销售的,必须立即停止销售活动,并采取纠正措施。

为证券发行出具有关文件的证券服务机构和人员,应当按照本行业公认的业务标准和道德规范,严格履行法定职责,并对其所出具文件的真实性、准确性和完整性负责。

上市公司在非公开发行新股后,应当依法披露发行情况报告书。

为信息披露义务人履行信息披露义务出具专项文件的保荐人和证券服务机构,是指为证券发行、上市、交易等证券业务活动制作并出具保荐书、审计报告、资产评估报告、法律意见书、财务顾问报告、资信评级报告等文件的保荐人、会计师事务所、资产评估机构、律师事务所、财务顾问机构及资信评级机构。

2. 证券信息的持续公开

证券信息的持续公开,是指证券上市交易过程中发行人和上市公司对证券上市交易及与证券交易有关的信息要进行持续披露。该类信息披露文件主要是上市公司的定期报告，包括中期报告、年度报告和临时报告。

中期报告，是指股票上市公司和债券上市交易公司在每一会计年度的上半年结束之日起两个月内，向国务院证券监督管理机构和证券交易所报送记载以下内容的报告：① 公司财务会计报告和经营情况；② 涉及公司的重大诉讼事项；③ 已发行的股票、公司债券变动情况；④ 提交股东大会审议的重要事项；⑤ 国务院证券监督管理机构规定的其他事项。

年度报告，是指股票上市公司和债券上市交易公司在每一会计年度结束之日起4个月内，向国务院证券监督管理机构和证券交易所报送记载以下内容的报告：① 公司概况；② 公司财务会计报告和经营情况；③ 董事、监事、高级管理人员简介及其持股情况；④ 已发行的股票及公司债券情况，包括持有公司股份最多的前10名股东的名单和持股数额；⑤ 公司的实际控制人；⑥ 国务院证券监督管理机构规定的其他事项。

临时报告，是指在两次定期报告发布的间隔时段，发生可能对上市公司股票交易价格产生较大影响的重大事件，上市公司应当立即将有关该重大事件的情况向国务院证券监督管理机构和证券交易所报送的报告。上市公司同时应将临时报告予以公告，说明事件的起因、目前的状态和可能产生的法律后果。

下列情况为前款所称重大事件：① 公司的经营方针和经营范围的重大变化；② 公司的重大投资行为和重大的购置财产的决定；③ 公司订立重要合同，可能对公司的资产、负债、权益和经营成果产生重要影响；④ 公司发生重大债务和未能清偿到期重大债务的违约情况；⑤ 公司发生重大亏损或者重大损失；⑥ 公司生产经营的外部条件发生了重大变化；⑦ 公司的董事、1/3以上监事或者经理发生变动；⑧ 持有公司5%以上股份的股东或者实际控制人，其持有股份或者控制公司的情况发生较大变化；⑨ 公司减资、合并、分立、解散及申请破产的决定；⑩ 涉及公司的重大诉讼，股东大会、董事会决议被依法撤销或者宣告无效；⑪ 公司涉嫌犯罪被司法机关立案调查，公司董事、监事、高级管理人员涉嫌犯罪，被司法机关采取强制措施；⑫ 国务院证券监督管理机构规定的其他事项。

3. 信息披露的要求与违法披露的法律责任

依法必须披露的信息，发行人、上市公司等披露义务主体应当在国务院证券监督管理机构指定的媒体发布，同时将其置备于公司住所、证券交易所供社会公众查阅。

上市公司董事、高级管理人员应当对公司的定期报告签署书面确认意见。上市公司监事会应当对董事会编制的公司定期报告进行审核并提出书面审核意见。上市公司董事、监事、高级管理人员应当保证上市公司所披露的信息真实、准确、完整。

国务院证券监督管理机构对上市公司年度报告、中期报告、临时报告以及公告的情况进行监督，对上市公司分派或者配售新股的情况进行监督，对上市公司控股股东及其他信息披露义务人的行为进行监督。证券监督管理机构、证券交易所、保荐人、承销的证券公司及有关人员，对公司依照法律、行政法规规定必须作出的公告，在公告前不得泄露其内容。

发行人、上市公司公告的招股说明书、公司债券募集办法、财务会计报告、上市报告文件、年度报告、中期报告、临时报告以及其他信息披露资料，有虚假记载、误导性陈述或者重大遗漏，致使投资者在证券交易中遭受损失的，发行人、上市公司应当承担赔偿责任；发行人、上市公司的董事、监事、高级管理人员和其他直接责任人员以及保荐人、承销的证券公司，应当与发行人、上市公司承担连带赔偿责任，但是能够证明自己没有过错的除外；发行人、上市公司的控股股东、实际控制人有过错的，应当与发行人、上市公司承担连带赔偿责任。

【例11-2】

〔案情〕黄光裕内幕交易案

内幕交易、泄露内幕信息犯罪事实：

（1）2007年4月，中关村上市公司拟与鹏泰公司进行资产置换，黄光裕参与了该项重大资产置换的运作和决策。在该信息公告前，黄光裕决定并指令他人借用龙燕等人的身份证，开立个人股票账户并由其直接控制。2007年4月27日至6月27日间，黄光裕累计购入"中关村"股票976万余股，成交额共计人民币（以下币种均为人民币）9310万余元，账面收益348万余元。

（2）2007年7、8月，中关村上市公司拟收购鹏润控股公司全部股权进行重组。在该信息公告前，黄光裕指使他人以曹楚娟等79人的身份证开立相关个人股票账户，并安排被告人杜鹃协助管理以上股票账户。2007年8月13日至9月28日间，黄光裕指使杜薇等人使用上述账户累计购入"中关村"股票1.04亿余股，成交额共计13.22亿余元，账面收益3.06亿余元。

期间，被告人许钟民明知黄光裕利用上述内幕信息进行"中关村"股票交易，仍接受黄光裕的指令，指使许伟铭在广东借用他人身份证开立个人股票账户或直接借用他人股票账户，于同年8月13日至9月28日间，累计购入"中关村"股票3166万余股，成交额共计4.14亿余元，账面收益9021万余元。

被告人许钟民还将中关村上市公司拟重组的内幕信息故意泄露给其妻李善娟及相怀珠等人。同年9月21日至25日，李善娟买入"中关村"股票12万余股，成交额共计181万余元。

〔问题〕黄光裕等人的行为违反了证券法的哪些规定？

〔分析〕法院认为，被告人黄光裕等人作为证券交易内幕信息的知情人员，在涉及对证券交易价格有重大影响的信息尚未公开前，买入该证券，内幕交易成交额及账面收益均特别巨大，情节特别严重。黄光裕与被告人杜鹃、许钟民构成内幕交易罪的共同犯罪，许钟民向他人泄露内幕信息，还构成泄露内幕信息罪，其中黄光裕系主犯，杜鹃、许钟民系从犯。据此，法院根据被告人黄光裕、杜鹃、许钟民犯罪的事实、性质、情节及对社会的危害程度，以被告人黄光裕犯内幕交易罪，判处有期徒刑9年，并处罚金6亿元；以被告人杜鹃犯内幕交易罪，判处有期徒刑3年6个月，并处罚金2亿元；以被告人许钟民犯内幕交易罪、泄露内幕信息罪，判处有期徒刑3年，并处罚金1亿元。①

11.4.2 禁止内幕交易

所谓内幕交易，是指证券交易内幕信息的知情人和非法获取内幕信息的人利用内幕信息从事证券交易活动。《证券法》第73条规定，禁止证券交易内幕信息的知情人和非法获取内幕信息的人利用内幕信息从事证券交易活动。

根据《最高人民法院、最高人民检察院关于办理内幕交易、泄露内幕信息刑事案件具体应用法律若干问题的解释》（法释〔2012〕6号）（以下简称《内幕交易的司法解释》），内幕信息知情人员包括"（1）发行人的董事、监事、高级管理人员；（2）持有公司5%以上股份的股东及其董事、监事、高级管理人员，公司的实际控制人及其董事、监事、高级管理人员；（3）发行人控股的公司及其董事、监事、高级管理人员；（4）由于所任公司职务可以获取公司有关内幕信息的人员；（5）证券监督管理机构工作人员以及由于法定职责对证券的发行、交易进行管理的其他人员；（6）保荐人、承销的证券公司、证券交易所、证券登记结算机构、证券服务机构的有关人员；（7）国务院证券监督管理机构规定的其他人"以及"由于其管理地位、监督地位或者职业地位，或者作为雇员、专业顾问履行职务，能够接触或者获得内幕信息的人员"。

司法解释同时规定了三类非法获取内幕信息的人员：一是利用窃取、骗取、套取、窃听、利诱、刺探或者私下交易等非法手段获取内幕信息的人员；二是具有特殊身份，即内幕信息知情人员的近亲属或者其他与其关系密切的人员；三是在内幕信息敏感期内与内幕信息知情人员联络、接触的人员。对于后两类人员，只要从事或者明示、暗示他人从事，或者泄露内幕信息导致他人从事与内幕信息有关的证

---

① 该资料来源于《人民法院报》网站。

券、期货交易，相关交易行为被认定为明显异常，且无正当理由或者正当信息来源的，就应当认定为非法获取内幕信息人员。侦查机关需要通过时间吻合程度、交易背离程度、利益关联程度等三方面综合分析判断是否属于交易行为明显异常。交易行为明显异常，同时没有正当理由和正当信息来源，才能说明被告人属于非法获取内幕信息人员。

证券交易的内幕信息包括：① 公司重大事件；② 公司分配股利或者增资的计划；③ 公司股权结构的重大变化；④ 公司债务担保的重大变更；⑤ 公司营业用主要资产的抵押、出售或者报废一次超过该资产的30%；⑥ 公司的董事、监事、高级管理人员的行为可能依法承担重大损害赔偿责任；⑦ 上市公司收购的有关方案；⑧ 国务院证券监督管理机构认定的对证券交易价格有显著影响的其他重要信息。

证券交易内幕信息的知情人和非法获取内幕信息的人，在内幕信息公开前，不得买卖该公司的证券，或者泄露该信息，或者建议他人买卖该证券。

为保障被告人的抗辩权，防止内幕交易、泄露内幕信息罪的适用对象被不当扩大，司法解释借鉴了成熟资本市场国家和地区的做法，规定了不属于从事与内幕信息有关的证券、期货交易的情形：一是持有或者通过协议、其他安排与他人共同持有上市公司5%以上股份的自然人、法人或者其他组织收购该上市公司股份的；二是按照事先订立的书面合同、指令、计划从事相关证券、期货交易的；三是依据已被他人披露的信息而交易的；四是交易具有其他正当理由或者正当信息来源的。

司法解释从犯罪数额和犯罪情节两个方面对内幕交易、泄露内幕信息罪的情节严重认定标准作了规定。具有以下情形之一的，应当认定为情节严重：① 证券交易成交额在50万元以上；② 期货交易占用保证金数额在30万元以上；③ 获利或者避免损失数额在15万元以上；④ 内幕交易或泄露内幕信息3次以上；⑤ 具有其他严重情节的。

【例11-3】

〔案情〕2008年2月至2009年初，作为深圳某投资顾问有限公司的证券高级分析师，被告人余某分别以柳某、罗某、翁某的名义先后成立了武汉胜券在握投资咨询服务有限责任公司、武汉金仕齐投资有限公司、武汉善行投资有限公司；随后，余某招聘被告人罗某负责操盘、管理日常事务和撰写荐股文章，招聘被告人雷某为各大财经媒体联络人，招聘被告人龚某负责操盘。

按照"先建仓、再荐股、后卖出"的操作模式，被告人余某对"ST金花"等股票进行操纵，在每天收盘之前购买相关股票，然后利用华泰证券分析师李德胜和中信建投分析师丁彦森、北京禧达丰证券投资顾问有限公司等的名义在"证券之星"、"和讯网"、"新浪网"、"金融界"等多个财经网站发表荐股文章，公开推荐上述股票，影响证券价格，并在荐股文章发表的当日或第二个交易日内将上述股票全部卖出。

通过"抢帽子交易"的方式操纵证券市场，被告人余某非法获利 70 330 235.65 元，被告人罗某非法获利 4 803 724.12 元，被告人雷某非法获利 1 954 061.13 元。

〔问题〕余某的行为属于什么性质？

〔分析〕4 个被告人以"抢帽子交易"的方法操纵证券市场，侵犯了国家对证券市场的管理制度和投资者的合法利益，情节严重，其行为均已构成操纵证券市场罪。据此，法院依法分别判处被告人余某有期徒刑 3 年，并处罚金 450 万元；被告人雷某有期徒刑 2 年零 1 个月，并处罚金 130 万元；被告人龚某有期徒刑 2 年零 1 个月，并处罚金 10 万元；被告人罗某有期徒刑 1 年零 8 个月，并处罚金 300 万元。①

11.4.3　禁止操纵证券市场

《证券法》第 77 条规定，禁止任何人以下列手段操纵证券市场：① 单独或者通过合谋，集中资金优势、持股优势或者利用信息优势联合或者连续买卖，操纵证券交易价格或者证券交易量；② 与他人串通，以事先约定的时间、价格和方式相互进行证券交易，影响证券交易价格或者证券交易量；③ 在自己实际控制的账户之间进行证券交易，影响证券交易价格或者证券交易量；④ 以其他手段操纵证券市场。

操纵证券市场行为给投资者造成损失的，行为人应当依法承担赔偿责任。

11.4.4　上市公司收购

上市公司收购，是指投资者依法购买股份有限公司已发行上市的股份，从而获得该上市公司控制权的行为。我国上市公司收购可以采取要约收购或者协议收购的方式。要约收购，是指收购方通过向目标公司股东发出收购要约的方式购买该公司的有表决权证券的行为；协议收购，是指收购方通过与目标公司的股票持有人达成收购协议的方式进行收购。

1. 要约收购

（1）要约收购的适用条件。通过证券交易所的证券交易，投资者持有通过协议或者其他安排与他人共同持有一个上市公司已发行的股份达到 30% 时，继续进

---

① 该资料来源于《人民法院报》网站。

行收购的,应当依法向该上市公司所有股东发出收购上市公司全部或者部分股份的要约。

收购要约提出的各项收购条件,适用于被收购上市公司的所有股东。收购上市公司部分股份的收购要约应当约定,被收购公司股东承诺出售的股份数额超过预定收购的股份数额的,收购人按比例进行收购。采取要约收购方式的,收购人自收购期限内,不得卖出被收购公司的股票,也不得采取要约规定以外的形式和超出要约的条件买入被收购公司的股票。

(2)要约收购的程序。收购人发出收购要约,必须事先向国务院证券监督管理机构报送上市公司收购报告书,收购人自依规定报送上市公司收购报告书之日起15日后,公告其收购要约。在上述公告期限内,国务院证券监督管理机构发现上市公司收购报告书不符合法律、行政法规规定的,应当及时告知收购人,收购人不得公告其收购要约。

收购要约约定的收购期限不得少于30日,并不得超过60日。在收购要约确定的承诺期限内,收购人不得撤销其收购要约。收购人需要变更收购要约的,必须事先向国务院证券监督管理机构及证券交易所提出报告,经批准后,予以公告。

2. 协议收购

(1)采取协议收购方式的,收购人可以依照法律、行政法规的规定同被收购公司的股东以协议方式进行股份转让。以协议方式收购上市公司时,达成协议后,收购人必须在3日内将该收购协议向国务院证券监督管理机构及证券交易所作出书面报告,并予公告。在公告前不得履行收购协议。

(2)采取协议收购方式的,协议双方可以临时委托证券登记结算机构保管协议转让的股票,并将资金存放于指定的银行。

(3)采取协议收购方式的,收购人收购或者通过协议、其他安排与他人共同收购一个上市公司已发行的股份达到30%时,继续进行收购的,应当向该上市公司所有股东发出收购上市公司全部或者部分股份的要约。但是,经国务院证券监督管理机构免除发出要约的除外。

11.5 证券机构

证券机构,是指依法设立的从事证券服务业务的法人机构。在中国,证券机构包括证券交易所、证券公司及证券登记结算机构、证券业协会、证券监督管理机构。

11.5.1 证券交易所

证券交易所是为证券集中交易提供场所和设施、组织和监督证券交易、实行自律管理的法人。中国的证券交易所是不以营利为目的，仅为证券的集中和有组织的交易提供场所、设施，并履行国家有关法律、法规、规章、政策规定的职责，实行自律性管理的会员制事业法人。目前，中国有两家证券交易所，即 1990 年 12 月设立的上海证券交易所和 1991 年 7 月设立的深圳证券交易所。证券交易所的设立和解散，由国务院决定。

设立证券交易所必须制定章程。证券交易所必须在其名称中标明证券交易所字样。其他任何单位或个人不得使用证券交易所或者近似的名称。进入证券交易所参与集中交易的，必须是证券交易所的会员。

根据证券法的相关规定，证券交易所具有以下职能：

（1）为组织公平的集中竞价交易提供保障，公布证券交易即时行情，并按交易日制作证券市场行情表，予以公布。

（2）依照法律、行政法规的规定，办理股票、公司债券的暂停上市、恢复上市或者终止上市的事务。

（3）因突发性事件而影响证券交易正常进行时，证券交易所可以采取技术性停牌的措施；因不可抗力的突发性事件或者为维护证券交易的正常秩序，证券交易所可以决定临时停市；证券交易所采取技术性停牌或者决定临时停市，必须及时向中国证监会报告。

（4）对在交易所进行的证券交易实行实时监控，并按照国务院证券监督管理机构的要求，对异常的交易情况提出报告；对上市公司披露信息进行监督，督促上市公司依法及时、准确地披露信息。

（5）依照证券法律、行政法规制定证券集中竞价交易的具体规则，制定证券交易所的会员管理规章和证券交易所从业人员业务规则，并报国务院证券监督管理机构批准。

（6）对违反证券交易所交易规则的证券交易人给予纪律处分；情节严重的，可撤销其交易资格，禁止其入场进行证券交易。

11.5.2　证券公司

证券公司，是指依照公司法的规定并经国务院证券监督管理机构审查批准成立的专门经营证券业务、具有独立的法人地位的金融机构。

证券公司的设立必须经中国证监会依照法定程序审查批准，未经中国证监会批准，不得经营证券业务。如果证券公司需要设立或撤销分支机构，变更业务范围或者注册资本，变更公司章程，合并、分立、变更公司形式或解散公司，也必须经中国证监会批准。

设立证券公司，应当具备下列条件：① 有符合法律、行政法规规定的公司章程；② 主要股东具有持续盈利能力，信誉良好，最近3年无重大违法违规记录，净资产不低于人民币2亿元；③ 有符合证券法规定的注册资本；④ 董事、监事、高级管理人员具备任职资格，从业人员具有证券从业资格；⑤ 有完善的风险管理与内部控制制度；⑥ 有合格的经营场所和业务设施；⑦ 符合法律和行政法规规定的、经国务院批准的、国务院证券监督管理机构规定的其他条件。

证券公司的组织形式为有限责任公司或者股份有限公司，证券公司必须在其名称中标明"证券有限责任公司"或者"证券股份有限公司"字样。

经国务院证券监督管理机构批准，证券公司可以经营下列部分或者全部业务：① 证券经纪；② 证券投资咨询；③ 与证券交易、证券投资活动有关的财务顾问；④ 证券承销与保荐；⑤ 证券自营；⑥ 证券资产管理；⑦ 其他证券业务。证券公司经营上述第①项至第③项业务的，注册资本最低限额为人民币5 000万元；经营第④项至第⑦项业务之一的，注册资本最低限额为人民币1亿元；经营第④项至第⑦项业务中两项以上的，注册资本最低限额为人民币5亿元。证券公司的注册资本应当是实缴资本。

国务院证券监督管理机构根据审慎监管原则和各项业务的风险程度，可以调整注册资本最低限额，但不得少于前款规定的限额。

11.5.3　证券登记结算机构

证券登记结算机构，是为证券交易提供集中登记、存管与结算服务，不以营利为目的的法人。

设立证券登记结算机构，必须经国务院证券监督管理机构批准，并应具备下列条件：① 自有资金不少于人民币2亿元；② 具有证券登记、托管和结算服务所必需的场所和设施；③ 主要管理人员和业务人员必须具有证券从业资格；④ 国务院证券监督管理机构规定的其他条件。证券登记结算机构的名称中应当标明"证券登记结算"字样。

证券登记结算机构履行下列职能：① 证券账户、结算账户的设立；② 证券的托管和过户；③ 证券持有人名册登记；④ 证券在证券交易所上市交易的清算和交收；⑤ 受发行人的委托派发证券权益；⑥ 办理与上述业务有关的查询；⑦ 国务院证券监督管理机构批准的其他业务。

证券登记结算机构的责任包括：① 应当向证券发行人提供证券持有人名册及其有关资料。② 应当根据证券登记结算的结果，确认证券持有人持有证券的事实，提供证券持有人登记资料。③ 应当保证证券持有人名册和登记过户记录真实、准确、完整，不得伪造、篡改、毁坏。④ 应当妥善保存登记、托管和结算的原始凭证，重要的原始凭证的保存期不少于20年。⑤ 应当采取下列措施保证业务的正常进行：一是具有必备的服务设备和完善的数据安全保护措施；二是建立健全的业务、财务和安全防范等管理制度；三是建立完善的风险管理系统。

11.5.4 证券业协会

1991 年 8 月 28 日，中国成立了中国证券业协会。它是中国证券发展史上第一个全国性的证券行业自律性管理组织，是证券经营机构依法自行组织的自律性会员组织，具有独立的社团法人资格。按照证券法的规定，证券业协会是证券业的自律性组织，是社会团体法人。证券公司应当加入证券业协会。

证券业协会的权力机构是由全体会员组成的会员大会。证券业协会设理事会，理事会成员依章程的规定由选举产生。证券业协会的章程由会员大会制定，并报国务院证券监督管理机构备案。

证券业协会履行下列职责：① 教育和组织会员遵守证券法律、行政法规；② 依法维护会员的合法权益，向证券监督管理机构反映会员的建议和要求；③ 收集整理证券信息，为会员提供服务；④ 制定会员应遵守的规则，组织会员单位从业人员的业务培训，开展会员间的业务交流；⑤ 对会员之间、会员与客户之间发生的证券业务纠纷进行调解；⑥ 组织会员就证券业的发展、运作及有关内容进行研究；⑦ 监督、检查会员行为，对违反法律、行政法规或者协会章程的，按照规定给予纪律处分；⑧ 证券业协会章程规定的其他职责。

11.5.5 证券监督管理机构

按证券法规定，国务院证券监督管理机构依法对中国证券市场实行监督管理。从目前国务院机构设置的情况来看，国务院证券监督管理机构就是中国证券监督管理委员会。根据国务院 1998 年 9 月批准的《中国证券监督管理委员会职能配置、内设机构和人员编制规定》，中国证券监督管理委员会属于国务院正部级事业单位，是全国证券期货市场的主管部门，它根据国务院的授权履行其行政监管职能，依法对全国证券业和期货业进行集中统一监管。

《证券法》规定：国务院证券监督管理机构在对证券市场实施监督管理中履行下列职责：① 依法制定有关证券市场监督管理的规章、规则，并依法行使审批或者核准权；② 依法对证券的发行、上市、交易、登记、存管和结算进行监督管理；③ 依法对证券发行人、上市公司、证券公司、证券投资基金管理公司、证券服务机构、证券交易所、证券登记结算机构的证券业务活动进行监督管理；④ 依法制定从事证券业务人员的资格标准和行为准则，并监督实施；⑤ 依法监督检查证券发行、上市和交易的信息公开情况；⑥ 依法对证券业协会的活动进行指导和监督；

⑦ 依法对违反证券市场监督管理法律、行政法规的行为进行查处；⑧ 法律、行政法规规定的其他职责。国务院证券监督管理机构可以和其他国家或者地区的证券监督管理机构建立监督管理合作机制，实施跨境监督管理。

国务院证券监督管理机构依法履行职责时，有权采取下列措施：① 对证券发行人、上市公司、证券公司、证券投资基金管理公司、证券服务机构、证券交易所、证券登记结算机构进行现场检查。② 进入涉嫌违法行为发生场所调查取证。③ 询问当事人及与被调查事件有关的单位和个人，要求其对与被调查事件有关的事项作出说明。④ 查阅、复制与被调查事件有关的产权登记、通讯记录等资料。⑤ 查阅、复制当事人和与被调查事件有关的单位和个人的证券交易记录、登记过户记录、财务会计资料及其他相关文件和资料；对可能被转移、隐匿或者毁损的文件和资料，可以予以封存。⑥ 查询当事人及与被调查事件有关的单位和个人的资金账户、证券账户和银行账户；对有证据证明已经或者可能转移或者隐匿违法资金、证券等涉案财产或者隐匿、伪造、毁损重要证据的，经国务院证券监督管理机构主要负责人批准，可以冻结或者查封。⑦ 在调查操纵证券市场、内幕交易等重大证券违法行为时，经国务院证券监督管理机构主要负责人批准，可以限制被调查事件当事人的证券买卖，但限制的期限不得超过 15 个交易日；案情复杂的，可以延长 15 个交易日。

国务院证券监督管理机构在依法履行上述职责、进行监督检查或者调查时，其监督检查、调查的人员不得少于 2 人，并应当出示合法证件和监督检查、调查通知书。监督检查、调查的人员少于 2 人或者未出示合法证件和监督检查、调查通知书的，被检查、调查的单位有权拒绝。

国务院证券监督管理机构工作人员必须忠于职守，依法办事，公正廉洁，不得利用职务便利牟取不正当利益，不得泄露所知悉的有关单位和个人的商业秘密。

【本章引例分析提示】

引例体现了证券法中的以下内容：① 证券监督管理机构职责；② 证券交易中禁止的行为。

【课后练习】

不定项选择

1. 根据证券法的规定，下列哪些机构对客户开立的账户负有保密的义务？（   ）(2003 年司法考试题)

    A. 资产评估机构   B. 证券公司

    C. 证券交易所   D. 律师事务所

2. 某上市公司因披露虚假年度财务报告,导致投资者在证券交易中蒙受重大损失。关于对此承担民事赔偿责任的主体,下列哪一选项是错误的?（　　）(2010年司法考试题)

A. 该上市公司的监事　　　　B. 该上市公司的实际控制人
C. 该上市公司财务报告的刊登媒体　D. 该上市公司的证券承销商

3. 关于证券交易所,下列哪一表述是正确的?（　　）(2009年司法考试题)

A. 会员制证券交易所从事业务的盈余和积累的财产可按比例分配给会员
B. 证券交易所总经理由理事会选举产生并报国务院证券监督管理机构批准
C. 证券交易所制定和修改章程应报国务院证券监督管理机构备案
D. 证券交易所的设立和解散必须由国务院决定

第 12 章　税收法律制度

【本章学习目标】

通过该章的学习，你应该能够：
- 了解我国现行的主要税收法律制度
- 了解税收征管过程中的相关规定
- 了解违反税收法律制度的行为表现形式及应该承担的法律责任

【本章引例】

7月，陈某在工商局办理了临时营业执照从事服装经营，但未向税务机关申请办理税务登记。9月，陈某被税务局查处，核定应缴纳税款600元，限其于次日缴清税款。陈某在限期内未缴纳税款，对核定的税款提出异议。税务局不听其申辩，直接扣押了其价值1 000元的一批服装。扣押后陈某仍未缴纳税款，税务所将服装以600元的价格销售给内部职工，用以抵缴税款。

请问，税务局的执法行为有无不妥？

12.1　税收与税法

12.1.1　税收的概念和特征

税收是国家为实现国家职能，凭借政治权力，按照法律规定的标准，无偿取得财政收入的一种特定分配方式。税收体现了国家与纳税人在征税、纳税的利益分配上的一种特殊关系，是一定社会制度下的一种特定分配关系，取之于民、用之于民。税收具有取得财政收入、调节经济、维护国家政权和国家利益等方面的重要作用。

税收具有强制性、无偿性和固定性三个特征：

（1）强制性。税收是国家以社会管理者身份，凭借政治权力，通过颁布法律或政令来进行强制征收。负有纳税义务的社会集团和社会成员，都必须遵守国家强制性的税收法令，依法纳税，否则就要受到法律制裁。

（2）无偿性。国家取得税收收入既无需偿还，也无需对纳税人付出任何代价。

（3）固定性。国家征税以法律形式预先规定征税范围和征收比例，便于征纳双方共同遵守。税收的固定性，既包括时间上的连续性，又包括征收比例的固定性。

12.1.2 税法概述

1. 税法的概念

税法，是指国家制定的调整国家与纳税人、税务管理相对人之间在征纳方面权利与义务关系的法律规范的总称，是国家征税的法律依据，是纳税人纳税的法律准则。税收作为财政收入的一种主要形式，必须借助并通过制定各种具体的法律、法规和规章并付诸实施，才能将这种理论上的收入形式转换为现实的财政收入。

由此可见，税法是税收基本职能得以实现的法律保障，也是调整税收关系、保护各方主体合法权益、维护正常税收秩序的法律准则；税法是贯彻和执行国家政策的一种重要法律形式，也是维护国家税收主权的法律依据；税法同时还可以对税收法律关系主体起到教育和宣传的作用。

2. 税法的分类

（1）根据税法功能作用的不同，可将税法分为税收实体法和税收程序法。

税收实体法是针对某一具体税种的法律，如《中华人民共和国企业所得税法》、《中华人民共和国个人所得税法》都属于税收实体法。税收程序法不针对某一具体税种，而针对税务管理程序，如《税收征收管理法》、《海关法》及《进出口关税条例》。

（2）根据税法法律级次划分，可分为税收法律、税收行政法规、税收规章和税收规范性文件。

税收法律（狭义的税法）是由全国人民代表大会及其常务委员会制定的，其法律地位和法律效力仅次于宪法，在税法中效力最高。例如，《中华人民共和国个人所得税法》、《中华人民共和国企业所得税法》和《税收征收管理法》都属于税收法律。税收行政法规，是指国务院、地方立法机关根据其职权或国家最高权力机关的授权，依据宪法和税收法律，通过一定法律程序制定的规范性税收文件，如《消费税暂行条例》、《税收征收管理法实施细则》、《企业所得税法实施条例》、《个人所得税法实施条例》等。税收规章，具体指财政部、国家税务总局、海关总署以及地方政府在其权限内制定的有关税收的办法、规则、规定，如《车船税暂行条例实施细则》等。税收规范性文件，是指县以上（含本级）税务机关依照法定职权和规定程序制定并公布的，规定纳税人、扣缴义务人及其他税务行政相对人的权利、义务，在本辖区内具有普遍约束力并反复适用的文件，如《增值税专用发票使用规定》。

（3）根据主权国家行使税收管辖权的不同，可分为国内税法、国际税法和外国税法。

国内税法一般是按照属人或属地原则,规定一个国家的内部税收制度。国际税法是指国家间形成的税收制度,主要包括双边或多边国家间的税收协定、条约和国际惯例等。外国税法是指外国各个国家制定的税收制度。

12.1.3 税法的构成要素

1. 征税、纳税主体

征税、纳税主体,又称征税人和纳税义务人。代表国家行使征税职权的各级税务机关和其他征收机关是征税人,包括各级税务机关和海关。依法直接负有纳税义务的自然人(包括个体经营者)、法人和其他组织是纳税义务人。

2. 征税对象

征税对象,又称征税客体,即税法规定对什么征税。征税对象是各个税种之间相互区别的根本标志。征税对象按其性质的不同,通常划分为流转额、所得额、财产及行为四大类。

3. 税目

税目,是指税法中规定的征税对象的具体项目,是征税的具体根据,它规定了征税对象的具体范围。凡列入税目的即为应税项目,未列入税目的则不属于应税项目。

4. 税率

税率是应纳税额与课税对象之间的数量关系或比例,是计算税额的尺度。税率的高低直接关系到纳税人的负担和国家税收收入的多少,是国家在一定时期内税收政策的主要表现形式,是税收制度的核心要素。我国的税率主要有比例税率、累进税率和定额税率三种基本形式。

(1)比例税率,是指对同一征税对象,不论数量多少、数额大小均按同一比例征税的税率。如企业所得税税率为25%,增值税税率为17%。

(2)累进税率,是按征税对象数额的大小划分为若干等级,各定一个税率递增征税,数额越大税率越高,一般适用于对所得额的征税。累进税率包括全额累进税率、超额累进税率和超率累进税率。

(3)定额税率(固定税额),是指对单位征税对象规定固定的税额,而不采取百分比的形式。它适用于从量计征的税种。目前采用定额税率的有资源税、车船税等。

5. 纳税环节

纳税环节,是指商品在整个流转过程中按照税法规定应当缴纳税款的阶段。

6. 纳税期限

纳税期限是税法规定的纳税主体向税务机关缴纳税款的具体时间。纳税期限是衡量征纳双方是否按时行使征税权力和履行纳税义务的尺度。纳税期限一般分为按次征收和按期征收两种。在现代税制中，一般还将纳税期限分为缴税期限和申报期限两段，但也可以将申报期限内含于缴税期限之中。

7. 纳税地点

纳税地点是指缴纳税款的场所。纳税地点一般为纳税人的住所地，也有规定在营业地、财产所在地或特定行为发生地的。

8. 税收优惠

税收优惠，是指税法对某些特定的纳税人或征税对象给予的一种免除规定，它包括减免税、税收抵免等多种形式。按照优惠目的，税收优惠通常可以分为照顾性优惠和鼓励性优惠两种；按照优惠范围，可以分为区域性优惠和产业性优惠两种。

9. 税务争议

税务争议，是指税务机关与税务管理相对人之间因确认或实施税收法律关系而产生的纠纷。解决税务争议主要通过税务行政复议和税务行政诉讼两种方式，并且一般要以税务管理相对人缴纳税款为前提。在税务争议期间，税务机关的决定不停止执行。

10. 税收法律责任

税收法律责任，是指税收法律关系的主体因违反税法所应当承担的法律后果。税法规定的法律责任形式主要有三种：一是经济责任，包括补缴税款、加收滞纳金等；二是行政责任，包括吊销税务登记证、罚款、税收保全及强制执行等；三是刑事责任，对违反税法情节严重，构成犯罪行为的，要依法承担刑事责任。

12.2　我国现行的主要税收制度

从 2013 年起，我国共有 18 个税种，包括增值税、消费税、营业税、企业所得税、个人所得税、资源税、城镇土地使用税、房产税、城市维护建设税、耕地占用税、土地增值税、车辆购置税、车船税、印花税、契税、烟叶税、关税、船舶吨税，其中 16 个税种由税务部门负责征收，关税和船舶吨税由海关征收，进口货物的增值税、消费税由海关部门代征。

根据税种的类型不同，可分为：① 流转税类（包括增值税、消费税、营业税和关税）；② 所得税类（包括企业所得税、个人所得税）；③ 资源税类（包括资源税和城镇土地使用税）；④ 特定目的税类（包括城市维护建设税、耕地占用税、土地增值税和车辆购置税）；⑤ 财产、行为税类（包括房产税、城市房地产税、车船税、船舶吨税、印花税、契税）。

在分税制下,中央与地方税收收入划分为如下两类:

(1) 中央政府固定收入。包括消费税、车辆购置税、关税、船舶吨税和海关代征的消费税和增值税等税收收入。

(2) 地方政府固定收入。包括土地使用税、耕地占用税、土地增值税、房产税、城市房地产税、车船税、契税、筵席税等税收收入。

在中国现行的税制体系中,尽管有18个税种之多,但其实真正具有实质性意义且可纳入主要税种之列的只有五种:增值税、消费税、营业税、企业所得税和个人所得税。下面对这五种税种展开学习。

12.2.1 增值税

增值税对在我国境内销售货物或者提供加工、修理修配劳务以及进口货物的单位和个人征收。增值税纳税人分为一般纳税人和小规模纳税人。对一般纳税人,就其销售(或进口)货物或者提供加工、修理修配劳务的增加值征税,基本税率为17%,低税率为13%,出口货物为0%(国务院另有规定的除外);对小规模纳税人,实行简易办法计算应纳税额,征收率一般为6%,从事货物批发或零售等税法列举项目的征收率为4%。增值税的纳税期限一般为1个月,纳税人应在次月1~10日的征期内申报纳税。

1. 增值税的征税范围

(1) 销售或者进口的货物(包括电力、热力、气体在内)。

(2) 提供的加工、修理修配劳务。

(3) 属于征税范围的特殊项目。比如货物期货,银行销售金银的业务,典当业的死当物品销售业务和寄售业的代委托人销售寄售物品的业务,集邮商品(如邮票、首日封、邮折等)的生产以及邮政部门以外的其他单位和个人的销售业务。

(4) 属于征税范围的特殊行为:

视同销售货物行为。单位或个体经营者的下列行为,视同销售货物:① 将货物交付他人代销;② 销售代销货物;③ 设有两个以上机构并实行统一核算的纳税人,将货物从一个机构移送至其他机构用于销售,但相关机构设在同一县(市)的除外;④ 将自产或委托加工的货物用于非应税项目;⑤ 将自产、委托加工或购买的货物作为投资,提供给其他单位或个体经营者;⑥ 将自产、委托加工或购买的货物分配给股东或投资者;⑦ 将自产、委托加工的货物用于集体福利或个人消费;⑧ 将自产、委托加工或购买的货物无偿赠送他人。

混合销售行为。从事货物的生产、批发或零售的企业、企业性单位及个体经营者发生混合销售行为,视为销售货物,应当征收增值税。

兼营非应税劳务行为。增值税纳税人兼营非应税劳务,如果不分别核算或者不能准确核算货物或应税劳务销售额和非应税劳务营业额的,其非应税劳务应与货物或应税劳务一并征收增值税。

2. 小规模纳税人的认定

小规模纳税人,是指年销售额在规定标准以下,并且会计核算不健全,不能按规定报送有关税务资料的增值税纳税人。

根据《增值税暂行条例实施细则》的规定,小规模纳税人的认定标准是:① 从事货物生产或提供应税劳务的纳税人,以从事货物生产或提供应税劳务为主、兼营货物批发或零售的纳税人,年应税销售额在50万元以下(含本数,下同)的;② 从事货物批发或零售的纳税人,年应税销售额在80万元以下的。

年应税销售额超过小规模纳税人标准的个人、非企业性单位、不经常发生应税行为的企业,视同小规模纳税人纳税。

3. 增值税的税率

我国的增值税税率主要分为两种:一般纳税人的基本税率17%,低税率13%和零税率;小规模纳税人的税率3%。

适用13%低税率情形主要指一般纳税人销售或者出口下列货物:① 粮食、食用植物油;② 自来水、暖气、冷气、热水、煤气、石油液化气、天然气、沼气、居民用煤炭制品;③ 图书、报纸、杂志;④ 饲料、化肥、农药、农机、农膜;⑤ 国务院规定的其他货物。

纳税人出口货物,税率为零。但是,国务院另有规定的除外。例如出口的原油、柴油,援外出口货物,以及国家禁止出口的货物(包括天然牛黄、麝香、铜基合金、白金等)。

以前,小规模纳税人按工业和商业两类分别适用6%和4%的征收率。因此,为了平衡小规模纳税人与一般纳税人之间的税负水平,促进中小企业的发展和扩大就业,需要相应降低小规模纳税人的征收率,从2009年起将小规模纳税人的征收率统一降低至3%。

4. 增值税的计算方法

《增值税暂行条例实施细则》对增值税的计算方法有明确的规定,具体的增值税计算公式如下:

应纳税额 = 销项税额 – 进项税额

增值税计算公式:应纳销项税额 = 不含税销售额 × 税率

我国采用国际上普遍采用的税款抵扣的办法,即根据销售商品或劳务的销售额,按规定的税率算出销项税额,然后扣除取得该商品或劳务时所支付的增值税款,也就是进项税额,其差额就是增值部分应缴的税额。这种增值税的计算方法体现了按增值因素计税的原理。

【例 12-1】

假设，乙公司向甲公司购进一批原材料，价值 1 万元，乙公司实际上要付给甲公司的货款并不止 1 万元。根据增值税计算公式，应该是 10 000 + 10 000 × 17%（假设乙公司为一般纳税人）= 11 700 元。

乙公司作为消费者就要负担这 1 700 元的增值税，这 1 700 元的增值税对乙公司来说是"进项税"。甲公司多收了这 1 700 元的增值税款并不归自己所有，而是要上交给国家，甲公司只是代收代缴而已，并不负担这笔税款。

乙公司把购进原材料加工成成品，出售给丙公司，货款为 15 000 元，乙公司要向丙公司收取的货款也不止 15 000 元，而是 15 000 + 15 000 × 17%（假设丙公司也为一般纳税人）= 17 550 元。因为丙公司这时作为消费者也应该向乙公司支付 2 550 元的增值税款，这就是乙公司的"销项税"。乙公司收了这 2 550 元增值税额也并不归自己所有，也要上交给国家，所以，2 550 元的增值税款也不是乙公司负担的，乙公司也只是代收代缴而已。

现在，乙公司作为一般纳税人，进项税就可以在销项税中抵扣（除法律规定的 8 项不能抵扣外）。乙公司购进原材料支付的进项增值税款是 1 700 元，销售成品收取的销项增值税是 2550 元。所以，乙公司（在出售了成品获得丙公司的货款后）上交给国家的增值税款应是 2550 - 1 700 = 850 元（那 1 700 元已在乙公司购买原材料时加入货款中，由甲公司代收代缴过了），所以这 850 元是丙公司在向乙公司购成品时付给乙公司的，通过乙公司交给国家。

之后，如果丙公司将乙公司的成品再卖给丁公司，丁公司再卖给戊公司……这些过程都是要收取增值税的，直到卖给最终的消费者，也就把增值税转嫁到了最终消费者，所以增值税也是流转税。

12.2.2 消费税

消费税是对在我国境内生产、委托加工和进口应税消费品的单位和个人征收的税种。征税范围包括烟、酒和酒精、化妆品、贵重首饰和珠宝玉石等 18 个税目。消费税根据税法确定的税目，按照应税消费品的销售额、销售数量分别实行从价定率或从量定额的办法计算应纳税额。消费税的纳税期限与增值税的纳税期限相同。

消费税是在对货物普遍征收增值税的基础上，选择少数消费品再行征收的一个税种。消费税主要是为了调节产品结构，引导消费方向，保证国家财政收入。消费税实行价内税，只在应税消费品的生产、委托加工和进口环节缴纳，在以后的批发、零售等环节，因为价款中已包含消费税，因此不用再缴纳消费税，税款最终由消费者承担。

1. 消费税的征税范围

消费税的征收范围包括五种类型的产品：

第一类：一些过度消费会对人类健康、社会秩序、生态环境等方面造成危害的特殊消费品，如烟、酒、鞭炮、焰火等。

第二类：奢侈品、非生活必需品，如贵重首饰、化妆品等。

第三类：高能耗及高档消费品，如小轿车、摩托车等。

第四类：不可再生和替代的石油类消费品，如汽油、柴油等。

第五类：具有一定财政意义的产品，如汽车轮胎等。

2006年3月21日，财政部、国家税务总局联合发出通知，对消费税的税目、税率进行调整。这次调整新增了"高尔夫球及球具、高档手表、游艇、木制一次性筷子、实木地板"等税目，取消了"护肤护发品"税目，并对部分税目的税率进行了调整。

2. 消费税的税目税率

消费税共设置了11个税目，在其中的3个税目下又设置了13个子目，列举了25个征税项目。实行比例税率的有21个，实行定额税率的有4个。共有13个档次的税率，最低1%[2008年9月1日起排气量在1.0升（含1.0升）以下的乘用车，税率由3%下调至1%]，最高56%（甲类香烟的消费税从价税率由原来的45%调整至56%）。

3. 消费税的计算方法

《消费税暂行条例实施细则》对消费税的计算方法有明确的规定，具体的消费税计算公式如下：

实行比率税率的征税项目应纳税额＝应税消费品销售额×适用税率

实行定额税率的征税项目应纳税额＝应税消费品销售数量×适用税额标准

采用复合计税方法的（如烟、酒等类消费品）将上述两个计算公式结合使用即可：

应纳税额＝应税消费品销售数量×适用税额标准＋应税消费品销售额×适用税率

【例12-2】

某化妆品生产公司于过年前将本公司生产的化妆品以福利形式发给职工，是否需要缴纳消费税？

不管是增值税还是消费税，都是在销售后，以消费品的销售额或销售数量为计税依据纳税的。《消费税暂行条例实施细则》规定："纳税人生产的、于销售时纳税"的应税消费品，是指有偿转让应税消费品的所有权，即以从受让方取得货币、货物、劳务或其他经济利益为条件转让的应税消费品。上述化妆品公司将自产应税消费品用于职工福利，貌似只是一种内部结转关系，不存在销售行为，但仍然发生了所有权的转移，并且员工作为受让方是从中获利了的。

《消费税暂行条例实施细则》同时规定：纳税人自产的应税消费品用于生产非应税消费品和在建工程、管理部门、非生产机构、提供劳务以及用于馈赠、赞助、广告、样品、职工福利、奖励等，视同销售处理。

所以，该化妆品生产公司作为纳税人将自产的应税消费品用于职工福利，应于移送使用时纳税，既包括消费税还包括增值税。

12.2.3 营业税

营业税是国家对工商营利事业按营业额征收的税，属于流转课税的一类。营业税对有偿提供应税劳务、转让无形资产和销售不动产的单位和个人征收，应税劳务包括交通运输业、建筑业、金融保险业等7个税目。

营业税具有以下三个特征：

（1）征税范围广、税源普遍。营业税的征税范围包括在我国境内提供应税劳务、转让无形资产和销售不动产的经营行为，涉及国民经济中第三产业这一广泛的领域。

（2）以营业额为计税依据，计算方法简便。营业税的计税依据为各种应税劳务收入的营业额、转让无形资产的转让额、销售不动产的销售额（三者统称为营业额），税收收入不受成本、费用高低影响，收入比较稳定，并且实行比例税率，计征方法简便。

（3）按行业设计税目税率。营业税从应税劳务的综合性经营特点出发，按照不同的经营行业设计不同的税目、税率，即行业相同；税目、税率相同；行业不同，税目、税率不同。

1．营业税的征税范围

营业税的征税范围包括在中华人民共和国境内提供的应税劳务、转让无形资产或者销售不动产的行为。

应税劳务，是指有偿或视同有偿提供交通运输业、建筑业、金融保险业、邮电通信业、文化体育业、娱乐业、服务业税目规定范围的劳务；转让无形资产，是指有偿或视同有偿转让土地的使用权和转让专利权、非专利技术、商标权、著作权、商誉的所有权和使用权；销售不动产，是指有偿或视同有偿转让建筑物及其他土地附着物的所有权。

营业税是对提供应税劳务、转让无形资产和销售不动产征税，增值税是对销售货物征税。如果一项销售行为既涉及应税劳务又涉及货物，则为混合销售行为。从事货物的生产、批发或零售的企业或企业性单位及个体经营者的混合销售行为，视为销售货物，不征收营业税；其他单位和个人的混合销售行为，视为提供应税劳务，应当征收营业税。纳税人既提供应征营业税的劳务，又从事应征增值税的货物销售行为，为兼营行为。纳税人兼营应税劳务与货物，凡不分别核算或不能准确核算的，其应税劳务与货物一并征收增值税，不征营业税。

2. 营业税的税率

营业税的税率共分三档：交通运输业、建筑业、邮电通信业、文化体育业的税率为3%，金融保险业、服务业、销售不动产和转让无形资产的税率为5%，娱乐业则适用5%～20%的幅度税率。

3. 营业税的计税方法

《营业税暂行条例实施细则》对营业税的计算方法有明确的规定，具体的营业税计算公式如下：

$$应纳税额 = 营业额 \times 适用税率$$

4. 营业税的主要免税规定

托儿所、幼儿园、养老院、残疾人福利机构提供的育养服务，婚姻介绍，殡葬服务；残疾人员个人为社会提供的劳务；医院、诊所和其他医疗机构提供的医疗服务；学校和其他教育机构提供的教育劳务，学生勤工俭学提供的劳务；农业机耕、排灌、病虫害防治、植物保护、农牧业保险以及相关的技术培训业务，家禽、牲畜、水生动物的配种和疾病防治；纪念馆、博物馆、文化馆、美术馆、展览馆、书画院、图书馆、文物保护单位举办文化活动的门票收入，宗教场所举办文化、宗教活动的门票收入，可以免征营业税。

【例12-3】

〔案情〕某市一家新开的搬家公司财务人员向税务机关申报纳税时，税务人员告知其公司为客户提供搬家服务，属于服务行业，应按"服务业"税目，适用5%的税率申报纳税。而搬家公司财务人员则认为，搬家服务虽属服务范畴，但其业务内容实质上应属于搬运，应按"交通运输业"税目，适用3%的税率。

〔问题〕搬家业务到底应适用"服务业"税目还是"交通运输业"税目呢？

〔分析〕搬家公司为客户提供搬家服务，是一种服务，但其适用何种税目、税率应严格按照国家有关具体规定执行。根据我国税法规定，交通运输业包括陆路运输、水路运输、航空运输、管道运输和装卸搬运。《关于营业税若干征税问题的通知》（国税发〔1994〕159号）第四项就搬家业务纳税的问题予以了明确："搬家业务是搬家公司利用运输工具或人力实现了空间位置的转移的业务，它具有装卸搬运的特征。因此，对搬家业务收入，应按'交通运输业'税目中的'装卸搬运'

征收营业税。"所以，搬家公司为客户提供搬家服务不按"服务业"税目，而按"交通运输业"税目申报缴纳营业税，适用税率为3%。

12.2.4 企业所得税

对中国境内的一切企业和其他取得收入的组织（不包括个人独资企业、合伙企业），就其来源于中国境内外的生产经营所得和其他所得征收企业所得税。企业所得税以企业每一纳税年度的收入总额，减除不征税收入、免税收入、各项扣除以及允许弥补以前年度亏损后的余额，为应纳税所得额。

1. 企业所得税的纳税义务人

企业所得税的纳税义务人，是指在中华人民共和国境内的企业和其他取得收入的组织。《企业所得税法》第1条规定，除个人独资企业、合伙企业不适用企业所得税法外，在我国境内，企业和其他取得收入的组织（以下统称企业）为企业所得税的纳税义务人，依照法律规定缴纳企业所得税。

企业所得税的纳税人分为居民企业和非居民企业，这是根据企业纳税义务范围的宽窄进行的分类方法，不同的企业在向中国政府缴纳所得税时，纳税义务不同。把企业分为居民企业和非居民企业，是为了更好地保障我国税收管辖权的有效行使。税收管辖权是一国政府在征税方面的主权，是国家主权的重要组成部分。根据国际上的通行做法，我国选择了地域管辖权和居民管辖权的双重管辖权标准，最大限度地维护我国的税收利益。

2. 企业所得税的征税范围

企业所得税的征税范围，包括企业的生产经营所得、其他所得和清算所得。

居民企业应就来源于中国境内、境外的所得作为征税对象。所得包括销售货物所得、提供劳务所得、转让财产所得、股息红利等权益性投资所得、利息所得、租金所得、特许权使用费所得、接受捐赠所得和其他所得。

非居民企业在中国境内设立机构、场所的，应当就其所设机构、场所取得的来源于中国境内的所得，以及发生在中国境外但与其所设机构、场所有实际联系的所得，缴纳企业所得税。非居民企业在中国境内未设立机构、场所的，或者虽设立机构、场所，但取得的所得与其所设机构、场所没有实际联系的，应当就其来源于中国境内的所得缴纳企业所得税。所谓的实际联系，是指非居民企业在中国境内设立的机构、场所拥有的据以取得所得的股权、债权，以及拥有、管理、控制据以取得所得的财产。

3. 企业所得税的税率

（1）标准税率。居民企业以及在中国境内设立机构、场所且取得的所得与其所设机构、场所有实际联系的非居民企业，内资企业和外资企业一样，应当就其来源于中国境内、境外的所得缴纳企业所得税，适用税率为25%。

非居民企业在中国境内未设立机构、场所的，或者虽设立机构、场所但取得的所得与其所设机构、场所没有实际联系的，应当就其来源于中国境内的所得缴纳企业所得税，适用税率为20%。

（2）优惠税率。对于居民企业和在中国境内设立机构、场所且取得的所得与其所设机构、场所有实际联系的非居民企业，企业所得税法规定了20%和15%两档优惠税率；对于在中国境内未设立机构、场所的，或者虽设立机构、场所但取得的所得与其所设机构、场所没有实际联系的非居民企业，企业所得税法规定了10%的优惠税率。

符合条件的小型微利企业，减按20%的税率征收企业所得税。

国家需要重点扶持的高新技术企业，减按15%的税率征收企业所得税。

在中国境内未设立机构、场所的，或者虽设立机构、场所，但取得的所得与其所设机构、场所没有实际联系的，应当就其来源于中国境内的所得，减按10%的税率征收企业所得税。

中国居民企业向境外H股非居民企业股东派发2008年及以后年度股息时，统一按10%的税率代扣代缴企业所得税。

合格境外机构投资者取得来源于中国境内的股息、红利和利息收入，应当按照企业所得税法规定，缴纳10%的企业所得税。

12.2.5 个人所得税

个人所得税是以个人（自然人）取得的各项应税所得为征税对象所征收的一种税。

1. 个人所得税的纳税义务人

个人所得税的纳税义务人，是指在中国境内有住所，或者虽无住所但在中国境内居住满1年，以及无住所又不居住或居住不满1年但有从中国境内取得所得的个人，包括中国公民，个体工商户，外籍个人，中国香港、澳门、台湾同胞等。个人所得税的纳税义务人划分为居民和非居民两类，居民纳税义务人承担无限纳税义务，非居民纳税义务人承担有限纳税义务。

2. 个人所得税的征税范围

（1）工资、薪金所得。

（2）个体工商户的生产、经营所得。

（3）企事业单位的承包经营、承租经营所得。

（4）劳务报酬所得。

（5）稿酬所得。

（6）特许权使用费所得。
（7）利息、股息、红利所得。
（8）财产租赁所得。
（9）财产转让所得。
（10）偶然所得，指个人得奖、中奖、中彩以及其他偶然性质的所得。
（11）经国务院财政部门确定征税的其他所得。

个人取得的所得，难以界定应纳税所得项目的，由主管税务机关确定。个人取得的应纳税所得，包括现金、实物和有价证券。所得为实物的，应当按照取得的凭证上所注明的价格计算应纳税所得额；无凭证的实物或者凭证上所注明的价格明显偏低的，由主管税务机关参照当地的市场价格核定应纳税所得额；所得为有价证券的，由主管税务机关根据票面价格和市场价格核定应纳税所得额。

3. 个人所得税的税率和计算方法

（1）工资、薪金所得。从2011年9月1日起，个人所得税费用扣除标准调整为3 500元/月，超出数额按照3%～45%的7级超额累进税率（见下表）。

个人所得税的税率和计算方法

级数	全月应纳税所得额	税率（%）	速算扣除数（元）
1	不超过1 500元的	3	0
2	超过1 500元～4 500元的部分	10	105
3	超过4 500元～9 000元的部分	20	555
4	超过9 000元～35 000元的部分	25	1 005
5	超过35 000元～55 000元的部分	30	2 755
6	超过55 000元～80 000元的部分	35	5 505
7	超过80 000元的部分	45	13 505

（2）个体工商户的生产、经营所得和对企事业单位的承包经营、承租经营所得，适用5%～35%的超额累进税率。

（3）劳务报酬所得，特许权使用费所得，利息、股息、红利所得，财产转让所得，偶然所得和其他所得，适用比例税率，税率为20%。

（4）稿酬所得适用比例税率，税率为20%，并按应纳税额减征30%，故其实际税率为14%。

【例12-4】

某员工2012年1月工资收入5 000元，并同时获发2011年度年终奖总额1万元。假设该单位的个人社保按照工资的10%缴纳,个人住房公积金按照工资的5%缴纳,则该员工2012年1月的工资个人所得税计算如下:

全月应纳税所得额 = 工资 - 个人社保 - 个人住房公积金 - 起征点
$$= 5\,000 - 5\,000 \times 10\% - 5\,000 \times 5\% - 3\,500$$
$$= 750 \text{ 元}$$

当月工资收入的个人所得税 = 全月应纳税所得额 × 税率 - 速算扣除数
$$= 750 \times 3\% - 0$$
$$= 22.50 \text{ 元}。$$

1月份拿到的2011年的年终奖金该如何纳税呢?

根据《国家税务总局关于调整个人取得全年一次性奖金等计算征收个人所得税方法问题的通知》(国税发〔2005〕9号)文件的规定,纳税人取得全年一次性奖金,单独作为一个月工资、薪金所得计算纳税。先将雇员当月内取得的全年一次性奖金除以12个月,按其商数确定适用税率和速算扣除数。具体公式为:

(1) 如果雇员当月工资薪金所得高于(或等于)税法规定的费用扣除额,适用公式为:

应纳税额 = 雇员当月取得全年一次性奖金 × 适用税率 - 速算扣除数

(2) 如果雇员当月工资薪金所得低于税法规定的费用扣除额,适用公式为:

应纳税额 =(雇员当月取得全年一次性奖金 - 雇员当月工资薪金所得与费用扣除额的差额)× 适用税率 - 速算扣除数

该员工本月工资扣除社保和公积金后高于3 500元,所以按第一种公式计算,具体的计算方式为:10 000 ÷ 12 = 833.33元,其相对应的适用税率是3%,速算扣除数为0。该员工年终奖金应纳个人所得税为:10 000 × 3% - 0 = 300元。

所以,新税制下,总纳税额:2012年1月共应纳个人所得税22.50 + 300 = 322.50元。

4. 纳税期限和方式

扣缴义务人每月所扣和自行申报纳税人每月应纳的税款,在次月7日内缴入国库;个体工商户的生产、经营所得应纳的税款,按年计算,分月预缴,年度终了后3个月内汇算清缴,多退少补;对企事业单位的承包经营、承租经营所得应纳的税款,按年计算,年度终了后30日内缴入国库;从中国境外取得所得的,在年度终了后30日内,将应纳的税款缴入国库。年所得12万元以上的纳税人,在年度终了后3个月内自行向税务机关进行纳税申报。

12.2.6 其他税收制度

除了以上五种税收制度之外，我国还存在以下几种较为重要的税收制度。

1. 资源税

资源税对各种应税自然资源征收。征税范围包括原油、天然气、煤炭、其他非金属矿原矿、黑色金属矿原矿、有色金属矿原矿、盐等七大类。资源税的税额标准因资源的种类和区位不同，税额标准为每吨0.30元～60元或每1千立方米2元～15元不等。

2. 城镇土地使用税

城镇土地使用税，以在城市、县城、建制镇和工矿区范围内的土地为征税对象，以实际占用的土地面积为计税依据，按规定税额对使用土地的单位和个人征收。其税额标准按大城市、中等城市、小城市和县城、建制镇、工矿区分别确定在每平方米0.60元～30元之间。土地使用税按年计算、分期缴纳。

3. 房产税

房产税是以城市、县城、建制镇和工矿区范围内的房屋为征税对象，按房产余值或租金收入为计税依据，向产权所有人征收的一种税（此税不适用外商投资企业、外国企业和外籍个人）。其税率分为两类：按照房产余值计算应纳税额的，适用税率为1.2%；按照房产租金收入计算应纳税额的，适用税率为12%，但个人按市场价格出租的居民住房，按4%的税率征收。房产税按年征收、分期缴纳。

4. 城市房地产税

城市房地产税现仅对外商投资企业、外国企业和外籍个人的房产征收。其税率分为两类：按照房产余值计算应纳税额的，适用税率为1.2%；按照房产租金收入计算应纳税额的，适用税率为18%。城市房地产税按季或按半年分期缴纳，具体期限由主管税务机关核定。

5. 城市维护建设税

城市维护建设税，对缴纳增值税、消费税、营业税的单位和个人征收。它以纳税人实际缴纳的增值税、消费税、营业税为计税依据，以纳税人所在地的不同区域，分别按7%（在市区）、5%（在县城、镇）和1%（不在市区、县城或镇）三档税率计算缴纳。城市维护建设税分别与增值税、消费税、营业税同时缴纳。

6. 耕地占用税

耕地占用税，对占用耕地建房或者从事其他非农业建设的单位和个人，依其占用耕地的面积征收。其税额标准在每平方米5元～50元之间。纳税人必须自经土地管理部门批准占用耕地之日起30日内缴纳耕地占用税。

7. 土地增值税

土地增值税是以纳税人转让国有土地使用权、地上建筑物及其附着物所取得的增值额为征税对象，依照规定的税率征收。它实行4级超率累进税率，税率分别为30%、40%、50%、60%。纳税人应当自转让房地产合同签订之日起7日内向房地产所在地主管税务机关办理纳税申报，并在税务机关核定的期限内缴纳土地增值税。

8. 车辆购置税

车辆购置税是对购置汽车、摩托车、电车、挂车、农用运输车等应税车辆的单位和个人征收。车辆购置税实行从价定率的方法计算应纳税额，税率为10%。计税价格为纳税人购置应税车辆时支付给销售者的全部价款和价外费用（不包括增值税）；国家税务总局参照应税车辆市场平均交易价格，规定不同类型应税车辆的最低计税价格。纳税人购置应税车辆的，应当自购置之日起60日内申报纳税并一次缴清税款。

9. 车船税

车船税以在我国境内依法应当到车船管理部门登记的车辆、船舶为征税对象，向车辆、船舶的所有人或管理人征收。车船税分为载客汽车、载货汽车等六大税目。各税目的年税额标准在每辆24元～660元之间，或自重（净吨位）每吨3元～120元之间。车船税按年申报缴纳。

10. 印花税

印花税是对经济活动和经济交往中书立、领受税法规定的应税凭证征收。印花税根据应税凭证的性质，分别按合同金额依比例税率或者按件定额计算应纳税额。比例税率有1‰、0.5‰、0.3‰和0.05‰ 4档。比如，购销合同按购销金额的0.3‰贴花，加工承揽合同按加工或承揽收入的0.5‰贴花，财产租赁合同按租赁金额的1‰贴花，借款合同按借款金额的0.05‰贴花，等等；权利、许可证等按件贴花5元。印花税实行由纳税人根据规定自行计算应纳税额，购买并一次贴足印花税票的缴纳办法。股权转让书据按其书立时证券市场当日实际成交价格计算的金额，由立据双方当事人分别按3‰的税率缴纳印花税（即证券交易印花税）。

11. 契税

契税以出让、转让、买卖、赠与、交换发生权属转移的土地、房屋为征税对象征收，承受的单位和个人为纳税人。出让、转让、买卖土地或房屋的税基为成交价格，赠与土地、房屋的税基由征收机关核定，交换土地、房屋的税基为交换价格的差额。税率为3%～5%。纳税人应当自纳税义务发生之日起10日内办理纳税申报，并在契税征收机关核定的期限内缴纳税款。

12.3 税收管理机关及税务管理

12.3.1 税收征收管理机关

税收征收管理机关目前有四种：国家税务总局、地方税务局、地方财政局和海关。

国家税务总局系统主要负责下列主要税种的征收和管理：① 增值税；② 消费税；③ 中央企业所得税；④ 铁路、保险总公司、各银行及其金融企业的营业税、所得税；⑤ 资源税；⑥ 外商投资企业和外国企业的各项税收及外籍人员缴纳的个人所得税；⑦ 证券交易税。

地方税务局系统主要负责下列各税的征收和管理：① 营业税；② 个人所得税；③ 城市建设维护税；④ 资源税；⑤ 地方的企业所得税；⑥ 城镇土地使用税；⑦ 按地方营业税附征的教育税附加；⑧ 各种行为税类等。

地方财政局目前主要负责耕地占用税和契税的征收和管理。

海关主要负责关税的征收和管理。

12.3.2 税务管理

1. 税务登记

从事生产、经营的纳税人，包括企业、企业在外地设立的分支机构和从事生产经营的场所，个体工商户和从事生产经营的事业单位，自领取营业执照之日起30日内，应持有关证件向税务机关申报办理税务登记。

2. 账簿、凭证管理

账簿是纳税人、扣缴义务人连续地记录其各种经济业务的账册或簿籍。凭证是纳税人用来记录经济业务，明确经济责任，并据以登记账簿的书面证明。账簿、凭证管理是继税务登记之后税收征管的又一重要环节，在税收征管中占有十分重要的地位。

3. 纳税申报

纳税人、扣缴义务人可以直接到税务机关办理纳税申报或者报送代扣代缴、代收代缴税款报告表，也可以按照规定采取邮寄、数据电文或者其他方式办理上述申报、报送事项。

12.3.3 税款征收

1. 税款征收的主要内容

（1）税务机关必须依照法律、行政法规的规定征收税款，不得违反法律、行政法规的规定开征、停征、多征、少征，提前征收、延缓征收或者摊派税款。

（2）扣缴义务人必须按规定履行代扣、代缴税款的义务。扣缴义务人依法履行代扣、代收税款义务时，纳税人不得拒绝。若纳税人拒绝，扣缴义务人应及时报告税务机关处理。

（3）纳税人、扣缴义务人必须按规定的期限缴纳或者解缴税款。纳税人因有特殊困难，不能按期缴纳税款的，经省、自治区、直辖市国家税务局、地方税务局批准，可以延期缴纳税款，但是最长不得超过3个月。纳税人、扣缴义务人未按照规定期限缴纳或解缴税款的，税务机关除责令限期缴纳外，从滞纳税款之日起，按日加收滞纳税款万分之五的滞纳金。

（4）纳税人可以依法向税务机关书面申请减税、免税，并经法律、行政法规规定的减税、免税审批机关审批。地方各级政府、各级政府主管部门、单位和个人违反法律、行政法规规定，擅自作出的减税、免税决定无效，税务机关不得执行，并应当向上级税务机关报告。

2．税款征收方式

税务机关可以根据税法的规定和纳税人的生产经营及财务管理情况，对不同纳税人分别采取查账征收、查定征收、查验征收、定期定额征收以及核定应纳税额等方式征收税款。

3．税款征收保障措施

（1）税收保全措施。税务机关有根据认为从事生产、经营的纳税人有逃避纳税义务行为的，可以在规定的纳税期之前，责令限期缴纳应纳税款；在限期内发现纳税人有明显的转移、隐匿其应纳税的商品、货物以及其他财产或者应纳税收入的迹象的，税务机关可以责成纳税人提供纳税担保。如果纳税人不能提供纳税担保，经县级以上税务局（分局）局长批准，税务机关可以采取下列税收保全措施：第一，书面通知纳税人开户银行或者其他金融机构冻结纳税人相当于应纳税款金额的存款；第二，扣押、查封纳税人相当于应纳税款价值的商品、货物或者其他财产。

（2）强制执行措施。从事生产、经营的纳税人、扣缴义务人没有按照规定的期限缴纳或者解缴税款，纳税担保人未按照规定的期限缴纳所担保税款的，由税务机关责令限期缴纳。逾期仍未缴纳的，经县级以上税务局（分局）局长批准，税务机关可以采取下列强制执行措施：第一，书面通知纳税人开户银行或者其他金融机构从其存款中扣缴税款；第二，扣押、查封、依法拍卖或者变卖其价值相当于应纳税款的商品、货物或者其他财产，以拍卖或者变卖所得抵缴税款。

税务机关采取上述强制措施时，对纳税人、扣缴义务人、纳税担保人未缴纳的滞纳金同时强制执行。个人及其所扶养家属维持生活必需的住房和用品，不在税收保全措施和强制执行措施的范围之内。

(3) 税收优先制度。税务机关征收税款，税收优先于无担保债权，法律另有规定的除外；纳税人欠缴的税款发生在纳税人以其财产设定抵押、质押或者纳税人的财产被留置之前的，税收应当先于抵押权、质押权、留置权执行。纳税人欠缴税款，同时又被行政机关决定处以罚款、没收违法所得的，税收优先于罚款和没收违法所得。

(4) 代位权、撤销权。欠缴税款的纳税人因怠于行使到期债权，或者放弃到期债权，或者无偿转让财产，或者以明显不合理的低价转让财产而受让人知道该情形，对国家税收造成损害的，税务机关可以依照合同法的规定行使代位权、撤销权。

12.3.4 税务检查

根据税收征收管理法，税务机关有权进行下列税务检查：

(1) 检查纳税人的账簿、记账凭证、报表和有关资料，检查扣缴义务人代扣代缴、代收代缴税款账簿、记账凭证和有关资料。

(2) 到纳税人的生产、经营场所和货物存放地检查纳税人应纳税的商品、货物或者其他财产，检查扣缴义务人与代扣代缴、代收代缴税款有关的经营情况。

(3) 责成纳税人、扣缴义务人提供与纳税或者代扣代缴、代收代缴税款有关的文件、证明材料和有关资料。

(4) 询问纳税人、扣缴义务人与纳税或者代扣代缴、代收代缴税款有关的问题和情况。

(5) 到车站、码头、机场、邮政企业及其分支机构检查纳税人托运、邮寄应纳税商品、货物或者其他财产的有关单据、凭证和有关资料。

(6) 经县级以上税务局（分局）局长批准，凭全国统一格式的检查存款账户许可证明，查询从事生产经营的纳税人、扣缴义务人在银行或者其他金融机构的存款账户。税务机关在调查税收违法案件时，经设区的市、自治州以上税务局（分局）局长批准，可以查询案件涉嫌人员的储蓄存款。税务机关查询所获得的资料，不得用于税收以外的用途。

12.4 违反税法相关规定的法律责任

违反税法的法律责任，是税法主体违反税法规定应承担的经济赔偿责任、行政责任和刑事责任的法律后果。依据承担责任的主体不同，可以分为纳税人的责任、扣缴义务人的责任和税务人员的责任。

12.4.1 纳税人违反税法的法律责任

纳税人违反税法的行为包括一般违法行为和犯罪行为,对其应依法处以罚款或予以刑事处罚。主要包括以下几种情况:

(1) 纳税人违反税务管理规定。包括违反税务登记、账证管理的规定以及纳税申报,税务机关有权责令其限期改正;逾期不改正的,可处以2 000元以下的罚款,情节严重的,处以2 000元以上1万元以下的罚款。

(2) 偷税行为。即纳税人采取伪造、变造、隐匿、擅自销毁账簿或记账凭证,在账簿上多列支出或者不列、少列收入,或者进行虚假的纳税申报等手段,不缴或者少缴应纳税款的行为。偷税行为未构成犯罪的,除追缴其偷税款外,处以偷税数额5倍以下的罚款;构成犯罪的,除追缴偷税款外,应处有期徒刑或拘役,并处偷税数额1倍以上5倍以下的罚金。

(3) 欠税行为。即纳税人在纳税期限届满后,仍未缴或少缴应纳税款的行为。税务机关应责令欠税人限期缴纳并加收滞纳金,逾期仍未缴纳的,可采取强制执行措施。此外,如果欠税人采取转移、隐匿等手段,致使税务机关无法追缴税款,则构成妨碍追缴欠税的行为。未构成犯罪的,除追缴欠款外,处以欠缴税款5倍以下的罚款;构成犯罪的,处拘役、有期徒刑和罚金。

(4) 抗税行为。即以暴力、威胁方法拒不缴纳税款的行为。未构成犯罪的,则追缴税款,并处拒缴税款5倍以下的罚款;构成犯罪的,处拘役、有期徒刑,并处罚金。

(5) 骗税行为。即骗取国家出口退税款的行为。未构成犯罪的,应追缴其骗取的退税款,处以骗取税款5倍以下的罚款;构成犯罪的,依法追究刑事责任。

12.4.2 扣缴义务人违反税法的法律责任

扣缴义务人违反税法规定的,同样要承担相应的法律责任。主要包括:

(1) 未按规定设置、保管代扣代缴、代收代缴税款的账簿、记账凭证及有关资料的,或者未按规定报送代扣代缴、代收代缴税款报告表的,由税务机关限期改正;逾期不改正的,处以2 000元以下的罚款,情节严重的,可在法定限度内处更高额度的罚款。

(2) 扣缴义务人采取偷税手段进行偷税的,其应承担的法律责任与纳税人偷税应承担的法律责任相同

(3) 扣缴义务人应扣未扣、应收未收税款的,由扣缴义务人缴纳应扣未扣、应收未收税款,除非其已将纳税人拒绝抵扣、代收的情况及时报告税务机关。

12.4.3 税务人员违反税法的法律责任

税务人员违反税法的行为主要有：① 唆使或协助纳税人、扣缴义务人实施偷税、骗税和妨碍追缴欠税；② 收受或索取纳税人、扣缴义务人的财物；③ 玩忽职守，不征或者少征税款，致使国家税收遭受重大损失；④ 私分所扣押、查封的商品、货物或者其他财产；⑤ 违法擅自决定税收的开征、停征或者减免、退补；⑥ 滥用职权，故意刁难纳税人或扣缴义务人。

对于上述的前四项行为，构成犯罪的，依法追究刑事责任；未构成犯罪的，给予行政处分；对于第⑤项行为，除撤销其决定外，应追究直接责任人员的行政责任；对于第⑥项行为，应对违法者给予行政处分。

【引例分析提示】

陈某未办税务登记确实违反了税务管理规定，但税务局应责令限期改正，可以处以2 000元以下的罚款；逾期不改正的，税务机关可提请工商机关吊销其营业执照。对于扣押后仍不缴纳税款的强制执行措施，应当经县级以上税务局（分局）局长批准，才能拍卖或变卖货物抵税，而且变卖应依照法定程序，由依法成立的商业机构销售，不能自行降价销售给职工。

【课后练习】

一、不定项选择题

1. 以下4人的月工资、薪金所得，应分别适用下列何种税率？（　　）（2012年司法考试题）

   A. 张某所得5 000元，适用3%的税率

   B. 王某所得8 000元，适用20%的税率

   C. 李某所得20 000元，适用25%的税率

   D. 赵某所得85 000元，适用45%的税率

2. 根据税收征收管理法规，关于从事生产、经营的纳税人账簿，下列哪些说法是正确的？（　　）（2012年司法考试题）

   A. 纳税人生产、经营规模小又确无建账能力的，可聘请经税务机关认可的财会人员代为建账和办理账务

   B. 纳税人使用计算机记账的，应在使用前将会计电算化系统的会计核算软件、使用说明书及有关资料报送主管税务机关备案

   C. 纳税人会计制度健全，能够通过计算机正确、完整计算其收入和所得情况

的，其计算机输出的完整的书面会计记录，可视同会计账簿

D. 纳税人的账簿、记账凭证、报表、完税凭证、发票、出口凭证以及其他有关涉税资料，除另有规定外，应当保存10年

3. 下列哪些法律渊源是地方政府开征、停征某种税收的依据？（   ）（2011年司法考试题）

A. 全国人大及其常委会制定的法律
B. 国务院依据法律授权制定的行政法规
C. 国务院有关部委制定的部门规章
D. 地方人大、地方政府发布的地方法规

4. 关于纳税人享有的权利，下列哪些选项是正确的？（   ）（2011年司法考试题）

A. 向税务机关了解税收法律规定和纳税程序
B. 申请减税、免税、退税
C. 对税务机关的决定不服时，提出申辩，申请行政复议
D. 合法权益因税务机关违法行政而受侵害时，请求国家赔偿

5. 根据企业所得税法规定，下列哪些表述是正确的？（   ）（2010年司法考试题）

A. 国家对鼓励发展的产业和项目给予企业所得税优惠
B. 国家对需要重点扶持的高新技术企业可以适当提高其企业所得税税率
C. 企业从事农、林、牧、渔业项目的所得可以免征、减征企业所得税
D. 企业安置残疾人员所支付的工资可以在计算应纳税所得额时加以扣除

6. 纳税义务人具有下列哪些情形的，应当按规定办理个人所得税纳税申报？（   ）（2010年司法考试题）

A. 个人所得超过国务院规定数额的
B. 在两处以上取得工资、薪金所得的
C. 从中国境外取得所得的
D. 取得应纳税所得没有扣缴义务人的

二、案例分析题

税务机关在对邓某的拖欠税款行为实行税收保全措施和强制执行措施时，发现邓某有以下财产：仅有的一套住房，个人所有的金银首饰，自用的私人汽车，所拥有的单价在5 000以下的生活用品。请问哪些财产或者物品不能被实行税收保全措施和强制执行措施，为什么？（根据2007年司法考试题改编）

第13章 劳动与社会保险法

【本章学习目标】

通过该章的学习,你应该能够:
- 了解劳动法与社会保险法的基本内容
- 重点掌握劳动合同制度

【本章引例】

深圳市某外商投资企业与员工李某在签订劳动合同的同时,另外签订了一份有关购买社会保险的意向书,约定李某同意企业不为其办理养老、医疗等社会保险。后因李某工作多年后被企业无故辞退而引发劳动争议。李某向深圳市劳动争议仲裁委员会申请仲裁,要求该企业支付解除劳动合同的经济补偿金和补缴养老、医疗等社会保险费。劳动争议仲裁委员会裁决,支持李某关于支付解除劳动合同的经济补偿金的请求,却驳回了关于补缴社会保险费的请求,理由是李某在有关购买社会保险意向书中同意企业不为其购买社会保险。李某不服仲裁裁决,向人民法院起诉,请求企业为其补缴社会保险费。[①]

请问,法院会否支持李某的诉讼请求?为什么?

13.1 劳动法律制度

13.1.1 劳动合同

1. 劳动合同的概念

劳动合同,是指劳动者与用人单位之间为确立劳动关系而依法协商达成的关于双方权利、义务的协议。劳动合同的主体具有特定性,必须一方是劳动者,一方是用人单位。劳动者是指具有劳动权利能力和行为能力的自然人,用人单位包括中华人民共和国境内的企业、个体经济组织、民办非企业单位等组织。同时,国家机关、事业单位、社会团体和与其建立劳动关系的劳动者订立、履行、变更、解除或者终止劳动合同,也依照本法执行。

---

① 屈茂辉、郭哲:《经济法律通论》,中国人民大学出版社2010年版,第335页。

劳动合同有别于劳务合同，劳务合同是当事人双方就一方提供劳动给另一方服务过程中形成的债权债务关系的协议，包括承揽合同、运输合同、委托合同、信托合同、居间合同、行纪合同、保管合同、基本建设承包合同以及技术服务合同等。

劳动合同也不同于雇佣合同，社会上普遍存在的家庭雇佣保姆、农村承包经营户雇人抢收庄稼等雇佣劳动，因用工一方既不是企业，也不是个体经济组织，不属于劳动关系的主体范畴，应按雇佣关系对待。

【例 13-1】

〔案情〕原告杨某于 2005 年在被告乐昌市某医院打扫卫生，2007 年 9 月至 2008 年 3 月中断。2009 年 3 月 1 日起，原告杨某又负责看大门，报酬由每月 550 元提高到 650 元。原、被告均按保洁合同履行义务。在此期间，原告从未参加过被告组织的活动。2012 年 9 月 2 日，杨某接到被告解除保洁合同的通知后，随即向县劳动争议仲裁委员会申请仲裁，要求被告医院支付经济补偿金。仲裁委员会驳回了杨某的请求。

〔问题〕原、被告双方签订的保洁合同是否为劳动合同？

〔分析〕法院审理后认为，杨某与医院签订的卫生保洁协议书仅仅是杨某为医院提供一定劳务活动，性质为劳务合同。从劳动法可以看出，劳动合同是确立劳动者与用人单位之间存在劳动关系的法律形式。劳动合同具有明显不同于劳务合同的法律特征：

(1) 劳动合同主体是特定的。一方是用人单位——企业、个体组织、国家机关和事业单位，还有社会团体；另一方是劳动者本人，即必须是 16 周岁以上、具有一定劳动能力的劳动者，包括本国公民、外国人及无国籍人。

(2) 劳动合同双方当事人具有职责上的从属关系。

(3) 劳动合同是双方有偿合同。

(4) 劳动合同的主要条款具有法定性。劳动时间、劳动保护条件、最低工资、休假等，当事人必须遵照执行。

(5) 劳动合同在一定条件下，往往涉及第三人的物质利益。例如，涉及劳动者亲属在一定条件下享有的物质帮助权，如子女就业、住房、生育及工伤、死亡时的物质帮助等。

劳务合同是当事人双方就一方提供劳动给另一方服务过程中形成的债权债务关系的协议。

劳务合同的法律特征：

(1) 主体的广泛性和平等性。劳务合同的主体可以是法人、组织之间签订，也可以是公民个人之间、公民与法人之间签订，地位平等。

(2) 合同标的的特殊性。劳务合同的标的是一方当事人向另一方当事人提供的活劳动，即劳务，它是一种行为。劳务合同就是以劳务为给付标的的合同。

(3) 内容的任意性。除法律有强制性规定外，合同双方当事人完全可以以其自由意志决定合同的相关条款。

(4) 劳务合同是双务合同，非要式合同。在劳务合同中，一方必须为另一方提供劳务，另一方则必须为提供劳务的当事人支付相应的劳务报酬。因此，劳务合同是双务有偿合同。大部分劳务合同为非要式合同，除法律有特别规定的以外。

2. 劳动合同的订立

根据劳动合同法规定，建立劳动关系，应当订立书面劳动合同。用人单位自用工之日起即与劳动者建立劳动关系。已建立劳动关系，未同时订立书面劳动合同的，应当自用工之日起1个月内订立书面劳动合同。用人单位与劳动者在用工前订立劳动合同的，劳动关系自用工之日起建立。

用人单位自用工之日起超过1个月、不满1年未与劳动者订立书面劳动合同的，应当向劳动者每月支付2倍的工资。如用人单位自用工之日起满1年未与劳动者订立书面劳动合同的，自用工之日起满1个月的次日至满1年的前一日应当按照《劳动合同法》第82条的规定向劳动者每月支付2倍的工资，并视为自用工之日起满1年的当日已经与劳动者订立无固定期限的劳动合同，应当立即与劳动者补订书面劳动合同。

【例13-2】

〔案情〕周明于2008年2月1日入职某外贸公司，月薪3 000元。公司一直未与其签订劳动合同。2008年12月31日，周明向公司提出辞职，并依据劳动合同法规定，要求公司另行支付工资33 000元（从2008年2月1日至2008年12月31日）。

〔问题〕周明的主张是否符合劳动合同法要求？

〔分析〕劳动合同法规定，建立劳动关系，应当在1个月内订立书面合同，即公司有1个月宽限期。"应当向劳动者支付2倍工资"指从第二个月的第一天开始计算，宽限期内可不支付2倍工资。所以本案应该从2008年3月1日起开始计算每月支付2倍工资。即用人单位需向周明支付3万元。①

【例13-3】

〔案情〕小李是某高等院校毕业生，在一次招聘会上与某科技公司签订了一份劳动合同，公司要求小李一毕业就去上班。7月，小李拿到毕业证后前往公司报

---

① 李迎春：《劳动合同法——案例精释与应对策略》，法律出版社2008年版，第35页。

到。不幸的是,小李在途中遇到交通意外导致伤残,小李要求公司支付工伤保险赔偿,公司予以拒绝。

〔问题〕《劳动合同法》是否支持小李的行为?

〔分析〕《劳动合同法》颁布之前,此类纠纷没有明确的法律规定。但《劳动合同法》颁布之后对此进行了明确,规定用人单位与劳动者在用工之前订立合同的,劳动关系自用工之日开始建立。即劳动关系建立不以劳动合同的订立日期为准。正式用工之前,用人单位无需承担作为用人单位的义务,比如缴纳社会保险费、支付工资等。劳动者在用工之前发生人身伤害事故的,用人单位也无需承担相应的保险责任。因此,由于双方劳动关系尚未建立,本案中公司就无需承担小李的工伤保险赔偿。①

3. 劳动合同的类型

根据《劳动合同法》第12条的规定,劳动合同可以分为三类:固定期限劳动合同、无固定期限劳动合同和以完成一定工作任务为期限的劳动合同。固定期限劳动合同,是指用人单位与劳动者约定合同终止时间的劳动合同。用人单位与劳动者协商一致,可以订立固定期限劳动合同。无固定期限劳动合同,是指用人单位与劳动者约定无确定终止时间的劳动合同。用人单位与劳动者协商一致,可以订立无固定期限劳动合同。

有下列情形之一,劳动者提出或者同意续订、订立劳动合同的,除劳动者提出订立固定期限劳动合同外,应当订立无固定期限劳动合同:

(1)劳动者在该用人单位连续工作满10年的。

(2)用人单位初次实行劳动合同制度或者国有企业改制重新订立劳动合同时,劳动者在该用人单位连续工作满10年且距法定退休年龄不足10年的。

(3)连续订立两次固定期限劳动合同,且劳动者没有本法第39条和第40条第(一)项、第(二)项规定的情形,续订劳动合同的。

【例13-4】

〔案情〕老王于1998年3月入职某公司任电工。2003年7月1日,老王向公司辞职,准备回老家照顾得病的父亲,并于当日办理了离职手续。2个月后老王父亲病逝,老王提出重新上班,公司决定再次聘用其当电工。2003年9月,老王重新办理入职登记。2008年9月,老王向公司提出自己已经工作超过10年,要求订立无固定期限劳动合同。

---

① 李迎春:《劳动合同法——案例精释与应对策略》,法律出版社2008年版,第37页。

〔问题〕如何理解"劳动者在用人单位连续工作满10年的"?

〔分析〕本案关键看老王是否在公司连续工作满10年。"连续工作满10年"应当是劳动者在同一用人单位连续地、不间断地工作满10年以上。老王于2003年9月再次入职,其工作时间已经中断两个多月,不符合"连续"要求,所以公司不必与其签订无固定期限劳动合同。①

4. 劳动合同的效力

劳动合同无效,是指劳动合同因缺乏法律规定的条件而不具备约束力。《劳动合同法》第26条规定,下列劳动合同无效或者部分无效:

(1) 以欺诈、胁迫的手段或者乘人之危,使对方在违背真实意思的情况下订立或者变更劳动合同的。

(2) 用人单位免除自己的法定责任、排除劳动者权利的。

(3) 违反法律、行政法规强制性规定的。

劳动合同部分无效,不影响其他部分效力的,其他部分仍然有效。劳动合同被确认无效,劳动者已付出劳动的,用人单位应当向劳动者支付劳动报酬。劳动报酬的数额,参照本单位相同或者相近岗位劳动者的劳动报酬确定。

【例13-5】

〔案情〕某公司员工李某采取欺诈手段,提供伪造的文凭与该公司签订劳动合同。李某工作了20多天后被公司发现其提供的是虚假文凭,公司认为李某通过欺诈手段订立的劳动合同无效,无需向该员工支付工资。

〔问题〕某公司的做法是否合法?

〔分析〕劳动合同具有鲜明的人身属性,在合同确认无效后无法按照一般民事关系的处理方式恢复到合同关系发生前的状态,即双方互负返还义务。但已经履行的劳动给付义务,无法恢复到合同关系发生前的状态。因此,劳动合同被确认无效后,劳动者已付出劳动的,用人单位应当向劳动者支付劳动报酬,而不是把"劳动"返还给劳动者。

5. 劳动合同试用期制度

劳动合同法规定,劳动合同期限3个月以上不满1年的,试用期不得超过1个月;劳动合同期限1年以上不满3年的,试用期不得超过2个月;3年以上固定期限和无固定期限的劳动合同,试用期不得超过6个月。同一用人单位与同一劳动者只能约定一次试用期。

---

① 李迎春:《劳动合同法——案例精释与应对策略》,法律出版社2008年版,第42页。

以完成一定工作任务为期限的劳动合同或者劳动合同期限不满 3 个月的，不得约定试用期。

试用期包含在劳动合同期限内。劳动合同仅约定试用期的，试用期不成立，该期限为劳动合同期限。

劳动者在试用期的工资不得低于本单位相同岗位最低档工资或者劳动合同约定工资的 80%，并不得低于用人单位所在地的最低工资标准。

在试用期内，除劳动者有本法第 39 条和第 40 条第（一）项、第（二）项规定的情形外，用人单位不得解除劳动合同。用人单位在试用期解除劳动合同的，应当向劳动者说明理由。

需要注意的是，在实践中，用人单位在劳动合同中仅约定试用期，或者劳动合同期限与试用期相同，又或者同一用人单位与劳动者约定两次以上的试用期，都是违法行为。

【例 13-6】

〔案情〕张某于 2007 年 1 月入职深圳某电子厂，该厂未与其签订劳动合同，但张某入职时填写的登记表有一行备注：新入职人员试用期为 3 个月；另外，员工手册中也规定新入职人员试用期为 3 个月。张某工作 2 个月后，公司以张某在试用期表现不合格为由将张某辞退，张某申请劳动仲裁。

〔问题〕用人单位口头或以其他形式规定劳动者入职后的试用期，但不签订劳动合同，试用期是否成立？

〔分析〕据劳动法规定，试用期包括在劳动合同期限内。虽然工厂在入职登记和员工手册中规定试用期，但未与劳动者签订劳动合同，将面临很大法律风险。首先是入职登记和员工手册中规定的试用期无效；其次是不签订劳动合同超过 1 个月、不满 1 年应当向劳动者每月支付 2 倍的工资，超过 1 年的视为已订立无固定期限劳动合同。[①]

6. 保密条款和竞业限制法律制度

用人单位与劳动者可以在劳动合同中约定保守用人单位的商业秘密和与知识产权相关的保密事项。对负有保密义务的劳动者，用人单位可以在劳动合同或者保密协议中与劳动者约定竞业限制条款，并约定在解除或者终止劳动合同后，在竞业限制期限内按月给予劳动者经济补偿。劳动者违反竞业限制约定的，应当按照约定向用人单位支付违约金。

---

① 李迎春：《劳动合同法——案例精释与应对策略》，法律出版社 2008 年版，第 64 页。

在解除或者终止劳动合同后,竞业限制人员到与本单位生产或者经营同类产品、从事同类业务的有竞争关系的其他用人单位任职,或者自己开业生产或者经营同类产品、从事同类业务的竞业限制期限,不得超过2年。

在实务操作中,用人单位与劳动者订立保密协议时,如未同时订立竞业限制协议,不能约定违约金,虽然可以主张赔偿,但举证难度大,不易于操作。因此,为了保护用人单位的利益,与劳动者订立保密协议时建议同时订立竞业限制协议,这样可以约定违约金。

【例13-7】

〔案情〕张某于2009年5月与某出口贸易公司签了一份保密协议和竞业限制协议。协议约定张某应当保守公司商业秘密,公司每月支付张某保密费500元;并在劳动合同解除后2年内不得到有竞争关系的单位任职,否则承担违约金2万元。

2010年7月,张某与公司解除劳动合同;同月,张某入职一家与某公司经营同类业务的公司。某出口贸易公司申请仲裁,认为公司每月支付了张某保密费500元,张某应当承担竞业限制义务,要求张某支付违约金。

〔问题〕公司的做法是否合法?

〔分析〕保密协议,是指用人单位针对知悉企业商业秘密的劳动者签订、要求劳动者保守用人单位商业秘密的协议。竞业限制协议,是指用人单位与劳动者约定在解除或终止劳动合同后一定期限内,劳动者不得到与本单位生产或经营同类产品、从事同类业务的有竞争关系的其他用人单位任职,或者自己开业生产或经营同类产品的书面协议。因此,保密协议与竞业限制协议在法律上是两个不同的概念。保密义务要求劳动者承担的义务限于保密,并不限制劳动者的就业权;竞业限制义务不但限制劳动者泄密,还限制劳动者的就业。保密义务一般期限较长,只要商业秘密存在,劳动者就有保密的义务;竞业限制期限最长不超过2年。本案中,公司虽支付张某保密费500元,但该费用是保密费而不是竞业限制补偿金,某公司未支付张某竞业限制期间的补偿金,因此双方的竞业限制协议没有法律效力。①

7. 违约金制度

根据劳动合同法的规定,并非所有劳动者都适用违约金制度,用人单位只有在以下两种情况下才可以与劳动者约定由劳动者承担违约金:

(1)劳动者违反服务期约定的。

(2)劳动者违反竞业限制的。

---

① 李迎春:《劳动合同法——案例精释与应对策略》,法律出版社2008年版,第73页。

【例 13-8】

〔案情〕小王于 2008 年与某公司签订了为期 5 年的劳动合同,并约定如果因劳动者单方提出解除劳动合同,须向公司支付 5 万元违约金。2009 年 5 月,小王提出辞职,公司要求其支付违约金,但小王认为违约金条款是格式条款,违背自己的真实意愿,所以不愿意支付,双方因此发生劳动纠纷。

〔问题〕在什么情形下用人单位与劳动者可以约定违约金?

〔分析〕《劳动合同法》颁布之前,实践中对劳动合同中约定的劳动者承担违约金的条款基本上不反对。但《劳动合同法》颁布之后,已经禁止了此类违约金条款,只有两种情形可设定劳动者承担违约金,即劳动者违反服务期约定和违反竞业限制协议。但对用人单位承担违约金的情形未限制,在任何情况下,劳动者都可以与用人单位约定由用人单位承担违约金的条款,不过要遵从公平原则。

8. 劳动合同的解除

(1) 协商解除。根据《劳动合同法》第 36 条、第 37 条的规定,用人单位与劳动者协商一致,可以解除劳动合同。劳动者提前 30 日以书面形式通知用人单位,可以解除劳动合同。劳动者在试用期内提前 3 日通知用人单位,可以解除劳动合同。

(2) 劳动者单方解除。用人单位有下列情形之一的,劳动者可以解除劳动合同:未按照劳动合同约定提供劳动保护或者劳动条件的;未及时足额支付劳动报酬的;未依法为劳动者缴纳社会保险费的;用人单位的规章制度违反法律、法规的规定,损害劳动者权益的;因本法第 26 条第 1 款规定的情形致使劳动合同无效的;法律、行政法规规定劳动者可以解除劳动合同的其他情形。

用人单位以暴力、威胁或者非法限制人身自由的手段强迫劳动者劳动的,或者用人单位违章指挥、强令冒险作业危及劳动者人身安全的,劳动者可以立即解除劳动合同,无需事先告知用人单位。

(3) 即时解除。劳动者有下列情形之一的,用人单位可以解除劳动合同:在试用期间被证明不符合录用条件的;严重违反用人单位的规章制度的;严重失职,营私舞弊,给用人单位造成重大损害的;劳动者同时与其他用人单位建立劳动关系,对完成本单位的工作任务造成严重影响,或者经用人单位提出,拒不改正的;因本法第 26 条第 1 款第(一)项规定的情形致使劳动合同无效的;被依法追究刑事责任的。

(4) 预告解除。有下列情形之一的,用人单位提前 30 日以书面形式通知劳动者本人,或者额外支付劳动者 1 个月工资后,可以解除劳动合同:劳动者患病或者非因工负伤,在规定的医疗期满后不能从事原工作,也不能从事由用人单位另行安排的工作的;劳动者不能胜任工作,经过培训或者调整工作岗位,仍不能胜任工作的;劳动合同订立时所依据的客观情况发生重大变化,致使劳动合同无法履行,经用人单位与劳动者协商,未能就变更劳动合同内容达成协议的。

(5)解除权的限制。劳动者有下列情形之一的,用人单位不得依照本法第40条、第41条的规定解除劳动合同:从事接触职业病危害作业的劳动者未进行离岗前职业健康检查,或者疑似职业病病人在诊断或者医学观察期间的;在本单位患职业病或者因工负伤并被确认丧失或者部分丧失劳动能力的;患病或者非因工负伤,在规定的医疗期内的;女职工在孕期、产期、哺乳期的;在本单位连续工作满15年,且距法定退休年龄不足5年的;法律、行政法规规定的其他情形。

【例13-9】

〔案情〕林某是一名司机,与某运输公司签订了为期3年的劳动合同。今年6月,运输公司接到一个大单,公司车辆无法满足需求,公司便从其他单位借来一辆货车,临时安排林某驾驶。林某得知该车是拼装车,安全没有保障,因此拒绝驾驶。公司经理说:你一定要去,否则扣发本月奖金500元,另记过处分。

〔问题〕林某可否解除劳动合同?

〔分析〕劳动合同法规定用人单位违章指挥、强令冒险作业危及劳动者人身安全的,劳动者可以即时解除劳动合同,无需事前通知用人单位。劳动者要学会区分哪些行为会威胁到自己的人身安全。

【例13-10】

〔案情〕周某于2007年与某五金厂签订了为期3年的劳动合同。2008年5月3日下午,周某接到厂方通知,称因其在5月1日上班打瞌睡,严重违反厂规而被解雇。周某辩称公司加班时间过长,自己休息不够才打瞌睡,况且这不算严重违纪,但公司不予理睬,坚持要将其辞退。

〔问题〕法律支持哪一方的请求?

〔分析〕据本案查明,周某打瞌睡属实,并且公司规章制度也有相应的处理条款。但打瞌睡是人的一种生理现象,偶尔上班打瞌睡只能算一般违纪。公司认为其严重违纪过于苛刻,否则,用人单位将大量制定诸如迟到一次即辞退等条款,严重损害劳动者的权益。实践中,用人单位如何在规章中将"严重"这个抽象概念变为具体的可操作性条款非常重要。用人单位应当根据本单位的实际情况确定"严重"的标准,并且向劳动者公示。例如,根据公司的情况,规定旷工3天属于

"严重"违纪,1个月内轻微违纪累计5次视为"严重"等规章制度。①

9. 经济补偿制度

用人单位在下列情形下需要向劳动者支付经济补偿金:

(1)根据《劳动合同法》第38条的规定,未按照劳动合同约定提供劳动保护或者劳动条件的;未及时足额支付劳动报酬的;未依法为劳动者缴纳社会保险费的;用人单位的规章制度违反法律、法规的规定,损害劳动者权益的;因本法第26条第1款规定的情形致使劳动合同无效的;法律、行政法规规定劳动者可以解除劳动合同的其他情形;用人单位以暴力、威胁或者非法限制人身自由的手段强迫劳动者劳动,或者用人单位违章指挥、强令冒险作业危及劳动者人身安全的。

(2)用人单位主动提出与劳动者解除合同,经过协商后劳动者同意的。

(3)根据《劳动合同法》第40条的规定,有下列情形之一的,用人单位提前30日以书面形式通知劳动者本人或者额外支付劳动者1个月工资后,可以解除劳动合同:劳动者患病或者非因工负伤,在规定的医疗期满后不能从事原工作,也不能从事由用人单位另行安排的工作的;劳动者不能胜任工作,经过培训或者调整工作岗位,仍不能胜任工作的;劳动合同订立时所依据的客观情况发生重大变化,致使劳动合同无法履行,经用人单位与劳动者协商,未能就变更劳动合同内容达成协议的。

(4)用人单位根据《劳动合同法》第41条依法裁员的。

(5)除用人单位维持或者提高劳动合同约定条件续订劳动合同,劳动者不同意续订的情形外,依照本法第44条第(一)项规定终止固定期限劳动合同的。

(6)因以下两种特殊情形劳动合同终止的:用人单位被依法宣告破产的;用人单位被吊销营业执照,责令关闭、撤销或者用人单位决定提前解散的。

经济补偿金的支付标准:经济补偿按劳动者在本单位工作的年限,以每满1年支付1个月工资的标准向劳动者支付。6个月以上不满1年的,按1年计算;不满6个月的,向劳动者支付半个月工资的经济补偿。

劳动者月工资高于用人单位所在直辖市、设区的市级人民政府公布的本地区上年度职工月平均工资3倍的,向其支付经济补偿的标准按职工月平均工资3倍的数额支付,向其支付经济补偿的年限最高不超过12年。(这里所称"月工资"是指劳动者在劳动合同解除或者终止前12个月的平均工资。)

---

① 李迎春:《劳动合同法——案例精释与应对策略》,法律出版社2008年版,第73页。

【例13-11】

〔案情〕刘某被A公司解除合同,因经济补偿金计算问题与A公司发生争议。刘某每月的工资构成是:基本工资1 500元+加班工资500元+岗位津贴300元+住房补贴100元+津贴100元。公司每月在发放工资时扣除伙食费300元,实际每月发放2 200元。刘某认为应该按照2 500元的标准计算补偿金,A公司认为应按照1 500元的标准计算。

〔问题〕经济补偿金的基数应按什么标准计算?

〔分析〕劳动者的工资有基本工资、实发工资、应发工资之分。实践中,基本工资通常是用人单位给劳动者设定的底薪,一般不包括加班工资、津贴、补贴和福利待遇等。应发工资是劳动者提供正常劳动后按照法律规定应当获得的全部工资,包括基本工资、加班工资、津贴、补贴和福利待遇等。实发工资是劳动者每月实际拿到的工资,通常会被扣减一些费用,例如所得税、伙食费、社保费等。劳动者实际拿到的工资比应发工资少。经济补偿金的计算应当以应发工资为基准,而不是以基本工资和实发工资为基数。本案中应以应发工资2500元为基数。

10. 劳动合同的终止

《劳动合同法》第44条规定,有下列情形之一的,劳动合同终止:

(1) 劳动合同期满的。

(2) 劳动者开始依法享受基本养老保险待遇的。

(3) 劳动者死亡,或者被人民法院宣告死亡或者宣告失踪的。

(4) 用人单位被依法宣告破产的。

(5) 用人单位被吊销营业执照、责令关闭、撤销或者用人单位决定提前解散的。

(6) 法律、行政法规规定的其他情形。

13.1.2 工资、工时与休假

1. 工资制度

工资是用人单位支付给劳动者的劳动报酬。用人单位支付给劳动者的社会保险福利费用(如计划生育补贴、生活困难补助费等)、劳动保护方面的费用(如工作服、清凉饮料费用等)、按照规定未列入工资总额的各种劳动报酬及其他劳动收入(如发明创作奖、自然科学奖、稿费、讲课费、翻译费等),不属于工资范围。

《劳动法》第50条规定,工资应当以货币形式按月支付给劳动者本人。不得克扣或者无故拖欠劳动者的工资。

另外,有下列情形之一的,用人单位应当按照下列标准支付高于劳动者正常工作时间工资的工资报酬：

（1）安排劳动者延长工作时间的，支付不低于工资的150%的工资报酬。

（2）休息日安排劳动者工作又不能安排补休的，支付不低于工资的200%的工资报酬。

（3）法定休假日安排劳动者工作的，支付不低于工资的300%的工资报酬。

【例13-12】

〔案情〕近日，武汉市部分建筑工地采用代金券或饭票抵扣农民工工资，遭到农民工的不满和抗议。

〔问题〕代金券或饭票可以代替工人工资吗？

〔分析〕工资是指用人单位依据国家有关规定或劳动合同的规定，以货币形式直接支付给本单位劳动者的劳动报酬。按照工资的确定方式，工资可分为计时工资、计件工资、奖励工资、津贴工资等。《关于工资总额组成的规定》第4条规定：工资总额由下列6个部分组成：① 计时工资；② 计件工资；③ 奖金；④ 津贴和补贴；⑤ 加班加点工资；⑥ 特殊情况下支付的工资。

劳动法和工资支付暂行规定均有明确规定："工资应当以法定货币支付，不得以实物及有价证券替代货币支付。"法定货币的概念是和实物货币相对应的，我国的法定货币是人民币。武汉市相关工地的做法违反了上述法律规定，侵害了劳动者利益，属违法行为。

但在《最高人民法院关于审理劳动争议案件适用法律若干问题的解释（三）》有关情况的新闻发布会上，最高人民法院民事审判第一庭庭长杜万华表示，如果劳动者通过平等协商，自愿用饭票，甚至货物来抵押工资，且与工资报酬数量相等，高法对此不持反对意见。但如果不是职工的自愿行为，需要举证，法院应该对职工的诉求予以支持。

2. 工时制度

工时是劳动者在法定时间限度内从事劳动和工作的时间。我国的标准工作时间为劳动者每日工作8小时，每周工作40小时，在一周内工作5天。

缩短工作时，即每日工作少于8小时，一般适用于从事矿山、井下、高山、有毒有害、特别繁重或过度紧张等工作的劳动者，还适用于夜班工作的劳动者以及哺乳期内的女职工。

延长工作时，是指日工作时间超过8小时，每周工作时间超过40小时。延长工作时必须符合法律、法规的规定。法律、法规禁止安排未成年人、怀孕女工、哺乳未满12个月婴儿的女职工在正常工作日以外延长工作时间。但特殊情况不受标准工作时间限制：① 发生自然灾害、事故等需要紧急处理的；② 生产设备、交通运输线路、公共设施发生故障须及时抢修的；③必须利用法定节日或公休假日进行设备检修保养的；④国家机关、事业单位为完成国家紧急任务的；⑤法律、法规规定的其他情形。

安排劳动者延长工作时间的，支付不低于工资的150%的工资报酬；休息日安排劳动者工作又不能补休的，支付不低于工资的200%的工资报酬；法定休假日安排劳动者工作的，支付不低于工资的300%的工资报酬。

不定时工作时间，是指无固定工作时数限制的工时制度，主要适用于高级管理人员、外勤人员、推销人员、部分值班人员和其他因工作无法按标准工作时间衡量的职工。

另外还有综合计算工作时间，是指以一定时间为周期，集中安排并综合计算工作时间和休息时间的工时制度，主要适用于交通、铁路、邮电、水运、航空、渔业等行业因工作性质特殊、需要连续作业的职工，以及地质及资源勘探、建筑、制盐、制糖、旅游等受季节和自然条件限制的行业的部分职工。

【例13-13】

〔案情〕袁某是一名长途运输汽车驾驶员，A长途运输公司以出具"行车单"方式安排袁某的工作，并根据其运输量及运输里程计发工资待遇。3年合同期满后，双方办理终止合同的相关手续。办理过程中，袁某出示了自己保存的3年来的行车时间记录，上面有每天工作时间的记载，并有超过8小时后的超时工作的时间记录，要求A公司按劳动法的规定支付其3年中超过规定时间的加班工资。A公司认为袁某的工作时间不能以每天8小时计算，而且其工资也已按运输量及运输里程计发，不存在加班的情况，对袁某的要求不予同意。双方于是发生争议。

〔问题〕袁某应按何种工时制度领取工资？

〔分析〕企业因工作性质或者生产特点的限制，不能实行每日工作8小时、每周工作40小时标准工时制度的，按照劳动法的规定，经劳动行政部门批准，可以实行其他工作和休息办法。根据劳动部《关于企业实行不定时工作制和综合计算工时工作制的审批办法》的规定，企业对符合下列条件之一的职工，可以实行不定时工作制：①企业中的高级管理人员、外勤人员、推销人员、部分值班人员和其他因工作无法按标准工作时间衡量的职工；②企业中的长途运输人员、出租汽车司机和铁路、港口、仓库的部分装卸人员以及因工作性质特殊，需机动作业的职工；③其他因生产特点、工作特殊需要或职责范围的关系，适合实行不定时工作制的职工。

因此，如果公司对驾驶员岗位的工作时间确定为"不定时工时制度"并经有关部门审批同意，即使袁某保存的3年来超过8小时的超时工作时间记录属实，也不能要求公司支付其工作期间超过标准工作时间的加班工资。

3. 休息休假

国家实行带薪年休假制度。劳动者连续工作 1 年以上的，即享受带薪年休假。年休假天数根据职工累计工作时间确定。职工在同一或者不同用人单位工作期间，以及依照法律、行政法规或者国务院规定视同工作期间，应当计为累计工作时间。职工依法享受的探亲假、婚丧假、产假等国家规定的假期以及因工伤停工留薪期间不计入年休假假期。职工享受寒暑假天数多于其年休假天数的，不享受当年的年休假。确因工作需要，职工享受的寒暑假天数少于其年休假天数的，用人单位应当安排补足年休假天数。

用人单位根据生产、工作的具体情况，并考虑职工本人意愿，统筹安排年休假。用人单位确因工作需要不能安排职工年休假或者跨 1 个年度安排年休假的，应征得职工本人同意。用人单位经职工同意不安排年休假或者安排职工年休假天数少于应休年休假天数，应当在本年度内对职工应休未休年休假天数，按照其日工资收入的 300% 支付未休年休假工资报酬，其中包含用人单位支付职工正常工作期间的工资收入。用人单位安排职工休年休假，但是职工因本人原因且书面提出不休年休假的，用人单位可以只支付其正常工作期间的工资收入。

计算未休年休假工资报酬的日工资收入按照职工本人的月工资除以月计薪天数（21.75 天）进行折算。这里所称的"月工资"是指职工在用人单位支付其未休年休假工资报酬前 12 个月剔除加班工资后的月平均工资。在本用人单位工作时间不满 12 个月的，按实际月份计算月平均工资。职工在年休假期间享受与正常工作期间相同的工资收入。

13.1.3 劳动保护

国家对未成年工和女职工实行特殊劳动保护。

1. 对未成年工的特殊保护

未成年工是指年满 16 周岁未满 18 周岁的劳动者。

法律禁止用人单位使用童工；不得安排未成年工从事矿山井下、有毒有害、国家规定的第四级体力劳动强度的劳动和其他禁忌从事的劳动。用人单位应当对未成年工定期进行健康检查。

2. 对女职工的特殊保护

根据劳动法规定，禁止安排女职工从事矿山井下、国家规定的第四级体力劳动强度的劳动和其他禁忌从事的劳动；禁止安排女职工在经期从事高处、低温、冷水作业和国家规定的第三级体力劳动强度的劳动；禁止安排女职工在怀孕期间从事国家规定的第三级体力劳动强度的劳动和孕期禁忌从事的活动；对怀孕 7 个月以上的女职工，不得安排其延长工作时间和夜班劳动；女职工生育享受不少于 90 天的产假；禁止安排女职工在哺乳未满 1 周岁的婴儿期间从事国家规定的第三级体力劳动强度的劳动和哺乳期禁忌从事的其他劳动，禁止安排其延长工作时间和夜班劳动。

另外，国务院常务会议审议并原则通过了《女职工劳动保护特别规定（草案）》（以下简称《草案》）。《草案》调整了女职工禁忌从事的劳动范围，将女职工生育享受的产假由 90 天延长至 98 天，并规范了产假待遇。该《草案》第 7 条规定，女职工生育享受不少于 14 周的产假，其中产前可以休假 2 周；难产的，增加产假 2 周；生育多胞胎的，每多生育一个婴儿，增加产假 2 周。女职工怀孕未满 4 个月流产（含人工流产）的，享受不少于 2 周的产假；怀孕满 4 个月流产（含人工流产）的，享受不少于 6 周的产假。

13.1.4 劳动争议

劳动争议发生后，当事人可以向本单位劳动争议调解委员会申请调解；调解不成，当事人一方要求仲裁的，可以向劳动争议仲裁委员会申请仲裁。当事人一方也可以直接向劳动争议仲裁委员会申请仲裁。对仲裁裁决不服的，可以向人民法院提起诉讼。

劳动争议申请仲裁的时效期间为 1 年。仲裁时效期间从当事人知道或者应当知道其权利被侵害之日起计算。

劳动争议当事人对仲裁裁决不服的，可以自收到仲裁裁决书之日起 15 日内向人民法院提起诉讼。一方当事人在法定期限内不起诉又不履行仲裁裁决的，另一方当事人可以申请人民法院强制执行。

【例 13-14】

〔案情〕2010 年 8 月，程某与 B 公司签订了为期 3 年的劳动合同。合同约定，公司负责解决住宿，月工资 2 800 元。半年后，程某因为工作问题与老板发生了争吵。从这以后，老板经常指责她工作不认真，对客户不热情，因故将程某的工资降到了 2 450 元。于是，程某多次找公司经理协商，要求恢复原有的工资，但都没有结果。无奈之下，程某便向劳动争议仲裁委员会申请仲裁。仲裁委员会要求公司证明程某没有认真工作，公司则认为应当由程某证明自己认真工作。

〔问题〕该由谁来举证呢？

〔分析〕《最高人民法院关于审理劳动争议案件适用法律若干问题的解释》第 13 条明确指出，因用人单位作出的开除、除名、辞退、解除劳动合同、减少劳动报酬、计算劳动者工作年限等决定而发生的劳动争议，用人单位负举证责任。因此，这家公司应当提供员工不认真工作的证明。同时，程某也应当证明双方当事人之间存在劳动关系以及降低工资的事实。

13.2 社会保险法律制度

国家发展社会保险事业，建立社会保险制度，设立社会保险基金，使劳动者在年老、患病、工伤、失业、生育等情况下获得帮助和补偿。社会保险基金按照保险类型确定资金来源，逐步实行社会统筹。用人单位和劳动者必须依法参加社会保险，缴纳社会保险费。

劳动者在下列情形下，依法享受社会保险待遇：① 退休；② 患病、负伤；③ 因工伤残或者患职业病；④ 失业；⑤ 生育。

13.2.1 养老保险

养老保险，是劳动者因年老或病残退休后，由国家和社会向其定期发放一定数额退休费的一种社会保险制度。其适用于参加保险的所有退休劳动者，基本养老保险费采用国家、用人单位、职工三方共同负担的方式。劳动者个人缴费累计满15年的，退休后按月发放基本养老金。个人缴费年限累计不满15年的，退休后不享受基础养老金待遇，其个人账户储存额一次性支付给本人。符合退休条件的职工退休后，享受到的退休待遇有退休金、医疗待遇和死亡待遇等。

13.2.2 医疗保险

医疗保险又称疾病保险，是劳动者在疾病、非因工致残等情况下，从国家和社会获得物质帮助的一种社会保险制度。我国医疗保险基金实行国家、用人单位和职工三方合理负担原则。其内容包括：国家在基本医疗基金不敷使用时给予财政补贴，基本医疗保险基金实行社会统筹与个人账户相结合。基本医疗保险费由用人单位和职工共同缴费，用人单位缴费率控制在职工工资总额的6%左右，职工缴费率一般为本人工资收入的2%。

其中，医疗期的确定是根据本人实际参加工作年限和在本单位工作年限，给予3个月到24个月的医疗期。实际工作年限为10年以下的，在本单位工作年限为5年以下的为3个月，5年以上的为6个月。实际工作年限为10年以上的，在本单位工作年限为5年以下的为6个月，5年以上10年以下的为9个月，10年以上15年以下的为12个月，15年以上20年以下的为18个月，20年以上的为24个月。

13.2.3 工伤保险

工伤保险，是指劳动者在职业劳动中或在规定的情况下，因遭受意外伤害、患职业病或永久性丧失劳动能力或死亡时，劳动者本人或其遗属能依法从国家社会获得一定物质帮助的社会保险制度。在我国，工伤保险应当由企业按照职工工资总额的一定比例缴纳，职工个人不缴纳工伤保险费。这是工伤保险与其他社会保险的区别。用人单位缴纳工伤保险后，其风险就由单位转为社会承担。

《工伤保险条例》第14条规定了10种情形可认定为工伤：

（1）在工作时间和工作场所内，因工作原因受到事故伤害的。

（2）工作时间前后在工作场所内，从事与工作有关的预备性或者收尾性工作受到事故伤害的。

（3）在工作时间和工作场所内，因履行工作职责受到暴力等意外伤害的。

（4）患职业病的。

（5）因工外出期间，由于工作原因受到伤害或者发生事故下落不明的。

（6）在上下班途中受到机动车事故伤害的。

（7）在工作时间和工作岗位，突发疾病死亡或者在48小时之内经抢救无效死亡的。

（8）在抢险救灾等维护国家利益、公共利益活动中受到伤害的。

（9）职工原在军队服役，因战、因公负伤致残，已取得革命伤残军人证，到用人单位后旧伤复发的。

（10）法律、行政法规规定应当认定为工伤的其他情形。

下列不能认定为工伤的情形：

（1）犯罪或违法。

（2）自杀或自残。

（3）斗殴。

（4）蓄意违章。

（5）法律、法规规定的其他情形。

【例13-15】

〔案情〕林某系C公司员工，双方签订了劳动合同，并参加了工伤保险。2008年11月12日，林某（无证）驾驶摩托车在上班的路上，因车速过快、操作不当而自摔倒地受伤。同方向一辆电动车驶至事故地点，也因车速过快，司机注意力不集中，与摔倒受伤后坐在道路上的林某正面相撞，造成林某再次受伤，后经医院抢救无效死亡。事故发生后，林某家属向当地劳动保障行政部门提出工伤认定申请，该地劳动保障部门接到申请后组织人员进行了调查取证。

〔问题〕上班途中发生连续性的机动或非机动车交通事故能否算工伤？

〔分析〕林某应认定为工伤，享受工伤待遇。《工伤保险条例》第14条规定："在上下班途中，受到机动车事故伤害的"可认定为工伤。这里面有两个条件：一是上下班途中，二是受机动车事故伤害。林某从自己家里回单位上班，理应算上下班途中；林某的死亡虽与再次非机动车事故有密切关联，但他是继前几分钟内发生的机动车事故后产生的，是一个连续的过程，可作为机动车事故处理。所以，林某的情况符合《工伤保险条例》第14条的规定。

13.2.4 生育保险

生育保险，是对企业女性劳动者因生育子女而暂时中断收入来源时，由社会和国家给予其必要的物质帮助的一种社会保险制度。其基本待遇包括生育医疗保障、产假和生育津贴等。生育保险实施的对象限于城镇企业中达到法定结婚年龄、符合计划生育政策、处于生育期的女职工。生育保险费由企业负担，职工个人不负担。

13.2.5 失业保险

失业保险，是指劳动者在失业期间由国家或社会保险管理机构定期发放救济金，以保障劳动者的基本生活并促进其再就业的一种社会保险制度。我国规定，失业救济的领取最长期限是24个月，超过法定期限的，即使仍在失业，也不能享受失业保险待遇。失业保险费由用人单位和劳动者按规定缴纳，在失业保险金不敷使用时，国家财政予以补贴。

【引例分析提示】

深圳市某外商投资企业与员工李某之间的劳动合同是在双方平等自愿的条件下签订的，该劳动合同有效；但双方签订的有关购买社会保险意向书无效。因为根据劳动合同法与社会保险法的规定，用人单位和劳动者必须依法参加社会保险，缴纳社会保险费。这是一项强制性规定，即使劳动者同意用人单位不为其购买社会保险，用人单位的行为也属违法，必须为劳动者补缴社会保险费。

【课后练习】

一、不定项选择题

1. 李某因追索工资与所在公司发生争议，遂向律师咨询，该律师提供的下列哪些意见是合法的？（　　）（2012年司法考试题）

A. 解决争议既可以与公司协商，也可以申请调解，还可以直接申请仲裁
B. 应向劳动者工资关系所在地的劳动争议仲裁委员会提出仲裁请求
C. 如追索工资的金额未超过当地月最低工资标准12个月金额，则仲裁裁决为终局裁决，用人单位不得再起诉
D. 即使追索工资的金额未超过当地月最低工资标准12个月金额，只要李某对仲裁裁决不服，仍可向法律起诉

2. 关于基本养老保险的个人账户，下列哪些选项是正确的？（　　）（2012年司法考试题）

A. 职工个人缴纳的基本养老保险费按规定全部计入个人账户
B. 用人单位缴纳的基本养老保险费按规定比例计入个人账户
C. 个人死亡的，个人账户余额可以继承
D. 个人账户不得提前支取

3. 2009年2月，下列人员向所在单位提出订立无固定期限劳动合同，哪些人具备法定条件？（　　）（2009年司法考试题）

A. 赵女士于1995年1月到某公司工作，1999年2月辞职，2002年1月又回到该公司上班
B. 钱先生于1985年进入某国有企业工作，2006年3月，该企业改制成为私人控股的有限责任公司，年满50岁的钱先生与公司订立了3年期的劳动合同
C. 孙女士于2000年2月进入某公司担任技术开发工作，签订了为期3年、到期自动续期3年且续期次数不限的劳动合同。2009年，公司将孙女士提升为技术部副经理
D. 李先生原为甲公司的资深业务员，于2008年2月被公司聘请担任市场开发经理，约定先签订1年期合同，如果李先生于期满时提出请求，可以与公司签订无固定期限的劳动合同

4. 某公司从事出口加工，有职工500人。因国际金融危机影响，公司订单锐减陷入困境，拟裁减职工25人。公司将决定公布后，职工提出异议。下列哪些说法缺乏法律依据？（　　）（2011年司法考试题）

A. 职工甲：公司裁减决定没有经过职工代表大会批准，无效
B. 职工乙：公司没有进入破产程序，不能裁员
C. 职工丙：我一家4口，有70岁老母和10岁女儿，全家就我有工作，公司不能裁减我
D. 职工丁：我在公司销售部门曾连续3年评为优秀，对公司贡献大，公司不能裁减我

5. 下列哪些说法违反劳动法的规定?（　　）（2010年司法考试题）
A. 我国公民未满16岁的，用人单位一律不得招用
B. 双方当事人不可以约定周六加班
C. 劳动合同期限约定为2年的，试用期应在半年以上
D. 双方当事人可就全部合同条款作出违约金约定

二、案例分析

某国有企业因不能清偿到期债务而决定申请破产重整，对企业实施拯救。其拯救措施之一是进行裁员。依据劳动法，请回答：
(1) 企业在重整期间需要裁减人员时应采取什么程序？
(2) 对于被裁减人员，应当给予何种待遇？
(3) 有哪些企业人员是不得被裁减的？
(4) 对于企业裁减人员的决定，工会依法可采取什么行动？
(根据2007年司法考试题改编)

第 14 章　城市房地产管理法

【本章学习目标】
通过该章的学习，你应该能够：
- 了解土地使用权出让、划拨、转让的法律制度
- 重点掌握房地产交易的法律制度

【本章引例】
某开发公司同某乡合作开发了一块属于乡级所有的农村集体土地，公司出钱，乡政府出地，开发了100多栋带大棚的二层"洋房"公开销售，吸引了许多城市居民前去购买。

请问，集体土地可以进行商品房开发并公开销售吗？

14.1　房地产法律制度的概念与特征

房地产法律制度，是调整房地产开发、交易和房地产管理关系的法律规范的总称。[1] 根据《中华人民共和国城市房地产管理法》（以下简称《城市房地产管理法》）第2条的规定，在中华人民共和国城市规划区国有土地（以下简称国有土地）范围内取得房地产开发用地的土地使用权；从事房地产开发、房地产交易，实施房地产管理，应当遵守本法。

与其他部门法相比较，房地产法具有以下特征：① 房地产法调整的对象是不动产；② 房地产法律关系一般需要采取书面形式加以确定，表现为土地使用权证、土地所有权证、房产证、房屋租赁许可证等；③ 房地产产权的设立、变更、转让和消灭以登记为要件，未经办理登记的，不发生法律效力。

14.2　房地产开发管理制度

房地产开发，是指在依法取得国有土地使用权的土地上进行基础设施、房屋建设的行为。这里的"房屋"是指土地上的房屋等建筑物及构筑物。

---

[1] 屈茂辉、郭哲：《经济法律通论》，人民大学出版社2010年版，第252页。

14.2.1 房地产开发企业管理

房地产开发企业，是指以营利为目的、从事房地产开发和经营的企业。设立房地产开发企业，应当具备下列条件：① 有自己的名称和组织机构；② 有固定的经营场所；③ 有符合国务院规定的注册资本；④ 有足够的专业技术人员；⑤ 法律、行政法规规定的其他条件。

设立房地产开发企业，应当向工商行政管理部门申请设立登记。工商行政管理部门对符合规定条件的，应当予以登记，发给营业执照；对不符合规定条件的，不予登记。设立有限责任公司、股份有限公司，从事房地产开发经营的，还应当执行公司法的有关规定。

房地产开发企业在领取营业执照后的1个月内，应当到登记机关所在地的县级以上地方人民政府规定的部门备案。

14.2.2 房地产开发项目管理

以出让方式取得土地使用权进行房地产开发的，必须按照土地使用权出让合同约定的土地用途及动工开发期限开发土地。超过出让合同约定的动工开发日期满1年未动工开发的，可以征收相当于土地使用权出让金20%以下的土地闲置费；满2年未动工开发的，可以无偿收回土地使用权。但是，因不可抗力或者政府、政府有关部门的行为或者动工开发必需的前期工作造成动工开发迟延的除外。

房地产开发项目的设计、施工，必须符合国家有关标准和规范。房地产开发项目竣工，经验收合格后，方可交付使用。依法取得的土地使用权，可以依法作价入股，合资、合作开发经营房地产，此种开发行为称为"联建"。

【例 14-1】

〔案情〕某学院以由政府划拨的用于办公、教学、住宅中的部分土地，与某房地产公司签订联建合同。合同约定：由房地产公司（乙方）在学院（甲方）的该划拨土地上全额出资修建A、B两座娱乐楼，学院协助房地产公司办理建设施工土地基建审批手续。大楼建成后，由学院给房地产公司办理房产使用证，期满后，产权仍归学院所有。学院同意房地产公司使用A、B楼，使用权限定为A楼20年，B楼10年。房地产公司除将A楼建成后将7层无偿交付学院使用外，每年向学院交付支助金40万元人民币，每年在原基础上递增，任何一方违约，守约方可要求违约方承担总投资5%～10%的违约金，并有权要求违约方继续履约。

某市规划局等部门为学院及施工单位颁发了建设A楼的建设工程规划许可证及施工许可证。施工期间，某市建设委员会因该工程项目违法建设，向学院发出行政处罚决定,责令立即停止违法建设,待办完建设手续并得到市建设行政主管部门批准后方可复工。某市城市规划管理局因 A 楼的加层属违法建设,亦向学院房地产公司发出关于停止违法建设的通知,要求其立即停止施工,派员持有关资料接受处罚。学院以其是为了配合政府有关部门纠正房地产公司的违法建设行为、行使其法定权利为由,对施工场地停水、停电,致 A 楼工程停建至今。A 楼现已封顶,B 楼因未办到相关手续,尚未施工。某学院诉至法院请求解除合同,由被告房地产公司承担违约责任。

〔问题〕 双方所签合同是否为联建合同?

〔分析〕 该合同名为联建,实为投资建房。该案若以联建合同定性,显然与房地产管理法相悖,且与联建合同性质不符。理由为:第一,该合同是由学院使用行政划拨土地,因无资金建房而利用闲置的土地使用权作为联建一方,由房地产公司投资建房;待房建成后,房地产公司除将部分房屋直接交付学院外,其余房屋仅在一定期限内使用,房屋产权仍归学院所有,每年还向学院交付支助金 40 万元。所以,按照合同约定,该土地及建成的房屋产权均未改变,而改变的仅是在一定期限内的房屋使用权。第二,联建是一种土地使用权有偿转让的特殊形式,即联建一方在有偿取得土地使用权后,才能以土地使用权作为投资,另一方或多方提供资金联合建房,并对建成房屋进行分配。而该合同均未体现出联建合同的特征。第三,该合同约定,学院将所使用的国有划拨土地委托房地产公司投资建房,房地产公司所付建房投资款以及房屋建成后给学院交付的支助金具有房屋土地租金性质,亦符合《中华人民共和国城市房地产管理法》第 55 条的规定:房屋所有人以营利为目的,将以划拨方式取得使用权的国有土地上建成的房屋出租的,应将租金中所含土地收益上缴国家。因该房尚未建成,亦未产生土地收益,所以,待房屋建成投入使用后,学院才应将收益部分上缴国家。[1]

14.2.3 房地产开发用地

1. 土地使用权出让

土地使用权出让,是指国家将国有土地使用权在一定年限内出让给土地使用者,由土地使用者向国家支付土地使用权出让金的行为。

城市规划区内集体所有的土地,经依法征用转为国有土地后,该幅国有土地的使用权方可有偿出让。

---

[1] 案情及其分析均源自 110 法律咨询网,2008 年 6 月发布,http://www.110.com/ziliao/article-44911.html。

（1）出让方式。土地使用权出让，可以采取拍卖、招标或者双方协议的方式。其中，商业、旅游、娱乐和豪华住宅用地，有条件的，必须采取拍卖、招标方式；没有条件，不能采取拍卖、招标方式的，可以采取双方协议的方式。但采取双方协议方式出让土地使用权的出让金不得低于按国家规定所确定的最低价。

（2）出让期限。居住用地70年，工业用地50年，教育、科技、文化、卫生、体育用地50年，商业、旅游、娱乐用地40年，综合或其他用地50年。

2. 土地使用权划拨

土地使用权划拨，是指县级以上人民政府依法批准，在土地使用者缴纳补偿、安置等费用后将该幅土地交付其使用，或者将土地使用权无偿交付给土地使用者使用的行为。

以划拨方式取得土地使用权的，除法律、行政法规另有规定外，没有使用期限的限制。

依据城市房地产管理法，下列建设用地的土地使用权，确属必需的，可以由县级以上人民政府依法批准划拨：① 国家机关用地和军事用地；② 城市基础设施用地和公益事业用地；③ 国家重点扶持的能源、交通、水利等项目用地；④ 法律、行政法规规定的其他用地。

14.3　房地产交易法律制度

房地产交易，是指房地产在二级和三级市场上流转的总称，包括房地产销售、转让、租赁、抵押等方式。房地产交易必须遵从以下原则：

（1）权利与义务同时转让。房地产转让时，土地使用权出让合同载明的权利、义务随之转移。

（2）及时登记。房地产转让或抵押，当事人应当依法办理权属登记。

（3）房地一体。房地产转让或抵押时，房屋的所有权和该房屋占用范围内的土地使用权同时转让或抵押。

14.3.1　商品房预售

商品房预售，是指将正在建设中的商品房预先出售给购买者，并在房屋竣工验收后取得所有权的一种买卖方式，其本质是一种期货交易。[1]

根据《城市房地产管理法》第45条的规定，商品房预售，应当符合下列条件：① 已交付全部土地使用权出让金，取得土地使用权证书；② 持有建设工程规

---

[1] 李东方：《经济法案例教程》，知识出版社2006年版，第269页。

划许可证；③ 按提供预售的商品房计算，投入开发建设的资金达到工程建设总投资的 25% 以上，并已经确定施工进度和竣工交付日期；④ 向县级以上人民政府房产管理部门办理预售登记，取得商品房预售许可证明。

商品房预售人应当按照国家有关规定将预售合同报县级以上人民政府房产管理部门和土地管理部门登记备案。商品房预售所得款项，必须用于有关的工程建设。

【例 14-2】

〔案情〕杨某于 2009 年 1 月 12 日首付 58 万元（余款由银行提供贷款）与某房地产开发公司签订商品房买卖合同，购买了一套价值为 143 万元的房屋。杨某在办理相关手续并支付房款后发现，该房地产公司在与她签约时隐瞒了其未取得商品房预售许可证的事实，致使后来该房产无法办理房产证。之后，杨某将房地产开发公司告上法庭，要求判决双方签订的合同无效，并要求退回房款。同时，房地产公司在杨某起诉后补办了商品房预售许可证。

〔问题〕杨某与房地产公司签订的商品房买卖合同是否有效？

〔分析〕根据《城市房地产管理法》第 45 条的规定，商品房预售，应当符合下列条件：① 已交付全部土地使用权出让金，取得土地使用权证书；② 持有建设工程规划许可证；③ 按提供预售的商品房计算，投入开发建设的资金达到工程建设总投资的 25% 以上，并已经确定施工进度和竣工交付日期；④ 向县级以上人民政府房产管理部门办理预售登记，取得商品房预售许可证明。

《最高人民法院关于审理商品房买卖合同纠纷案件适用法律若干问题的解释》（以下简称《解释》）第 2 条规定："出卖人未取得商品房预售许可证明，与买受人订立的商品房预售合同，应当认定无效，但是在起诉前取得商品房预售许可证明的，可以认定有效。"该《解释》第 9 条规定："出卖人订立商品房买卖合同时，具有下列情形之一，导致合同无效或者被撤销、解除的，买受人可以请求返还已付购房款及利息，赔偿损失，并可以请求出卖人承担不超过已付购房款 1 倍的赔偿责任：① 故意隐瞒没有取得商品房预售许可证明的事实或者提供虚假商品房预售许可证明；② 故意隐瞒所售房屋已经抵押的事实；③ 故意隐瞒所售房屋已经出卖给第三人或者为拆迁补偿安置房屋的事实。"

因此，本案中的商品房买卖合同仍当认定为有效。

14.3.2 房地产转让

房地产转让，是指房地产权利人通过买卖、赠与或者其他合法方式将其房地产转移给他人的行为。

房地产转让的条件：

（1）以出让方式取得土地使用权的，转让房地产时，按照出让合同约定已经支付全部土地使用权出让金，并取得土地使用权证书。

（2）按照出让合同约定进行投资开发，属于房屋建设工程的，应完成开发投资总额的25%以上；属于成片开发土地的，应符合工业用地或者其他建设用地条件。

（3）转让房地产时房屋已经建成的，还应当持有房屋所有权证书。

（4）以划拨方式取得土地使用权的，转让房地产时，应当按照国务院规定，报有批准权的人民政府审批。有批准权的人民政府准予转让的，应当由受让方办理土地使用权出让手续，并依照国家有关规定缴纳土地使用权出让金。

（5）以划拨方式取得土地使用权的，转让房地产报批时，有批准权的人民政府按照国务院规定决定可以不办理土地使用权出让手续的，转让方应当按照国务院规定，将转让房地产所获收益中的土地收益上缴国家或者作其他处理。

下列房地产不得转让：① 以出让方式取得土地使用权的，不符合《城市房地产管理法》第39条规定的条件的；② 司法机关和行政机关依法裁定、决定查封或者以其他形式限制房地产权利的；③ 依法收回土地使用权的；④ 共有房地产，未经其他共有人书面同意的；⑤ 权属有争议的；⑥ 未依法登记领取权属证书的；⑦ 法律、行政法规规定禁止转让的其他情形。

房地产转让必须订立书面合同。

【例14-3】

〔案情〕2008年1月，苏某以60万元的价格将自己一套尚未办理房产证的房屋卖给张某，双方约定待将来办理产权证后，由苏某协助张某办理房屋过户手续，过户费由张某承担。该合同经公证处公证后，张某支付了全部房款并搬入该房居住至今。2012年1月，苏某以签订合同时房屋没有产权证为由，将张某诉诸法院，要求确认房屋买卖合同无效，双方退房退款，恢复原状。张某则认为双方买卖房屋的意思表示真实，是苏某看到房价大幅上涨才想毁约，主张法院驳回苏某诉讼请求。

〔问题〕无权属证书二手房买卖合同是否有效？

〔分析〕《关于审理"二手房"买卖案件若干问题的解答》明确不能仅因出卖方尚未取得房屋所有权证而认定转让合同无效。因为买方在尚未取得房屋所有权证之前，其虽不能享有房屋所有权，但享有买卖合同上的债权。因此不能简单认定该合同无效。

14.3.3 房地产权属登记管理

1. 初始登记

以出让或者划拨方式取得土地使用权的，应当向县级以上地方人民政府土地管理部门申请登记，经县级以上地方人民政府土地管理部门核实，由同级人民政府颁发土地使用权证书。

在依法取得的房地产开发用地上建成房屋的，应当凭土地使用权证书向县级以上地方人民政府房产管理部门申请登记，由县级以上地方人民政府房产管理部门核实并颁发房屋所有权证书。

2. 变更登记

房地产转让或者变更时，应当向县级以上地方人民政府房产管理部门申请房产变更登记，并凭变更后的房屋所有权证书向同级人民政府土地管理部门申请土地使用权变更登记，经同级人民政府土地管理部门核实，由同级人民政府更换或者更改土地使用权证书。

3. 房地产抵押登记

房地产抵押时，应当向县级以上地方人民政府规定的部门办理抵押登记。

4. 登记的效力

登记是房地产权属权利转移的法定要件，不经登记一般不发生权属变更的事实。

【例14-4】

〔案情〕李某与周某素有债权债务往来。2012年12月10日，李某以134万的价格购得周某的一处房产，双方办理了房产过户手续，由周某出具收条一张。此后，李某取得产权后一直没入住。周某隐瞒与李某的交易事实，又将房屋卖给于某，并把房屋钥匙交给于某，于某一直居住至今。

〔问题〕一房二卖，该房屋归谁所有？

〔分析〕我国对房地产登记采用强制性登记制度。凡未按照本法申请并办理房屋产权登记的，其房屋产权的取得、转移和变更的权利设定，均为无效。登记具有公信力，物权变动必须以登记为要件，非经登记不发生物权变动的结果。但登记行为和房屋买卖行为合同是相对独立的：买卖合同的无效或被撤销并不导致登记的无效，登记权利人依然能够对抗第三人。法律虽然对房地产物权变动要求必须登记，但对买卖合同没有此要求，买卖合同并不因为未登记而无效。在本案中，由于两份合同都是当事人真实意思表示，都具有法律效力。但是，由于李某与周某办理了产权过户登记，因而李某取得所有权。于某没有办理登记，因而不发生产权变动的结果，只能要求周某承担违约责任。

14.3.4 房地产抵押

房地产抵押，是指抵押人以其合法的房地产以不转移占有的方式向抵押权人提供债务、履行担保的行为。债务人不履行债务时，抵押权人有权依法以抵押的房地产拍卖所得的价款优先受偿。

（1）可抵押的房地产范围。依法取得的房屋所有权连同该房屋占用范围内的土地使用权与以出让方式取得的土地使用权，可以设定抵押权；划拨土地使用权不得单独设定抵押，但土地上有房产的，如以房产设定抵押时应当同时抵押房屋所占的土地使用权，但抵押权设定后的新增房屋不在抵押权的涉及范围内。

（2）房地产抵押，抵押人和抵押权人应当签订书面抵押合同。

（3）抵押登记。房地产抵押时，应当向县级以上地方人民政府规定的部门办理抵押登记。抵押合同自登记之日起生效。

【例 14-5】

〔案情〕2004 年 10 月 21 日，谢某向农业银行贷款 20 万元，借款期限从 2004 年 10 月 21 日至 2005 年 2 月 21 日。同日，京九汽运公司为谢某的上述借款提供了连带责任担保。赵某则自愿以自己的一套房屋为谢某的贷款提供反抵押担保。赵某与京九汽运公司在合同中约定：赵某以上述房屋为谢某的 20 万元贷款向京九汽运公司提供反担保，但未办理房屋抵押登记。借款到期后，谢某未能按约还本付息，京九汽运公司在偿还了上述款项后，起诉至法院，要求谢某偿付贷款本息 21 万余元，并要求赵某以其抵押物承担抵押责任。

〔问题〕赵某与京九汽运公司签订的房屋抵押合同是否生效？

〔分析〕根据法律规定，以房产进行抵押的应当办理抵押物登记手续，抵押合同自登记之日起生效，这是房产抵押合同效力的一般性规定。而本案中没有对抵押房产进行登记不属于登记部门的原因，按抵押合同效力的一般规定，本案抵押合同无效。[①]

14.3.5 房屋租赁

房屋租赁，是指房屋所有权人作为出租人将其房屋出租给承租人使用，由承租人向出租人支付租金的行为。房屋租赁，出租人和承租人应当签订书面租赁合同，约定租赁期限、租赁用途、租赁价格、修缮责任等条款，以及双方的其他权利和义

---

① 李东方：《经济法案例教程》，知识出版社 2006 年版，第 274 页。

务，并向房产管理部门登记备案。以营利为目的，房屋所有权人将以划拨方式取得使用权的国有土地上建成的房屋出租的，应当将租金中所含的土地收益上缴国家。

【例 14-6】

〔案情〕2003 年 1 月，李某与王某签订房屋转租协议书，约定李某将正在承租的房屋转租给王某，使用权 26 年，租金 26 万元，由王某一次性支付。所租房屋的使用、翻新、装修等由王某负责。2007 年，李某以转租违反合同法规定导致合同无效为由诉至法院，要求确认转租协议无效并愿意返还王某全部租金。王某认为：该租赁协议是双方当事人的真实意思表示，应当合法有效；李某的诉讼请求没有法律依据，不同意李某的诉讼请求。

〔问题〕该转租协议是否有效？

〔分析〕《中华人民共和国合同法》第 214 条规定，租赁期限不得超过 20 年。超过 20 年的，超过部分无效。租赁期间届满，当事人可以续订租赁合同，但约定的租赁期限自续订之日起不得超过 20 年。因此，李某与王某的转租协议在 20 年以内的部分有效，其余 6 年无效。但是，这仅能导致转租协议部分无效，而不能导致转租协议全部无效。因此，原告李某要求确认双方签订的房屋转租协议无效的诉讼请求不能得到法院支持。

另外，合同法规定承租人须经出租人同意才能转租，否则，出租人可以解除合同。①

【引例分析提示】

集体土地兴建的房屋，不属于城市房地产管理法规定的法律意义上的商品房，卖方无权将其作为商品房出售。商品房开发用土地，应当依法获得国有土地使用权。原集体所有的土地，应被依法征用后方可进行开发。所以，作为合同标的物的商品房建设工程就不具备合法的基本建设手续。

【课后练习】

一、不定项选择题

1. 关于以划拨方式取得土地使用权的房地产转让时适用的房地产管理法特殊规定，下列哪些表述是正确的？（   ）（2009 年司法考试题）

A. 应当按照国务院规定，报有批准权的人民政府审批

B. 有批准权的人民政府准予转让的，可以决定由受让方办理土地使用权出让

---

① 李东方：《经济法案例教程》，知识出版社 2006 年版，第 281-282 页。

手续，也可以允许其不办理土地使用权出让手续
C. 办理土地使用权出让手续的，受让方应缴纳土地使用权出让金
D. 不办理土地使用权出让手续的，受让方应缴纳土地使用权转让费，转让方应当按规定将转让房地产所获收益中的土地收益上缴国家

2. 甲公司与乙银行签订借款合同，约定甲公司以其所有的A大厦及其土地使用权为抵押物，贷款5 000万元。双方办理抵押手续后，乙银行发放了贷款。甲公司后又在A大厦项目所在地块上增建了一幢商务配楼，尚未竣工。甲公司因另案被法院判决支付巨额债务，无法偿还乙银行的贷款。根据城市房地产管理法的规定，下列哪一选项是正确的？（　　）（2004年司法考试题）
A. 商务配楼使用了乙银行拥有抵押权的土地，当然成为抵押物的一部分
B. 商务配楼是在建工程，不得抵押、拍卖、转让
C. 乙银行请求法院拍卖抵押物时，可以请求法院只拍卖A大厦和整个项目地块的土地使用权，而不拍卖商务配楼的房屋所有权
D. 乙银行可以请求法院将A大厦和商务配楼以及整个项目地块的土地使用权一同拍卖，但无权就商务配楼拍卖所得价款优先受偿

二、案例分析题

2010年1月，高某与某房地产开发公司签订了一份预售商品房认购书。认购书约定，公司为高某预留所选房号，双方于公司取得商品房预售许可证时正式签订商品房预售合同。认购书还约定，认购人于签订认购书时缴纳保证金1万元，该款于双方签订商品房预售合同时自动转为合同定金，如认购人接到公司通知后7天内不签订商品房预售合同，则该款不予退还。同年2月，高某接到公司已经取得商品房预售房许可证的通知，立即前往公司签订了商品房预售合同，并当场缴纳了首期购房款80万元。同年5月，高某接到公司通知：房屋预售合同解除。经了解，该套房屋已经被公司以更高价格出售给第三人。双方发生争议。公司主张，双方在签订预售商品房认购书时，公司尚未取得商品房预售许可证，故该认购书无效，以此为基础订立的商品房预售合同也无效。请问公司的主张是否正确？（根据2010年司法考试题改编）

第 15 章 环境保护法

【本章学习目标】

通过该章的学习,你应该能够:
- 了解环境保护法的基本法律制度
- 掌握环境保护的基本原则、基本制度以及有关环境特别侵权责任的规定

【本章引例】

2011 年 6 月 23 日凌晨,薛某受货主王某雇佣,从江苏一家化工厂拉来一车 35 吨化工废料,倾倒入太公湖上游段。之后,这批化工废料被确定为粗苯精制中产生的强酸性化工废料,并在很短的时间内造成大片水生植物干枯和大量鱼类死亡。

请问,该案应由谁承担责任?

15.1 环境保护法概述

环境保护法,是指调整人们在开发、利用、保护和改善环境以及防治污染和其他公害的过程中产生的各种社会关系的法律规范的总称。[①] 这里所称的环境,是指影响人类生存和发展的各种天然的和经过人工改造的自然因素的总体,包括大气、水、海洋、土地、矿藏、森林、草原、野生生物、自然遗迹、人文遗迹、自然保护区、风景名胜区、城市和乡村等。

环境保护法的基本原则包括协调发展原则、预防原则、受益者负担原则、公众参与原则和协同合作原则等五项。[②]

(1) 协调发展原则。《中华人民共和国环境保护法》(以下简称《环境保护法》)第 4 条规定:"国家制定的环境保护规划必须纳入国民经济和社会发展计划。国家采取有利于环境保护的经济技术政策和措施,使环境保护工作同经济建设和社会发展相协调。"这一原则和国际环境组织提出的"可持续发展"的指导思想是一致的。两者的目的都是为了保证社会的持续发展,既满足当代人的需要,又不对后代人构成危害。

(2) 预防原则。是指对开发和利用环境行为所产生的环境质量下降或者环境

[①] 屈茂辉、郭哲:《经济法律通论》,人民大学出版社 2010 年版,第 314 页。
[②] 汪劲:《环境法学》,北京大学出版社 2006 年版,第 113–120 页。

破坏等后果应当事前采取预测、分析和防范措施，以避免、消除由此可能带来的环境损害。国家对固体废物污染环境的防治，实行减少固体废物的产生、充分合理利用固体废物和无害化处置固体废物的原则。这些都是预防原则的具体体现。此外，我国环境立法中确立的"环境影响评价"、"三同时"等环境管理制度，就是为了落实预防原则。

（3）受益者负担原则。企业应当为排污损害环境付出一定的费用，用以治理环境，所支付费用既包括缴纳排污费或污染税，也包括采取废弃品回收或再生利用等措施。

（4）公众参与原则。是指公众有权通过一定的程序或途径参与一切与公众环境权益相关的开发决策等活动，并有权受到相应的法律保护和救济。[①]

（5）协同合作原则。是指国家内部政府各部门之间、管理者与被管理者及公众之间、国与国之间相互合作，协同处理环境问题，以实现环境的可持续发展。

15.2 环境保护基本制度

15.2.1 环境影响评价制度

环境影响评价，是指对规划和建设项目实施后可能造成的环境影响进行分析、预测和评估，提出预防或者减轻不良环境影响的对策和措施，进行跟踪监测的方法与制度。

1. 评价对象

国务院有关部门、设区的市级以上地方人民政府及其有关部门，对其组织编制的土地利用的有关规划，区域、流域、海域的建设开发利用规划，应当在规划编制过程中组织进行环境影响评价，编写该规划有关环境影响的篇章或者说明。

国务院有关部门、设区的市级以上地方人民政府及其有关部门，对其组织编制的工业、农业、畜牧业、林业、能源、水利、交通、城市建设、旅游、自然资源开发的有关专项规划，应当在该专项规划草案上报审批前，组织进行环境影响评价，并向审批该专项规划的机关提交环境影响报告书。

2. 评价程序

专项规划的编制机关对可能造成不良环境影响并直接涉及公众环境权益的规划，应当在该规划草案报送审批前，举行论证会、听证会，或者采取其他形式，征求有关单位、专家和公众对环境影响报告书草案的意见。但是，国家规定需要保密

---

① 屈茂辉、郭哲：《经济法律通论》，人民大学出版社2010年版，第319页。

的情形除外。

专项规划的编制机关在报批规划草案时，应当将环境影响报告书一并附送审批机关审查；未附送环境影响报告书的，审批机关不予审批。

设区的市级以上人民政府在审批专项规划草案作出决策前，应当先由人民政府指定的环境保护行政主管部门或者其他部门召集有关部门代表和专家组成审查小组，对环境影响报告书进行审查。审查小组应当提出书面审查意见。

15.2.2 "三同时"制度

建设项目中防治污染的设施，必须与主体工程同时设计、同时施工、同时投产使用。防治污染的设施必须经原审批环境影响报告书的环境保护行政主管部门验收合格后，该建设项目方可投入生产或者使用。

防治污染的设施不得擅自拆除或者闲置，确有必要拆除或者闲置的，必须征得所在地环境保护行政主管部门同意。

15.2.3 排污收费制度

排放污染物的企业事业单位，必须依照国务院环境保护行政主管部门的规定申报登记。排放污染物超过国家或者地方规定的污染物排放标准的企业事业单位，应当依照国家规定缴纳超标准排污费，并负责治理。

水污染防治法另有规定的，依照水污染防治法的规定执行。

征收的超标准排污费必须用于污染的防治，不得挪作他用，具体使用办法由国务院规定。

15.2.4 许可证制度

根据我国现行环境法律的规定，许可证的种类有采矿许可证、煤炭生产许可证、捕捞许可证、特许猎捕证、排污许可证、环境影响评奖资格证书、建设用地规划许可证、建设工程规划许可证、取水许可证、林木采伐许可证、废弃物倾倒许可证、化学危险物品生产许可证等。

15.2.5 限期治理制度

对造成环境严重污染的企业事业单位，限期治理。

中央或者省、自治区、直辖市人民政府直接管辖的企业事业单位的限期治理，由省、自治区、直辖市人民政府决定。市、县或者市、县以下人民政府管辖的企业事业单位的限期治理，由市、县人民政府决定。被限期治理的企业事业单位必须如期完成治理任务。因发生事故或者其他突然性事件，造成或者可能造成污染事故的单位，必须立即采取措施处理，及时通报可能受到污染危害的单位和居民，并向当地环境保护行政主管部门和有关部门报告，接受调查处理。

可能发生重大污染事故的企业事业单位，应当采取措施，加强防范。对经限期治理、逾期未完成治理任务的企业事业单位，除依照国家规定加收超标准排污费外，可以根据所造成的危害后果处以罚款，或者责令停业、关闭。

15.2.6 环境污染与破坏事故的报告及处理制度

环境污染与破坏事故，是指由于违反环境保护法规的经济、社会活动与行为，以及意外因素的影响或不可抗拒的自然灾害等原因致使环境受到污染，国家重点保护的野生动植物及自然保护区受到破坏，人体健康受到危害，社会经济与人民财产受到损失，造成不良社会影响的突发性事件。

环境污染与破坏事故根据类型可分为水污染事故、大气污染事故、噪声与振动危害事故、固体废弃物污染事故、农药与有毒化学品污染事故、放射性污染事故及国家重点保护的野生动植物及自然保护区破坏事故等。

环境污染与破坏事故发生后，当地环境保护部门应当立即赶赴现场调查，并对事故的性质和危害作出恰当的认定。

凡属一般或较大环境污染与破坏事故的，均由县级（含县级）以上环境保护部门确认；凡属重大或特大环境污染与破坏事故的，均由地、市级以上的环境保护部门确认。凡属重大环境污染与破坏事故的，地、市级环境保护部门除应及时报告同级人民政府外，还应同时报告省级环境保护部门；凡属特大环境污染与破坏事故的，地、市级环境保护部门除应及时报告同级人民政府和省级环境保护部门外，还应同时报告国家环境保护局。

15.3 环境责任

15.3.1 环境民事责任

环境民事责任，是指单位或者个人因污染危害环境而侵害了公共财产或他人的人身、财产所应承担的民事方面的责任。①

（1）构成要件。① 实施了致害行为；② 发生了损害后果；③ 致害行为与损害后果有因果关系。注意，这里的致害行为并不强调是违法行为，合法行为如果致

---

① 张海峡：《司法考试题名师讲义》，法律出版社2008年版，第390页。

害也会导致环境侵权。

（2）免责事由。① 是不可抗力造成并且行为人及时采取了合理措施；② 受害人自我致害；③ 第三人过错。

（3）责任形式。排除危害，赔偿损失。

15.3.2 环境刑事责任

因违法而造成重大环境污染事故，导致公私财产重大损失或者人身伤亡的严重后果的，对直接责任人员依法追究刑事责任。环境保护监督管理人员滥用职权、玩忽职守、徇私舞弊的，由其所在单位或者上级主管机关给予行政处分；构成犯罪的，依法追究刑事责任。

15.3.3 诉讼时效

因环境污染损害赔偿提起诉讼的时效期间为3年，从当事人知道或者应当知道受到污染损害时起计算。

15.3.4 举证责任

环境民事诉讼举证责任倒置，即对原告提出的侵权事实，被告否认的，由被告负举证责任。被告不能证明自己与环境污染危害无关，就推定因果关系存在。

【例15－1】

〔案情〕甲与乙同住一个单元，甲住在403室，乙住在顶楼503室。乙在自家楼顶搭建了两个棚舍，饲养了40多只白兔。2011年，甲被确诊患了隐球菌肺炎。因兔粪中存在大量隐球菌，故甲认为自己患病是兔粪污染所致，遂要求乙停止养兔，但遭到了乙的拒绝。于是甲向当地人民法院提起诉讼，要求法院判令乙拆除棚舍，停止养兔。事后，乙向法院提交了其自行采集兔粪送当地第二人民医院（该医院并没有鉴定资质）检验获取的微生物学检验报告单两份，有关结论为：送检兔粪无隐球菌。

〔问题〕乙养兔与甲患病，两者有无因果关系？

〔分析〕《环境保护法》第2条规定："本法所称环境，是指影响人类生存和发展的各种天然的和经过人工改造的自然因素的总体。"引起自然因素总体的不良变化即为环境污染。乙在居民生活区饲养了大量白兔，每天有大量兔毛、兔粪散落，而且清扫棚舍时还会有大量污水，这些都是污染源。

根据最高人民法院《关于民事诉讼证据的若干规定》第4条第（三）项的规定，因环境污染引起的侵权诉讼，由加害人就其行为与损害结果不存在因果关系承担举证责任。因此,本案受害人无需就因果关系作哪怕是初步的证明,有关举证责任应由被告承担。诉讼中,乙仅向法院提交了两份微生物学检验报告单,因兔粪标本为被告自行采集并送检,且检验单位又无鉴定资质,故上述报告单根本不符合证据的客观性、合法性和关联性要求,按举证责任分配规则,被告应承担举证不能的法律后果。

综上所述,可以认定乙养兔与甲患病之间的因果关系成立。

【例 15-2】

〔案情〕2009 年 2 月初,王某与当地一个皮鞋厂签订了劳动合同,此后王某一直在刷浆车间生产线上工作。在此期间,厂方从未对王某做过任何防护培训工作,也未发过任何防护用具。2010 年 7 月,王某怀孕,并于当年 12 月回家休息。2011 年王某早产,诞下一子。出院次日,其子因呼吸困难,随即被送入医院进行救治,医生初步诊断为心脏病。经向专家咨询,王某得知,儿子的病是由于她本人的工作环境污染所致。王某遂将该工厂诉至法院,要求工厂赔偿她和儿子的医疗费、交通费等相关费用。

〔问题〕劳动环境污染侵害胎儿,工厂应否赔偿?

〔分析〕宝宝在胎儿时期,由于母体受到污染侵害,导致其出生后身体健康受到损害。尽管他在胎儿时期没有民事行为能力,但胎儿迟早要出生的,因此,对其将来的利益要进行预留。所以,胎儿出生后有权就其损害请求赔偿。

【例 15-3】

〔案情〕甲乙系邻居关系,仅一墙之隔。2012 年,甲在其房屋院落内开设喷漆厂,在生产过程中,因喷漆形成的大量刺鼻气体经常飘落到左邻右舍,特别是乙家。由于甲的行为影响了乙的正常生活,为此双方经常发生纠纷。后双方协商未果,乙向法院提起诉讼,要求甲停止侵害、排除妨碍。

〔问题〕甲的行为是否损害了他人?

〔分析〕该案属于相邻关系纠纷,当事人之间就相邻方所产生气体、噪音、震动等请求人民法院判令对方停止侵害的诉讼属于平等主体之间的民事关系,符合民事诉讼法规定的民事案件受案范围。根据民法通则:"违反国家保护环境防止污染的规定,污染环境造成他人损害,应当依法承担民事责任。"虽然本案中因喷漆形成的刺鼻气体未经有关部门鉴定,但从其对乙的生活带来的影响看,可以认为甲家所排放的刺鼻气体已经污染了环境,并损害了他人,甲应承担责任。

【例 15-4】

〔案情〕2010 年,B 市某化工厂在未经相关环境影响评价审批的情况下(1 年后市环保局为该厂补办了相关手续),将厂址搬迁至地处 B 市城郊的村镇。该厂在生产过程中有苯乙烯、二甲苯、丙酮等低毒物质无组织挥发排放,还有噪音在夜间对居民的睡眠有较大影响。附近居民多次向 B 市环保局举报,B 市环保局也多次要求该厂整改。2011 年,数次监测报告表明,除夜间厂界噪声超过工业企业厂界噪声标准外,其余均达到标准排放。化工厂经采取措施后,噪音已不再超标。但附近居民王某等 8 人因该厂生产过程中排放的气味、粉尘、噪音对生活所造成的损害依然存在,无法忍受,为此诉至 B 市人民法院,要求判令化工厂立即停止侵害。

〔问题〕化工厂达标排放污染物的行为是否免除其侵权民事责任?

〔分析〕环境污染的行为虽然合法,但因排污者从事生产经营而获得经济利益,如果排污者对这种积极的、主动的行为所造成的损害后果不承担责任,其结果势必是受污染的受害者自负损失而不能在法律上获得救济,这显然有失公正。正因如此,对于合法排污是否承担民事责任的问题,世界上绝大多数国家都规定,行为人虽合法排污,但对因此而造成的他人合法利益之损害应承担民事责任。

【引例分析提示】

根据环境保护法的规定,任何单位或者个人因污染危害环境而侵害了公共财产或他人的人身、财产的,都应承担责任。薛某倾倒废料的行为直接引起了损害后果,因此应当承担责任。而薛某受雇于王某,王某应承担连带责任。某化工厂如无免责事由,应一同承担责任。

【课后练习】

一、不定项选择题

1. 根据环境保护法的规定,下列哪些选项属于农业环境保护的措施?(　　)(2009 年司法考试题)

   A. 防治土地沙化、贫瘠化、沼泽化

   B. 防治植被破坏、水土流失、水源枯竭

   C. 推广植物病虫害的综合防治

   D. 合理使用化肥、农药和植物生长激素

2. 由于某化工厂长期排污,该厂周边方圆 1 公里内的庄稼蔬菜生产不良,有害物质含量超标,荷塘鱼类无法繁衍,该地域内 3 个村庄几年来多人患有罕见的疾病。根据环境保护法的规定,下列哪一选项错误?(　　)(2008 年司法考试题)

   A. 受害的 3 个村的村委会和受害村民有权对该厂提起民事诉讼

   B. 因环境污染引起的民事诉讼的时效为 3 年

   C. 环境污染民事责任的归责原则实行公平责任原则

D. 环境污染致害的因果关系证明，受害方不负举证责任

3. 某化肥厂以其污水处理设施"效率低、费用高"为由，予以停运拆除。在下列哪一情况下，该厂构成违反环境保护法的行为？（   ）（2011年司法考试题）

A. 未在事前获得权威性技术论证　　B. 未采用替代性的污水处理措施
C. 未征得当地环保局的同意　　　　D. 未征得附近村民的同意

二、案例分析题

甲化工厂和乙造纸厂排放污水，造成某村农作物减产。当地环境主管部门检测认定，甲排污中的有机物超标3倍，是农作物减产的原因；乙排污未超标，但其中的悬浮物仍对农作物减产有一定的影响。（根据2012年司法考试题改编）

请问，甲厂、乙厂应承担怎样的法律责任？

参 考 文 献

[1] 赵威. 经济法（第四版）[M]. 北京：中国人民大学出版社，2010.

[2] 法律出版社法规中心. 中华人民共和国反垄断法注释本 [M]. 北京：法律出版社，2008.

[3] 刘继峰. 反垄断法案例评析 [M]. 北京：对外经贸大学出版社，2012.

[4] 唐要家. 价格合谋的反垄断政策研究 [M]. 北京：中国社会科学出版社，2011.

[5] 杨映忠，孙顺强，刘新智. 经济法 [M]. 北京：清华大学出版社，2010.

[6] 漆多俊. 经济法基础理论 [M]. 武汉：武汉大学出版社，1996.

[7] 徐杰. 经济法概论 [M]. 北京：首都经济贸易大学出版社，2011.

[8] 郭禾. 知识产权法 [M]. 北京：中国人民大学出版社，2010.

[9] 孔祥俊. 商标法适用的基本问题 [M]. 北京：中国法制出版社，2013.

[10] 李晓红. 税法 [M]. 北京：北京交通大学出版社，2012.

[11] 杨志清. 税法案例分析 [M]. 北京：中国人民大学出版社，2011.

[12] 孙晋. 中国企业法律制度的演进与变革 [M]. 北京：中国社会科学出版社，2011.

[13] 甘培忠. 企业与公司法学（第六版）[M]. 北京：北京大学出版社，2012.

[14] 张士元. 企业法（第三版）[M]. 北京：法律出版社，2007.

[15] 范健，王建文. 公司法（第三版）[M]. 北京：法律出版社，2011.

[16] 赵旭东. 公司法（第二版）[M]. 北京：中国政法大学出版社，2013.

[17] 王欣. 公司法 [M]. 北京：中国人民大学出版社，2008.

[18] 王利明. 合同法研究（第三卷）[M]. 北京：中国人民大学出版社，2012.

[19] 韩世远. 合同法总论（第三版）[M]. 北京：法律出版社，2011.

[20] 奚晓明. 最高人民法院商事审判指导案例·合同卷（上下卷）[M]. 北京：中国法制出版社，2011.

[21] 叶林. 证券法（第四版）[M]. 北京：中国人民大学出版社，2013.

[22] 符启林. 证券法：理论·实务·案例 [M]. 北京：法律出版社，2007.

[23] 程淑娟. 证券法 [M]. 武汉：武汉大学出版社，2010.

［24］屈茂辉，郭哲. 经济法通论［M］. 北京：人民大学出版社，2010.

［25］宋彪. 经济法案例研习教程［M］. 北京：人民大学出版社，2008.

［26］李东方. 经济法案例教程［M］. 北京：知识产权出版社，2006.

［27］聂国财. 食品安全法律政策解答与典型案例［M］. 北京：中国法制出版社，2009.

［28］符启林. 房地产法［M］. 北京：中国政法大学出版社，2008.

［29］汪劲. 环境法学［M］. 北京：北京大学出版社，2006.

［30］钱水苗. 环境资源法［M］. 杭州：浙江大学出版社，2007.

［31］王全兴. 劳动法［M］. 北京：法律出版社，2008.

［32］林嘉. 劳动与社会保障法［M］. 北京：中国人民大学出版社，2009.

［33］孙红. 消费者权益保护法［M］. 北京：清华大学出版社，2008.